Richtig vorsorgen

Guntram Rehsche
Thomas Richle

Richtig vorsorgen

Finanziell gesichert in die Pensionierung

Ein Ratgeber aus der Beobachter-Praxis

Die Autoren

Guntram Rehsche (*1952), Finanz- und Wirtschaftsjournalist, führt eine Finanz- und Medienwerkstatt in Zürich und berät Einzelpersonen, Firmen und Institutionen zu Fragen der Vorsorge und des nachhaltigen Investments. Er lieferte die Grundlagen für die Kapitel 2, 3, 6 und 8. E-Mail: guntram.rehsche@bluewin.ch

Thomas Richle (*1963), Finanzplaner mit eidg. Fachausweis, erwarb umfassende Kenntnisse im Güter- und Erbrecht sowie Steuerrecht für Privatpersonen während seiner beruflichen Tätigkeit beim Erbschaftsamt Basel-Stadt und in der Steuerabteilung einer Bank. Heute ist er als Vermögensberater bei der Vögeli Vermögensverwaltung AG, Bottmingen BL, tätig. Thomas Richle verfasste die Kapitel 4, 7, 9. E-Mail: thomas.richle@voegeliv.ch

Reto Westermann (*1970), dipl. Architekt ETH, Journalist und Autor der Beobachter-Ratgeber «Der Weg zum Eigenheim» und «Umbauen, Renovieren, Erweitern – Machen Sie das Beste aus Ihrem Eigenheim», verfasste das Kapitel 5 Wohneigentum als Altersvorsorge. E-Mail: westermann@alphajournalisten.ch

Dank

Bedeutenden Anteil an den Recherchen und Formulierungen bei den Kapiteln 2, 3, 6 und 8 hat die Lektorin Christine Klingler Lüthi. Ihr sei dafür herzlich gedankt. – Ein besonderer Dank fürs Fachlektorat geht an folgende Beobachter-Juristinnen: Laurence Eigenmann, Fachbereich Sozialversicherungen (Kapitel 2 Staatliche Vorsorge – die AHV und 3 Berufliche Vorsorge – Pensionskassen); Regina Jäggi, Fachbereich Sozialversicherungen, und Alexandra Gavriilidis, Fachbereich Familienrecht (Kapitel 8 Besondere Lebenssituationen).

Beobachter-Buchverlag
© 2006 Jean Frey AG, Zürich
Alle Rechte vorbehalten
www.beobachter.ch

Herausgeber: Der Schweizerische Beobachter, Zürich
Lektorat: Christine Klingler Lüthi, Wädenswil
Umschlaggestaltung: artimedia.ch (Grafik), Tres Camenzind (Bild)
Satz: Focus Grafik, Zürich

ISBN 3 85569 337 4
ISBN 978 3 85569 337 5

Dieses Buch wurde auf chlor- und säurefreiem Papier gedruckt.

Inhalt

Vorwort 11

1. Der Einstieg – zehn Tipps für die kluge Vorsorge .. 13

Zehn Tipps zum Start 14
Checklisten fürs Alter 50, 55, 60 19

2. Staatliche Vorsorge – die AHV 23

Grundzüge der ersten Säule 24
Der Kreis der Versicherten 24
Wie werden die Beiträge berechnet? 25
Das A und O: Lücken vermeiden 27

Die Renten der AHV 28
So werden die Renten berechnet 28
Erziehungs- und Betreuungsgutschriften 30
Rentensplitting – wie funktioniert das? 30
Das individuelle Konto 32
Rente beziehen 33
Frühpensionierung: Die AHV vorbeziehen 33
Lukrativ: Den Bezug aufschieben 34

Knappe Rente in Aussicht: Was tun? 35
Rat rund um die AHV 36

3. Die berufliche Vorsorge – Pensionskassen 37

Grundzüge der zweiten Säule 38
AHV und berufliche Vorsorge im Vergleich 38
Wer ist versichert? 39
Das gilt für Selbständigerwerbende 40
Sie werden arbeitslos 41

Versicherte Risiken und Beiträge 43
Die Lohnabgaben 44
Spezialfall mehrere Arbeitgeber 45

Obligatorium und Überobligatorium 46
So arbeitet Ihr Geld im Überobligatorium 47
Ja, aber: Vorbehalte 48

Austritt oder Wechsel der Pensionskasse 49
So wird Ihr Freizügigkeitsguthaben berechnet 49
Sie wechseln zu einem neuen Arbeitgeber 50
Beliebt und überschätzt: Einkäufe 50
Sie beziehen Ihr Freizügigkeitsguthaben in bar 52

Die Leistungen der Pensionskasse 53
Die Berechnung der Leistungen 54
Was gilt bei Frühpensionierung? 56
Der Entscheid: Rente oder Kapital 58
Vorbezug für Wohneigentum 60

Wissenswertes rund um die Administration 61
Das Reglement 61
Der Versicherungsausweis 62
Ist die Pensionskasse finanziell gesund? 63
Kontakt und Einflussnahme 64

Planung in verschiedenen Lebensabschnitten 65
Das frühe Berufsleben 65
Die mittleren Jahre 67
Rund um 50 67
Fünf Jahre vor der Pensionierung 68
Weiterarbeiten im Ruhestand 68
Rat rund um die Pensionskasse 69

4. Private Vorsorge – dritte Säule ... 71

Vorsorgelücken schliessen ... 72

Die Säule 3a ... 73
Wer kann die Säule 3a nutzen? ... 74
Sparen bei der Bank ... 74
Säule 3a bei der Versicherung ... 76
Allfinanzlösungen ... 80

Freies Sparen: Die Säule 3b ... 80
Lebens- und Leibrentenversicherungen ... 81
Geldanlagen bei der Bank ... 85
Diese Grundlagen sollten Sie kennen ... 86
Sechs Tipps zur Vermeidung von Anlagefehlern ... 90
Die wichtigsten Anlageinstrumente ... 91
Viel beachtete Trends ... 102

5. Wohneigentum als Altersvorsorge ... 105

Wohneigentum für den Eigengebrauch ... 106
Das passende Objekt ... 107
Altersgerecht wohnen ... 108
Überlegungen zur Finanzierung ... 108
Hypotheken aufnehmen ... 109
Eigenkapital aus der zweiten und dritten Säule ... 110

Sie besitzen bereits ein Eigenheim ... 113
Die Hypothek im Auge behalten ... 113
Bleiben oder umziehen? ... 115
Hypothek freiwillig amortisieren? ... 116
Das Wohneigentum zu Lebzeiten weitergeben ... 118

Immobilien als Anlageobjekte ... 122
Rendite mit Liegenschaften? ... 122
Indirekte Anlagemöglichkeiten ... 124

6. Das habe ich, das brauche ich – Ihre Finanzen im Überblick ... 127

Ein Budget bringt Klarheit ... 128
So packen Sie es an ... 128
Fallstricke vermeiden ... 129
Kinder in Ausbildung ... 131

Das künftige Einkommen berechnen ... 132
Ihr AHV-Anspruch ... 132
Ihre Pensionskassenrente ... 133
Gelder der Säule 3a ... 133
Gelder der Säule 3b ... 134
Vorsicht Inflation ... 136

Die künftigen Ausgaben berechnen ... 137
Einnahmen und Ausgaben abgleichen ... 138
Einnahmen erhöhen: Noch mehr sparen ... 138
Ausgaben senken: Möglichkeiten prüfen ... 139

Wenn es trotzdem nicht reicht ... 141
Wer hat Anspruch auf Ergänzungsleistungen? ... 141
Hilflosenentschädigung ... 145
Sozialfonds des früheren Arbeitgebers ... 145

7. Steueroptimiert vorsorgen ... 147

Beschränkte Möglichkeiten bei der AHV ... 148
AHV und Steuerprogression ... 148

Steuern sparen mit der Pensionskasse ... 151
Einkauf in die Pensionskasse ... 151
Rente oder Kapital? Steuerliche Auswirkungen ... 152
Kapitalbezug für Wohneigentum ... 154

Steuervorteile der Säule 3a ... 155

Die Möglichkeiten der Säule 3b 156
Lebensversicherungen 157
Einmalprämienversicherungen 157
Leibrenten 158
Reine Risikoversicherungen 158

Wohneigentum 159
Vermögensrendite und Hypozinsbelastung 159

Nach der Erwerbsaufgabe 161
Eine steuerschonende Vermögensstruktur wählen 161

8. Besondere Lebenssituationen 163

Verheiratete Paare – die Norm 164

Singles – für sich selber (vor)sorgen 165
AHV, Pensionskasse, Steuern 165
Nützliche Massnahmen 165

Vorsorge im Konkubinat 166
Tipps für die AHV 167
Berufliche Vorsorge 168
Dritte Säule 168

Vorsorgen für die Ausbildung der Kinder 171

Vorsorge für Selbständigerwerbende 172
Selbständig im Sinne der AHV? 172
Kein Muss: Zweite Säule 174
Volle Flexibilität mit der Säule 3a 175
Alles zu seiner Zeit 176

Frühpensionierung 177
Die Kosten berechnen 177
Wenn Frühpensionierte wieder arbeiten 180

Scheiden tut weh 181
Vorsorgeausgleich – so funktioniert es 182

Arbeitslos: Die Vorsorge aufrechterhalten 186
Sie erhalten Arbeitslosengeld 186
Ausgesteuert: Vorsorge ade? 187

9. Finanzen nach der Pensionierung 189

Geld anlegen nach der Pensionierung 190
Noch einmal: Standortbestimmung mit Budget 190
Was ist anders als zu Berufszeiten? 191
Das Vermögen gezielt verbrauchen 191
Jetzt noch Versicherungen abschliessen? 194
Vorsorgen für den Pflegefall 195
Externe Vermögensverwaltung 197

Blick auf die letzten Dinge: Nachlassplanung 199
Grundlagen des Güterrechts 200
Die gesetzliche Erbfolge – das müssen Sie wissen 201
Wer erhält wie viel? 203
So können Sie Einfluss nehmen 203
Möglichkeiten der Nachlassgestaltung 206
Schenkungen zu Lebzeiten 210
Die Ehegattin optimal absichern 213
Für den Konkubinatspartner vorsorgen 217

Anhang 223

Muster Versicherungsausweis (Pensionskasse) 224
Übersicht Erbschafts- und Schenkungssteuern 227
Erhebungsblatt zur Budgetplanung 228

Adressen und Links 231

Literatur 235

Stichwortverzeichnis 236

Vorwort

«Wer reich ist, hat Sorgen.» – Ich habe diesen Spruch immer für reichlich kokett gehalten. Aber ganz falsch ist er nicht. Wir alle werden im Laufe unseres (Arbeits-)Lebens reich. Unser Reichtum ist in irgendwelchen AHV-Kassen versteckt, als Rentenanspruch bei der Pensionskasse getarnt, in einer Säule 3a oder 3b eingemauert. Die Gelder unserer Altersvorsorge übersteigen das privat Ersparte oft ganz beträchtlich.

Wie die meisten habe auch ich gelernt, mit meinem Lohn und Haushaltbudget halbwegs vernünftig umzugehen. Aber das «Zwangsersparte» im Wert von einigen hunderttausend Franken hat mich seltsam wenig belastet. Jetzt, wo das Pensionsalter keine allzu ferne Perspektive mehr ist, steigt mein Interesse spürbar. Zu spät – wie ich nach der Lektüre des neuen Beobachter-Ratgebers feststelle. Da hätte ich wohl einiges an Steuern sparen, intelligenter planen, umsichtiger vorgehen können. Da ich mich nie «reich» gefühlt habe, habe ich mir dummerweise auch nie Sorgen gemacht…

Es gibt zweifellos spannendere Gesprächsthemen als das Drei-Säulen-Konzept oder das Überobligatorium im BVG. Aber die drei Autoren Guntram Rehsche, Thomas Richle und Reto Westermann legen ein derart leicht lesbares Nachschlagewerk vor, dass ich mich dabei ertappe, wie ich mich in immer neue Kapitel vertiefe. Überrascht stelle ich fest: So kompliziert und spröde ist die Thematik dann auch wieder nicht. Und eigentlich ist es ja ein aufregendes Gefühl, sich mal die Sorgen eines «Reichen» zu machen. In diesem Sinne wünsche ich Ihnen eine inspirierende Lektüre.

Balz Hosang, Chefredaktor Beobachter
Zürich, im Februar 2006

1. Der Einstieg – zehn Tipps für die kluge Vorsorge

Für eine solide Vorsorgeplanung braucht es vor allem einen kühlen Kopf. Doch der Ausblick auf den erwerbsfreien Lebensabschnitt beflügelt auch, gibt Raum für Ideen. Schaffen Sie jetzt die Voraussetzungen, damit Sie diese später umsetzen können! Dieses Kapitel führt Sie in zehn Schritten an die wichtigsten Vorsorgefragen heran.

Zehn Tipps zum Start

«Geld allein macht nicht glücklich – man muss es auch haben.» Wer immer der alten Volksweisheit die überraschende Wende verliehen hat, er muss das Thema Vorsorge im Kopf gehabt haben. Viele Menschen gehen gesund und vital in den so genannten dritten Lebensabschnitt. Bedauerlich, wenn dann zwar Zeit, aber kein Geld vorhanden ist, um Pläne zu verwirklichen! Investieren Sie rechtzeitig ein paar Stunden und setzen Sie sich mit dem Thema Vorsorge auseinander. Mit dem Blick in diesen Ratgeber haben Sie bereits den ersten Schritt gemacht. Die zehn folgenden Tipps sollen Sie einstimmen und an jene Fragen heranführen, die für Sie persönlich relevant sind. In den folgenden Kapiteln dieses Buches erhalten Sie alle Informationen, die Sie zur Beantwortung brauchen.

1. Der richtige Zeitpunkt
Besser spät als nie – das gilt auch für die Vorsorge. Zwar kann man auch mit 62 noch etwas für den Lebensabend zur Seite legen. Doch der Handlungsspielraum wird mit zunehmendem Alter kleiner. Idealerweise fangen Sie rund um das 40. Altersjahr mit einer durchdachten Vorsorgeplanung an. Zu diesem Zeitpunkt hat sich bei vielen die Lebenssituation gefestigt: Im Beruf hat man Tritt gefasst, vielleicht geheiratet und Kinder bekommen, sich möglicherweise auch schon für ein Eigenheim entschieden. Spätestens ab 50 sollten Sie im Fünfjahrestakt die wichtigsten Fragen klären. Dabei helfen Ihnen die Checklisten am Ende dieses Kapitels (Seite 19–21).

2. Ordnung schaffen
Ein Job für den nächsten Regentag: Falls Sie nicht ohnehin tadellose Ordnung in Ihren Unterlagen haben, sollten Sie das anpacken, denn Übersicht ist das A und O für die weitere Planung. Auch eine externe Beratung kann nur erfolgreich sein, wenn alle relevanten Papiere zeitlich geordnet greifbar sind.

Zu den Papieren, die Sie beisammen haben sollten, gehören: die letzte Steuererklärung inklusive Veranlagung mit allen Beilagen, Ausweis und Reglement der Pensionskasse, Belege von Freizügigkeitskonten oder -policen, Belege von Säule-3a-Vorsorgekonten oder -policen, Lebensversicherungspolicen, aktuelle Auszüge aus Bankkonten und -depots, Unterlagen und Belege zum Wohneigentum, AHV-Ausweis sowie eventuell ein IK-Auszug, Lohnausweise.

3. Von der Zukunft träumen

Vielleicht können Sie sich noch gar nicht vorstellen, wie das Leben ohne Erwerbsarbeit aussieht, oder Sie planen gar, über das Pensionsalter hinaus weiterzuarbeiten. Eine – wenn auch abnehmende – Mehrheit der Schweizerinnen und Schweizer geht allerdings ganz wie vorgesehen in den so genannten Ruhestand. Es lohnt sich, einen Moment zurückzulehnen und die Gedanken schweifen zu lassen. Worauf freuen Sie sich besonders, was planen Sie? Haben Sie vor, Zeit mit der Familie zu verbringen, mit Ihrer Partnerin ausgedehnte Reisen zu unternehmen, Ihr Hobby endlich ausgiebig zu pflegen, sich in der Freiwilligenarbeit zu engagieren, ein Studium anzupacken? Werden Sie ein Buch schreiben oder das Gesamtwerk von Kafka lesen, alle Viertausender der Schweiz besteigen oder zu Fuss nach Santiago de Compostela pilgern, die schönsten Gärten im In- und Ausland besuchen oder Ihren eigenen perfektionieren?

Hängen Sie Ihren Träumen eine Weile nach – auch wenn die Pensionierung noch meilenweit weg ist. Denn es gibt zwei Aspekte: Zum einen benötigen Sie für Ihre Projekte möglicherweise Geld oder sogar viel Geld – und es wäre schade, wenn es dannzumal nicht vorhanden wäre. Zum andern können Sie Ihre Pläne im Kleinen vielleicht schon im Hier und Jetzt realisieren.

4. Ihr Verhältnis zum Geld

Sie können Ihr Flüssiges gut einteilen, wissen stets Bescheid über Ihren Kontostand, verfolgen die Entwicklung der Börse täglich in den Medien und kennen die ungefähre Höhe Ihrer Steuerrechnung, bevor Sie eintrifft? Oder brauchen Sie, was da ist, ohne sich gross darum zu kümmern, wohin Ihr Geld fliesst, staunen immer mal wieder, was sich an monatlichen Rechnungen zusammenläppert, müssen ab und zu Geld von einem Konto zum andern verschieben, damit es aufgeht?

Die Vorsorgeplanung muss systematisch erfolgen – sie wird Ihnen leichter fallen, wenn Sie zur Kategorie der kühlen Rechner gehören. Diese werden sich ohne grosse Mühe einen Überblick über den finanziellen Stand jetzt und in Zukunft machen können. Für den spontanen Teil der Menschheit gibt es zum Glück präzise Handlungsanleitungen, die helfen, den Weg allen Geldes zu verfolgen. Schon die Erstellung eines Budgets könnte so manchen Aha-Effekt auslösen. Gewisse Dinge fallen vielleicht schon ins Lot, wenn Sie die Zahlen sauber geordnet vor sich sehen. Wenn nicht, brauchen Sie möglicherweise einen sanften Druck zum Sparen – dafür gibt es zahlreiche Vorsorgeinstrumente, die Sie in diesem Buch beschrieben finden.

5. Der Kreis der Lieben
Es spielt eine Rolle, ob Sie allein im Leben stehen und nur für sich selber vorzusorgen brauchen oder ob Sie Angehörige in Ihre Überlegungen miteinbeziehen. Versammeln Sie im Geist einmal alle Personen, die auf Ihre finanzielle Unterstützung angewiesen sind. Wie viele sind es, und in welchem Mass müssen Sie für sie vorsorgen? Ist ein Konkubinatspartner da, ein Ehepartner, vielleicht auch Ex-Partnerinnen? Haben Sie Kinder, die zum Zeitpunkt Ihrer Pensionierung mitten in der Ausbildung stehen und von Ihnen Zahlungen erwarten? Möchten Sie Ihre Kinder dereinst unterstützen, wenn sie eine Liegenschaft kaufen? Sind gar noch Eltern da, die wegen einer Pflegebedürftigkeit in Zukunft auf Ihre materielle Unterstützung angewiesen sein könnten? Wie Sie je nach Lebenssituation optimal vorgehen, erfahren Sie in diesem Ratgeber.

6. Das Vorhandene sichten
Könnte es sein, dass Sie bezüglich Vorsorge besser dastehen, als Sie denken? Zwar haben die wenigsten von uns so viel Geld, dass es ausreicht, wenn man es zwecks Vermehrung sich selbst überlässt. Aber das staatlich verordnete Zwangssparen im Rahmen der zweiten Säule führt bei konstanter Erwerbstätigkeit zu beachtlichen Resultaten. Für viele Schweizerinnen und Schweizer ist das Altersguthaben bei der Pensionskasse der grösste Vermögensposten überhaupt. Können Sie aus dem Stegreif sagen, wie hoch Ihres ist? Wenn nicht, sollten Sie die Zahl baldmög-

lichst auf dem Versicherungsausweis nachschauen. Das könnte Ihrer Motivation, Vorsorge zu betreiben, regelrecht Auftrieb geben.

7. Zinseszins und andere Effekte
Sie brauchen kein Mathematikgenie zu sein, um Ihre Vorsorge sorgfältig planen zu können. Aber wenn Sie bei Ihrer letzten Begegnung mit der Zinseszinsrechnung noch die Schulbank drückten, dann ist es höchste Zeit, sich diesen Effekt in Erinnerung zu rufen. Er wird in diesem Buch an mehreren Stellen erwähnt (zum Beispiel Seite 66). Hier nur soviel: Wenn Sie früh einen gewissen Betrag zur Seite legen und nie mehr anrühren – Sie werden staunen, was über die Jahre daraus werden kann. Eine andere Grösse, ohne die Sie in der Vorsorgeplanung kaum auskommen, ist der Grenzsteuersatz. Er benennt, wie viel Sie von 1000 Franken, die Sie zusätzlich einnehmen, an den Fiskus abliefern müssen. Die Einzahlungen in viele Vorsorgeformen sind steuerlich abzugsfähig und beeinflussen diesen Satz günstig.

8. Ohne Risiko kein Spass?
Wie viel Sicherheit brauchen Sie? Sind Sie der Typ, der zwischendurch seine Zelte abbrechen und einfach mal losziehen würde – ins Ungewisse? Oder brauchen Sie eher einen geordneten Rahmen für Ihr Leben, schätzen Sie Vorhersehbarkeit? Risikofreudigkeit und Sicherheitsbedürfnis sind für so manche Vorsorgeüberlegung ausschlaggebend. Das betrifft Geldanlagen ebenso wie den rechtzeitig vor der Pensionierung zu fällenden Entscheid für eine Pensionskassenrente oder einen Kapitalbezug. Bei solchen Überlegungen spielt es natürlich auch eine Rolle, ob Sie für sich ganz allein entscheiden können oder ob Sie Ihre Lieben dabei berücksichtigen müssen. Wer keine Unterhaltspflichten hat, kann beispielsweise auf die Absicherung des Todesfalls verzichten. Risikoreich handelt dagegen, wer kein Vermögen hat und dennoch nicht für den Fall der Erwerbsunfähigkeit vorsorgt. Denn die dann entstehende Einkommenslücke kann zu existenziellen Problemen führen.

9. Veränderungen im Auge behalten
Wir leben in einer Welt, deren einzige Konstante die Veränderung ist. Die Arbeitswelt ist in einem raschen Wandel begriffen, die Schweizer

Sozialwerke – AHV, Pensionskasse – stehen vor gewaltigen Herausforderungen. Können die heute in Aussicht gestellten Leistungen auch in Zukunft noch erwartet werden? Auf diese Frage gibt es keine Antwort mit ewiger Gültigkeit. Lassen Sie Befürchtungen dennoch nicht überhand nehmen. Beobachten Sie stattdessen die Anpassungen bei den Sozialwerken, aber auch im steuerlichen Umfeld genau, und überlegen Sie sich immer wieder, wie sich diese auf Ihre Vorsorge auswirken. So können Sie reagieren, wenn Handlungsbedarf besteht.

10. Erstens kommt es anders …

Vorsorge betreibt man in der Annahme, dass man über das Pensionsalter hinaus fit und gesund sein wird und den Lebensabend geniessen kann. Auf die meisten Leserinnen und Leser dieses Vorsorgeratgebers wird dies auch zutreffen. Dennoch blitzen mit zunehmendem Alter immer häufiger Gedanken an Krankheiten, an die eigene Sterblichkeit auf. Vielleicht fällt es Ihnen leichter, sich damit zu befassen, wenn Sie sich vor Augen führen, dass Sie mit einer fairen Nachlassregelung auch Gutes bewirken können, etwa indem Sie einem Streit vorbeugen. Fassen Sie Mut, packen Sie es in einem günstigen Moment an, bringen Sie es hinter sich – und geniessen Sie danach weiterhin Ihren Ruhestand (oder die Aussichten darauf) mit dem guten Gefühl, eine wichtige Sache erledigt zu haben.

Checklisten

Checkliste 1: Sie sind rund 50 Jahre alt
1. Tragen Sie spätestens jetzt alle Unterlagen zusammen, die Sie für den Überblick über Ihre Vermögens- und Vorsorgesituation brauchen. Dazu gehören:
   - die letzte Steuererklärung inklusive Veranlagung mit allen Beilagen
   - Ausweis und Reglement der Pensionskasse
   - Belege von Freizügigkeitskonten oder -policen
   - Belege von Säule-3a-Vorsorgekonten oder -policen
   - Lebensversicherungspolicen
   - aktuelle Auszüge aus Bankkonten und -depots
   - Unterlagen und Belege zum Wohneigentum
   - AHV-Ausweis
   - Lohnausweise
2. Holen Sie bei der zuständigen AHV-Stelle einen persönlichen IK-Auszug ein (siehe Seite 32).
3. Überprüfen Sie Ihren Rentenanspruch bei der Pensionskasse auf dem aktuellen Versicherungsausweis.
4. Schätzen Sie Ihren Einkommensbedarf im Ruhestand ab. Für wen müssen Sie mitvorsorgen (Ehepartner, Kinder in Ausbildung)? Vergleichen Sie den geschätzten Bedarf mit den zu erwartenden Rentenansprüchen (siehe Seite 127).
5. Wie gross ist Ihre Einkommenslücke (siehe Seite 73)? Jetzt ist noch Zeit, sie zu schliessen. Prüfen Sie die Möglichkeiten: Kommen zum Beispiel (weitere) Einkäufe in die zweite Säule in Frage, oder stocken Sie die dritte Säule kräftig auf? Falls Sie das maximale Vorsorgeguthaben in der zweiten Säule erreicht haben, klären Sie ab, ob Sie dieses allenfalls steuerschonend durch gestaffelte Bezüge im Rahmen der Wohneigentumsförderung zur Hypothekentilgung verwenden können und wollen. Achten Sie dabei auf die gesetzlichen Vorschriften.
6. Werden Sie sich regulär pensionieren lassen oder streben Sie eine Frühpensionierung an? Falls eine Frühpensionierung zur Diskussion steht, prüfen Sie die Auswirkungen im Detail. Dazu gehören diese Punkte:
   - Wie hoch ist die Renteneinbusse bei der Pensionskasse?

- Gibt es eine Überbrückungsrente der Pensionskasse? Finanziert sie der Arbeitgeber oder müssen Sie selber dafür aufkommen?
- Müssen Sie die AHV-Rente vorzeitig beziehen oder können Sie zuwarten bis zum ordentlichen Pensionsalter? Wie hoch ist die Renteneinbusse bei einem Vorbezug?

7. Machen Sie sich erste Gedanken zur Frage, ob Sie dereinst eine Pensionskassenrente oder das Kapital beziehen wollen. Befassen Sie sich mit Vor- und Nachteilen, klären Sie die Anmeldefrist ab.

Checkliste 2: Sie sind rund 55 Jahre alt

1. Aktualisieren Sie alle Punkte der Checkliste fürs Alter 50. Welche Abweichungen haben sich in den letzten fünf Jahren ergeben
   - in Ihren persönlichen Zielen,
   - im dereinstigen Einkommen,
   - in Ihrer Lebenssituation,
   - in Ihrer Vermögenslage?
2. Wie wirken sich die Abweichungen aus? Müssen Sie Massnahmen treffen, zum Beispiel auf eine Frühpensionierung verzichten – oder rückt sie im Gegenteil erst jetzt in den Bereich des Möglichen?
3. Haben sich gesetzliche Rahmenbedingungen geändert (zum Beispiel bei der Besteuerung von Kapitalauszahlungen oder bei den Erbschaftssteuern?) Bringt die nächste AHV-Revision Änderungen, die Sie betreffen? Prüfen Sie Auswirkungen von allfälligen Reglementsänderungen Ihrer Pensionskasse, wenn solche in den letzten fünf Jahren vorgenommen wurden (zum Beispiel Veränderungen des Umwandlungssatzes im obligatorischen wie im überobligatorischen Bereich).
4. Wie wollen Sie nach der Pensionierung wohnen? Erwägen Sie den Umzug von einem Haus in eine Eigentumswohnung? Sehen Sie sich rechtzeitig nach einem passenden Objekt um, beziehen Sie auch die Steuersituation im Zielkanton in Ihre Überlegungen mit ein.
5. Ist Auswandern ein Thema? Wenn Sie der Schweiz den Rücken kehren möchten, ist frühzeitige Planung ein Muss. Verschaffen Sie sich Klarheit über Einreise- und Aufenthaltsbedingungen im Zielland, Lebenshaltungskosten, Immobilienpreise, die Steuersituation etc.

Checkliste 3: Sie sind rund 60 Jahre alt

1. Aktualisieren Sie die Punkte 2 bis 5 der Checkliste fürs Alter 55. Prüfen Sie wiederum Abweichungen und deren Auswirkungen.
2. Rechnen Sie Ihr Budget nochmals detailliert durch – die Angaben können jetzt schon viel konkreter erfolgen.
3. Legen Sie den Zeitpunkt der Pensionierung jetzt fest.
4. Fällen Sie einen Entscheid, wie Sie bezüglich AHV vorgehen wollen: Vorbezug, regulärer Bezug, Aufschieben der Rente?
5. Entscheiden Sie, wie Sie Ihre Pensionskassengelder beziehen wollen: Rente, Kapital oder Mischlösung? Holen Sie spätestens jetzt Rat ein, wenn Sie unsicher sind. Wenn Sie einen (Teil-)Kapitalbezug favorisieren, informieren Sie Ihre Vorsorgeeinrichtung innerhalb der vorgeschriebenen Frist (siehe Reglement).
6. Legen Sie fest, wie Sie allfällige Kapitalbezüge staffeln wollen, um Steuern zu sparen.

Checkliste 4: Kurz vor der Pensionierung

1. Melden Sie sich vier bis drei Monate vor der Pensionierung für den Rentenbezug bei der AHV-Ausgleichskasse an.
2. Falls Sie die Rente aufschieben möchten, informieren Sie die Ausgleichskasse.
3. Leiten Sie im Falle einer Frühpensionierung die Zahlung der AHV-Beiträge als Nichterwerbstätiger bei der zuständigen AHV-Ausgleichskasse in die Wege.
4. Legen Sie fest, wie Sie Ihr freies Vermögen im Ruhestand anlegen werden. Reduzieren Sie Hypotheken oder entscheiden Sie sich für geeignete Anlagen in Aktien, Obligationen, Leibrenten-Policen etc.? Welche Etappierung haben Sie beim Vermögensverzehr vorgesehen? Lassen Sie sich gegebenenfalls jetzt beraten.
5. Prüfen Sie die güter- und erbrechtliche Situation für Zeit vor und nach der Pensionierung. Ist Ihre Lebenspartnerin gut genug abgesichert?
6. Prüfen Sie die Möglichkeiten der Nachlassregelung. Was passiert mit allfälligem Liegenschaftsbesitz? Kommt die Auszahlung von Erbvorbezügen in Frage?

2. Staatliche Vorsorge – die AHV

Die AHV-Rente hat den grundlegenden Geldbedarf im Alter angemessen zu decken – so will es die Bundesverfassung. Die erste Säule gilt trotz bescheidener Renten als tragende Stütze des Schweizer Sozialwesens und ist für viele Pensionierte unverzichtbar. In diesem Kapitel erhalten Sie einen Überblick über die wichtigsten Grundsätze und Bestimmungen.

Grundzüge der ersten Säule

Im Drei-Säulen-Prinzip der Schweizer Vorsorge stellt die Alters- und Hinterlassenenversicherung (AHV) die erste Säule dar. Sie ist die umfassendste Institution, welche die Schweizer Bevölkerung im Hinblick auf das Alter absichert. Eng verwoben damit: die Invalidenversicherung, kurz IV.

Als AHV-Alter gilt für Männer das vollendete 65. Altersjahr, für Frauen derzeit 64 Jahre. Die vollständige Angleichung des AHV-Alters für beide Geschlechter ist Gegenstand einer nächsten AHV-Revision.

Der Kreis der Versicherten

Die AHV ist die umfassendste Vorsorgeinstitution: Alle hierzulande wohnhaften und/oder erwerbstätigen Personen sind obligatorisch versichert. Das gilt sowohl für Schweizer wie auch für Ausländer, für Erwerbstätige wie auch für Nichterwerbstätige.

Die Beitragspflicht für Erwerbstätige beginnt am 1. Januar nach dem 17. Geburtstag, Nichterwerbstätige müssen ab dem 1. Januar nach dem 20. Geburtstag Beiträge zahlen. Zur Gruppe der Nichterwerbstätigen gehören zum Beispiel IV-Rentnerinnen und -Rentner, Studentinnen und Studenten, Hausfrauen und Hausmänner, Privatiers. Die Beitragspflicht endet mit dem Erreichen des AHV-Rentenalters.

Beitragspflichtig von 17 oder 20 bis zur Pensionierung: Von diesem Prinzip gibt es einige Abweichungen. Hier ein Überblick:

- Wer über das AHV-Alter hinaus eine bezahlte Tätigkeit verfolgt, bleibt beitragspflichtig – auch wenn bereits eine Rente fliesst. Dabei wird ein Freibetrag gewährt (1400 Franken pro Monat für Angestellte und 16 800 Franken jährlich für Selbständige, Stand 2006). Nur auf dem den Freibetrag übersteigenden Einkommen sind AHV-Beiträge zu entrichten. Diese sind allerdings nicht mehr rentenbildend.
- Wer einen AHV-Vorbezug macht, beispielsweise bei einer Frühpension, zahlt weiterhin Beiträge als Nichterwerbstätiger (mehr dazu Seite 33).
- Auch nichterwerbstätige Ehefrauen und Ehemänner sind AHV-beitragspflichtig. Eine Beitragszahlung entfällt jedoch, wenn der andere Ehegatte durch seine Erwerbstätigkeit das Doppelte des gesetzlichen

Mindestbeitrages bezahlt, total also 850 Franken (Stand 2006) – die Abgaben des Arbeitgebers miteingerechnet. Die Beiträge von nichterwerbstätigen Verheirateten werden somit in aller Regel durch den erwerbstätigen Ehegatten bezahlt.

Beispiel *Alice K., 56, geht keiner Erwerbstätigkeit nach. Dank des guten Einkommens ihres Mannes Erwin musste sie bisher keine eigenen AHV-Beiträge zahlen. Als Erwin mit 65 in Pension geht, wird Alice als Nichterwerbstätige beitragspflichtig, weil sie das Rentenalter noch nicht erreicht hat. Sie muss sich bei der Ausgleichskasse des Wohnkantons oder bei der Gemeindezweigstelle der AHV anmelden, um Beitragslücken zu vermeiden. Das gilt auch dann, wenn Erwin weiter arbeitet. Denn Beiträge von AHV-Rentnern werden nicht mehr an die Beitragspflicht der Ehegatten angerechnet.*

Der AHV-Ausweis

Beim Antritt der ersten Stelle werden Arbeitnehmende von der AHV erfasst. Sie erhalten einen AHV-Ausweis mit ihrer persönlichen AHV-Nummer. Der Ausweis ist künftig bei jedem neuen Stellenantritt der zuständigen Personalbehörde vorzulegen. Wenn Sie ihn zurückerhalten, prüfen Sie, ob die Nummer für die Ausgleichskasse Ihres neuen Arbeitgebers eingetragen wurde.

Beim Austritt aus einem Arbeitsverhältnis brauchen Sie betreffs AHV nichts zu unternehmen. Behalten Sie jedoch alle Lohnausweise, damit Sie später jederzeit zurückverfolgen können, wann Sie bei welchem Unternehmen gearbeitet haben und ob die Beiträge korrekt abgerechnet und einbezahlt wurden.

Wie werden die Beiträge berechnet?

Die AHV wird im Umlageverfahren finanziert; das bedeutet, dass die Beitragspflichtigen mit ihren Abgaben für die Renten der Bezüger und Bezügerinnen aufkommen. Zusätzliche Mittel fliessen aus anderen Quellen, etwa der Alkohol- und Tabaksteuer sowie aus allgemeinen Mitteln des Bundes und der Kantone. Ein Ausgleichsfonds hilft, Einnahmen-

und Ausgabenschwankungen zu glätten. Gemäss Gesetz sollte er immer mit Geld in der Höhe von mindestens einer Jahresausgabe gefüllt sein.

Lohnabgaben

Die AHV-Beiträge der Angestellten betragen unabhängig von der Höhe des Einkommens 8,4 Prozent des Bruttolohnes. Hinzu kommen die Abzüge für die IV (1,4 Prozent) und für die EO (0,3 Prozent). Dabei tragen der Arbeitgeber und die Angestellten je die Hälfte der Prämien. Für die Abrechnung der AHV-Beiträge gegenüber der Ausgleichskasse ist der Arbeitgeber zuständig.

Bei Selbständigerwerbenden kommen je nach Finanzkraft Beitragssätze zwischen 5,116 und 9,5 Prozent auf dem steuerbaren Reineinkommen zur Anwendung. Darin eingeschlossen sind die Beiträge an IV und EO.

Hinweis *Auch auf Ferien-, Aushilfs- und Nebenjobs sind AHV-Beiträge zu entrichten. Diese Pflicht entfällt bei Einkommen von unter 2000 Franken jährlich, falls Sie einem AHV-pflichtigen Haupterwerb nachgehen. In diesem Fall können Sie beim Arbeitgeber Ihres Nebenjobs eine Verzichterklärung unterschreiben.*

Wie viel müssen Nichterwerbstätige zahlen?

Die Beiträge der Nichterwerbstätigen werden abgestuft nach ihrem Vermögen und, falls vorhanden, dem Renteneinkommen. Berücksichtigt werden etwa Renten der Pensionskasse, Unterhaltszahlungen, Taggelder usw.; ausgeklammert bleiben dagegen Renten der AHV und der IV. Der Mindestbeitrag, den Nichterwerbstätige einzahlen müssen, beträgt 425 Franken pro Jahr, der Maximalbeitrag 10 100 Franken (inklusive Beiträge an IV und EO, Stand 2006).

Beispiel *Lucy S., Jahrgang 1943, liess sich mit 62 Jahren frühpensionieren und bezog ab dem Zeitpunkt der Pension AHV. An sich hätte sie Anspruch auf eine Maximalrente in der Höhe von 2150 Franken gehabt – diese vermindert sich aber wegen des Vorbezugs für die ganze restliche Lebenszeit um 6,8 Prozent auf rund 2003 Franken. Lucy S. muss bis zum Erreichen des ordentlichen AHV-Alters ausserdem Beiträge als*

Nichterwerbstätige zahlen. Für deren Berechnung wird ihre Rente aus der zweiten Säule von 20 000 Franken jährlich und ihr Vermögen von 250 000 Franken berücksichtigt. Gestützt auf die massgebliche Beitragstabelle ergibt sich ein AHV-Beitrag von 1212 Franken pro Jahr (Stand 2006).

Vorsicht Invalidität

Im Rahmen der ersten Säule ist in Form der Invalidenversicherung (IV) auch eine Absicherung gegen das Risiko der Invalidität gegeben. Generell gilt: Die Höhe der IV-Rente entspricht der voraussichtlichen Höhe der AHV-Rente. Mit Erreichen des AHV-Alters löst die AHV-Rente die IV-Rente ab.

Die Absicherung gegen das Invaliditätsrisiko kann ungenügend sein, denn die Leistungen der IV und der Pensionskasse erreichen in der Regel nur 60 bis 80 Prozent des früheren Einkommens. Insbesondere Selbständigerwerbende können schnell in eine Notlage geraten, da sie häufig nicht über ein Pendant zur beruflichen Vorsorge (zweite Säule) verfügen. Klären Sie deshalb rechtzeitig ab, ob Sie eine zusätzliche private Versicherung gegen Erwerbsausfall benötigen.

Das A und O: Lücken vermeiden

Eine volle Rente der AHV erhält, wer seit dem 20. Lebensjahr lückenlos Beiträge geleistet hat. Lücken haben eine empfindliche Kürzung der Rente zur Folge; pro fehlendes Beitragsjahr wird die Rente um $1/44$ reduziert.

Wer angestellt ist, wird in der Regel durch den Arbeitgeber automatisch erfasst (siehe aber «Das individuelle Konto», Seite 32). Bei Nichterwerbstätigen oder Selbständigerwerbenden dagegen können schon mal versehentlich Beiträge vergessen gehen. Wer die ohnehin bescheiden bemessene dereinstige AHV-Rente nicht zusätzlich schmälern will, tut gut daran, diese Lücken sofort zu schliessen – das geht bis zu fünf Jahre nach deren Entstehung. Zum Stopfen können auch Beiträge verwendet werden, die vor dem 20. Lebensjahr einbezahlt wurden. In folgenden Fällen sollten Sie ein Auge auf mögliche Lücken haben:

Auszeiten. Wenn Sie sich für eine Weile aus dem Erwerbsleben ganz oder teilweise ausklinken, etwa um zu reisen oder sich weiterzubilden, klären Sie rechtzeitig ab, ob Sie als Nichterwerbstätige beitragspflichtig sind. Auskunft erteilt die zuständige Ausgleichskasse (in der Regel die kantonale Kasse an Ihrem Wohnsitz).

Mutterschaft. Verheiratete Mütter sind meist durch ihre erwerbstätigen Ehemänner versichert, Lücken drohen so keine (siehe Seite 24). Anders verhält es sich bei unverheirateten Paaren. Ledige, nicht erwerbstätige Mütter müssen Beiträge als Nichterwerbstätige entrichten.

Auslandaufenthalte. Ziehen Sie oder Ihr Ehegatte für eine Weile ins Ausland und arbeiten dort, klären Sie ab, inwiefern Ihre AHV-Beitragspflicht davon betroffen ist.

Arbeitslosigkeit. Wer Arbeitslosengeld bezieht, zahlt weiterhin automatisch AHV. Anders bei lang andauernder Arbeitslosigkeit, wenn Sie ausgesteuert werden, eventuell gar Sozialhilfe beziehen: Hier müssen Sie aktiv werden und Beiträge als Nichterwerbstätige entrichten.

Die Renten der AHV

Die AHV hat zum Ziel, die Existenz im Alter abzusichern. Damit soll ein Lebensstandard möglich sein, der die wichtigsten Bedürfnisse abdeckt. Das klappt in der Realität eher selten: Ohne zusätzliche (Renten-)Einnahmen reicht auch eine volle AHV-Rente kaum je aus.

So werden die Renten berechnet

Für die Berechnung der AHV-Rente sind die Beitragsjahre und das während der Beitragszeit erzielte Durchschnittseinkommen massgebend. Wer lückenlos ab dem 20. Geburtstag bis zum ordentlichen Rentenalter AHV-Beiträge bezahlt hat, hat Anspruch auf eine Vollrente (siehe Tabelle nebenan). Beitragslücken führen zu einer um die Fehlzeit gekürzten Teilrente. Ein fehlendes Beitragsjahr bedeutet eine Rentenkürzung von rund 2,3 Prozent.

Die Höhe der Rente hängt jedoch nicht nur davon ab, ob Sie die vollständigen Beitragsjahre vorweisen können. Sie wird ebenso von der Höhe des durchschnittlichen Jahreseinkommens beeinflusst. Dieses setzt sich zusammen aus dem während der Beitragszeit erzielten eigenen

Einkommen, welches für die Berechnung der Rente mit einem Aufwertungsfaktor der Preis- und Lohnentwicklung angepasst wird, und allfälliger Erziehungs- und Betreuungsgutschriften. Die Maximalrente erreicht man bei einem Durchschnittseinkommen von 77 400 Franken (Stand 2006). Wer in späteren Erwerbsjahren mehr als das rentenbildende Lohnmaximum verdient, kann damit tiefere Einkommen früherer Jahre ausgleichen. Mehr als die Maximalrente gibt es aber nicht – mit höheren Einkommen und entsprechend höheren Abgaben trägt man stattdessen zum sozialen Ausgleich bei. Nur wenn Sie den Rentenbezug aufschieben, können Sie Ihre Rente erhöhen (Seite 34).

Hinweis *Die AHV-Renten werden alle zwei Jahre an die allgemeine Lohn- und Teuerungsentwicklung angepasst. Steigt die Jahresteuerung über vier Prozent, kann der Bundesrat auch vor Ablauf der zwei Jahre handeln und eine Rentenerhöhung beschliessen.*

Die Vollrenten der AHV 2006		
	Minimalrente	**Maximalrente**
Einzelrente	1075.–	2150.–
Rentenanspruch Ehegatten	2150.–	3225.–*
Zusatzrente 30%**	323.–	645.–
Pensionierten-Kinderrente 40%	430.–	860.–
Witwenrente 80%	860.–	1720.–
Witwerrente 80%	860.–	1720.–
Halbwaisenrente 40%	430.–	860.–
Vollwaisenrente 60%	645.–	1290.–

* Der Rentenanspruch der Ehegatten ist wegen der im gemeinsamen Haushalt tieferen Kosten auf 150 Prozent der einfachen maximalen AHV-Rente begrenzt (Plafonierung).
** AHV-Rentner und AHV-Rentnerinnen, die vor Entstehung der AHV-Altersrente eine Zusatzrente der Invalidenversicherung bezogen haben, können diese weiterbeziehen, bis ihr Ehegatte Anspruch auf eine AHV- oder IV-Rente erwirbt.

Erziehungs- und Betreuungsgutschriften

Wer die elterliche Sorge über eines oder mehrere Kinder unter 16 Jahren ausübt, erhält Erziehungsgutschriften. Für verheiratete Eltern gibt es diese nur einmal; sie wird ihnen je hälftig gutgeschrieben.

Neben Erziehungsgutschriften gibt es auch Betreuungsgutschriften. Diese werden denjenigen Personen angerechnet, die zu Hause nahe Verwandte betreuen, die hilflos sind (etwa Eltern, Grosseltern und Geschwister). Erziehungs- und Betreuungsgutschriften können nicht gleichzeitig beansprucht werden.

Die Erziehungs- und Betreuungsgutschriften betragen 38 700 Franken pro Jahr (Stand 2006). Dieser Betrag wird aber nicht ausbezahlt, sondern dem AHV-Konto als Einkommen gutgeschrieben. Damit fällt die dereinstige AHV-Rente unter Umständen deutlich höher aus.

Achtung *Im Unterschied zu den Erziehungsgutschriften müssen die Betreuungsgutschriften jedes Jahr bei der Ausgleichskasse angemeldet werden, damit die Anspruchsvoraussetzungen überprüft werden können.*

Rentensplitting – wie funktioniert das?

Wenn Sie verheiratet sind, so wird bei der Rentenberechnung das Einkommen beider Partner je hälftig angerechnet. Die Einkommen werden also zusammengezählt und zwischen den Ehepartnern aufgeteilt (so genanntes Splitting). Die Halbierung bezieht sich aber nur auf die Einkommen, die während der Ehe erzielt wurden. Vor und nach der Ehe verdientes Einkommen wird nicht geteilt, ebenso wenig wie die Einkommen im Jahr der Eheschliessung und der Scheidung. Wenn nur ein Ehegatte einem AHV-pflichtigen Erwerb nachging, so wird das entstandene Einkommen ebenfalls je hälftig den beiden Partnern angerechnet.

Tipp *Verlangen Sie nach einer Scheidung die Einkommensteilung sofort – entsprechende Formulare sind bei den AHV-Ausgleichskassen oder im Internet unter www.ahv.ch verfügbar. Reichen Sie die Anmeldung fürs Splitting wenn immer möglich gemeinsam ein, dann kann die Teilung rascher und zuverlässiger durchgeführt werden, und eine Ver-*

zögerung bei der späteren Rentenberechnung lässt sich vermeiden. Leiten Sie das Verfahren nicht von sich aus ein, so wird das Splitting von der Ausgleichskasse spätestens dann vorgenommen, wenn sie Ihre Rente berechnen muss.

Ein Ehepartner ist noch erwerbstätig

Wird nur ein Partner pensioniert, während der zweite noch im Erwerbsleben steht, werden die Erwerbseinkommen vorerst nicht gesplittet. Bei der Rentenberechnung wird in diesem Fall vielmehr auf das alleinige Einkommen des angehenden Ruheständlers abgestellt. Angerechnet werden allerdings allfällige Erziehungs- oder Betreuungsgutschriften. Erst mit der Pensionierung des zweiten Partners kommt es zum Splitting. Das kann zur Folge haben, dass die Rente des ersten Partners nach der Pensionierung des zweiten höher oder auch tiefer ausfällt als zuvor.

Beispiel Rita M. ist 1942 geboren und bezieht ab 2005 eine vorgezogene Altersrente. Sie ist seit 1964 mit dem gleichen Mann verheiratet, der aber noch nicht rentenberechtigt ist. So wird Rita M.s Altersrente aufgrund ihres eigenen, ungeteilten Einkommens berechnet. Aus der Ehe stammen auch zwei Kinder (Geburtsjahre 1965 und 67). Rita M. werden entsprechend «halbe» Erziehungsgutschriften angerechnet.

Die finanzielle Sicherheit der AHV

Wie lange sind die AHV-Renten auf dem derzeitigen Niveau noch gesichert? Eine Frage, die in politischen Diskussionen immer wieder für heisse Köpfe sorgt. Vor allem die demografische Entwicklung gibt Anlass zur Sorge: Tatsache ist, dass 1948 rund neun Erwerbstätige für eine Rente aufkommen mussten, während es heute nur noch knapp vier Aktive sind, die einen Rentenbezüger finanzieren. Da die AHV dem Versicherungsprinzip folgt und damit alle Beitragszahler unabhängig von ihrer tatsächlichen wirtschaftlichen Situation Anspruch auf eine Rente haben, könnte eine Sicherung der Leistungen über zusätzliche Einnahmen oder über einen Leistungsabbau erreicht werden. Ebenfalls zur Diskussion steht die Heraufsetzung des Rentenalters. Denkbar ist aber auch, dass dank höherer Produktivität der Gesamtwirtschaft das Verhältnis zwischen Erwerbstätigen und Rentenbezügern weiter sinkt, ohne dass die Beiträge erhöht werden müssen.

Das individuelle Konto

Vertrauen ist gut, Kontrolle ist besser: Das gilt auch bei der AHV. Kümmern Sie sich nicht erst bei Erreichen des AHV-Alters um die Höhe Ihrer Rente. Vor allem wenn Sie häufig die Stelle gewechselt haben, sollten Sie periodisch sicherstellen, dass die AHV-Beiträge von allen Arbeitgebern ordnungsgemäss abgerechnet wurden. Denn wenn Sie erst bei der Rentenauszahlung bemerken, dass AHV-Einzahlungen fehlen oder nicht verbucht wurden, ist es meist zu spät. Solche Beitragslücken können im Nachhinein nur geschlossen werden, wenn Sie nachweisen können, dass Sie in der fraglichen Zeit gearbeitet und Ihre Arbeitgeber Ihnen die AHV-Beiträge vom Lohn abgezogen haben. Das ist Jahre später häufig unmöglich, weil die nötigen Unterlagen nicht mehr vorhanden sind. Behalten Sie deshalb alle Lohnausweise und -abrechnungen, bis Sie überprüft haben, ob alle Beträge korrekt abgerechnet wurden!

Wenden Sie sich in regelmässigen Abständen an die auf Ihrem AHV-Ausweis zuletzt aufgeführte Ausgleichskasse und verlangen Sie einen Kontenzusammenruf. Das ist eine Zusammenfassung der Auszüge aus allen Konten, die je für Sie geführt wurden. Darin sind Einkommen, Beitragszeiten sowie Erziehungs- und Betreuungsgutschriften verzeichnet.

Achtung *Wenn Sie einen solchen Auszug verlangen und erhalten, erlangt dieser Rechtsgültigkeit. Das bedeutet, dass er als akzeptiert gilt, wenn Sie nicht intervenieren. Liegen Unklarheiten oder Unregelmässigkeiten vor, handeln Sie deshalb rechtzeitig – innert 30 Tagen seit Erhalt des Auszugs. Kontrollieren Sie besonders genau, wenn Sie häufig die Stelle gewechselt haben.*

Ein Auszug ist in der Regel alle fünf Jahre, sicher aber ab dem 40. Altersjahr gratis. Versehen Sie Ihre Anfrage mit allen nötigen Angaben. Bei Heirat ist beispielsweise auf eine erfolgte Namensänderung aufmerksam zu machen, da Sie bei einer früheren Ausgleichskasse möglicherweise noch unter Ihrem alten Namen geführt werden.

Hinweis *Die Adressen der Ausgleichskassen finden Sie zuhinterst in jedem Telefonbuch sowie im Internet unter www.ahv.ch. Unter dieser Adresse finden Sie auch eine Liste aller Merkblätter zur AHV, die Sie herun-*

terladen können; ferner ein Formular, mit dem Sie den Auszug per E-Mail bestellen können.

Rente beziehen

Die AHV-Rente kommt nicht von selber; Sie müssen sie beantragen. Zuständig ist die Ausgleichskasse, an die zuletzt Beiträge entrichtet wurden. Bezieht der verheiratete Partner bereits eine Rente, ist dessen Ausgleichskasse zuständig.

Wenden Sie sich mindestens drei bis vier Monate vor Rentenbeginn an die zuständige Ausgleichskasse. Über www.ahv.ch lässt sich das Anmeldeformular auch aus dem Internet herunterladen.

Frühpensionierung: Die AHV vorbeziehen

Flexibilisierung des Rentenalters: Das ist mit der AHV in bescheidenem Rahmen möglich. Frauen wie Männer können sich zwei Jahre früher als vorgesehen pensionieren lassen und trotzdem schon eine AHV-Rente beziehen. Dies bleibt allerdings nicht ohne Einfluss auf die Ren-

AHV-Rentenminderung bei vorzeitiger Pensionierung		
	Vorbezug um	Rentenkürzung
Frauen mit Jahrgang 1942–1947	1 Jahr	3,4%
	2 Jahre	6,8%
Frauen ab Jahrgang 1948	1 Jahr	6,8%
	2 Jahre	13,6%
Männer	1 Jahr	6,8%
	2 Jahre	13,6%

Beispiele: Eine Frau mit Jahrgang 1947, die Anspruch auf eine minimale AHV-Rente in der Höhe von 1075 Franken hat, lässt sich ein Jahr früher pensionieren. Ihre vorbezogene AHV-Rente wird um 3,4 Prozent gekürzt, sie erhält also 1038 Franken 45. Ein Mann, der Anspruch auf die volle Maximalrente hat (2150 Franken) und seine Rente um zwei Jahre vorbezieht, erhält 1857 Franken 60.

tenhöhe – die Kürzungen sind erheblich und gelten für die gesamte Bezugsdauer. Die Einbusse für Frauen, deren Rentenalter in den vergangenen Jahren angehoben wurde, fällt dabei geringer aus (siehe Tabelle Seite 33).

Kinderrenten werden während der Vorbezugszeit keine ausgerichtet. Beachten Sie überdies, dass Sie beitragspflichtig bleiben, auch wenn Sie sich vorzeitig pensionieren lassen und bereits eine Rente beziehen (siehe Seite 26)!

Tipp *Für Frauen mit den Jahrgängen 1942 bis 1947 ist der Rentenvorbezug aufgrund der bescheideneren Rentenkürzung interessant. Das zeigt das Beispiel auf Seite 150 deutlich. Für Männer hängt die Frage eines Vorbezugs in erster Linie von der übrigen Einkommens- beziehungsweise Rentensituation ab.*

Lukrativ: Den Bezug aufschieben

Während sich viele Menschen auf die Pensionierung freuen, weil sie dann in Musse und frei von Zwang ihre Zeit gestalten können, gibt es auch Unermüdliche, deren Lebenselixir die Arbeit ist und die deshalb über das Rentenalter hinaus berufstätig bleiben. Schieben sie dabei den Bezug der AHV auf, kann so die Rente über das vorgesehene Maximum hinaus erhöht werden – und zwar substanziell (siehe Tabelle nebenan).

Der Aufschub des Rentenbezugs ist für höchstens fünf Jahre möglich – Frauen können also bis zum 69., Männer bis zum 70. Geburtstag zuwarten. Wer über das AHV-Alter hinaus ein Einkommen erzielt, muss darauf weiterhin Beiträge entrichten. Allerdings profitieren erwerbstätige Rentner und Rentnerinnen von einem Freibetrag (siehe Seite 24). Der Aufschub kann ausserdem steuerlich interessant sein.

Hinweis *Setzen Sie die AHV-Behörde davon in Kenntnis, dass Sie vorderhand auf den Bezug der Rente verzichten. Nach Ablauf eines Jahres können Sie die Rente jederzeit abrufen; Sie brauchen die genaue Aufschubsdauer also nicht von vornherein festzulegen. Eine Nachzahlung ist aber ausgeschlossen.*

Aufschubdauer und prozentuale Erhöhung der Rente			
Jahre	und Monate			
	0 – 2	3 – 5	6 – 8	9 – 11
1	5,2 %	6,6 %	8,0 %	9,4 %
2	10,8 %	12,3 %	13,9 %	15,5 %
3	17,1 %	18,8 %	20,5 %	22,2 %
4	24 %	25,8 %	27,7 %	29,6 %
5	31,5 %			

Lesebeispiel: Wer die Rente drei Jahre und sechs Monate über das ordentliche AHV-Alter hinaus aufschiebt, erhält eine um 20,5 Prozent höhere Rente.

Knappe Rente in Aussicht: Was tun?

Je näher das AHV-Alter rückt, umso genauer kann die zuständige Ausgleichskasse Ihre zukünftige Rente beziffern. Dennoch sollten Sie nicht bis nach 55 warten, um sich einen ersten Überblick zu schaffen. Das ist spätestens zwischen 45 und 50 angezeigt, auch wenn sich die Berechnung infolge von unvorhergesehenen Ereignissen (etwa Arbeitslosigkeit) nochmals stark verändern kann. Doch je früher Sie bemerken, dass Ihr dereinstiges AHV-Einkommen knapp ausfallen könnte, desto wirksamer können Sie noch gegensteuern. Der Spielraum bei der ersten Säule ist nicht riesig, diese Massnahmen stehen aber immerhin zur Verfügung:

- Machen Sie Beitragslücken ausfindig und stopfen Sie sie, falls dies noch möglich ist.
- Zahlen Sie AHV-Beiträge auch auf allfälligen Nebenjobs.
- Streben Sie einen Ausgleich über die berufliche Vorsorge an (mehr dazu ab Seite 37).
- Errichten Sie ein Säule-3a-Konto bei einer Bank und zahlen Sie regelmässig ein. Je früher Sie dies tun, desto länger profitieren Sie vom Zinseszinseffekt (siehe Seite 66).

Rat rund um die AHV

Viele Vorsorgefragen sind komplex – das gilt auch für die AHV. Wenn Sie nicht allein weiterkommen, können Sie bei verschiedenen Stellen Rat einholen:
- Die AHV dokumentiert ihre Tätigkeit ausführlich im Internet (www.ahv.ch). Hier finden Sie umfassende, aktuelle Informationen, dazu alle relevanten Formulare und Merkblätter zum Herunterladen.
- Ist Ihre Frage zu spezifisch, um übers Internet Klärung zu finden, gelangen Sie an eine von diversen Beratungsstellen. Dazu gehört auch das Beobachter-Beratungszentrum (siehe Anhang).
- Eine gute Anlaufstelle für Auskünfte sind auch die Ausgleichskassen. Wählen Sie jene, die auf Ihrem AHV-Ausweis zuletzt eingetragen wurde. Anhand der Nummer können Sie die Adresse ausfindig machen – eine Liste aller Ausgleichskassen findet sich zuhinterst im Telefonbuch.
- Schliesslich gibt es bei vielen Verbänden und Interessensgruppen Sozialversicherungsexperten, teils auch gänzlich unabhängige, die mit Rat und wo nötig Tat zur Seite stehen, deren Inanspruchnahme aber unterschiedlich kostenpflichtig ist.

3. Die berufliche Vorsorge – Pensionskassen

Der grösste Vermögensposten vieler Erwerbstätiger lagert bei der Pensionskasse – dafür geht ein ansehnlicher Teil des Lohns weg. Wie arbeitet Ihr Geld bei der Vorsorgeeinrichtung? Welche Leistungen können Sie von der beruflichen Vorsorge im Alter erwarten? Antworten finden Sie in diesem Kapitel.

Grundzüge der zweiten Säule

Die obligatorische berufliche Vorsorge ist mit 20 Jahren vergleichsweise jung. Doch ihre Finanzmacht ist immens: Nicht weniger als rund 30 Milliarden Franken fliessen den Pensionskassen jährlich an Beiträgen zu, dazu kommen Kapitalerträge von 10 bis 15 Milliarden. Damit ist die zweite Säule die wichtigste Stütze der Vorsorge. Das ist auch nötig, denn selbst eine Maximalrente der AHV genügt in der Regel nicht, den während des Erwerbslebens gewohnten Lebensstandard abzusichern. Seit Mitte der 80er-Jahre ist die zweite Säule gemäss Bundesgesetz über die berufliche Vorsorge (BVG) obligatorisch. Das Regelwerk rund um die berufliche Vorsorge ist komplex, die Ausgestaltung einzelner Pensionskassen ganz unterschiedlich. Die in diesem Kapitel erklärten Grundlagen versetzen Sie in die Lage, diesen vermutlich wichtigsten Baustein Ihrer Vorsorge zu verstehen.

Hinweis *Dieses Kapitel behandelt ausführlich die wichtigsten Grundlagen der zweiten Säule. Weiterführende Informationen finden Sie im Beobachter-Ratgeber «Pensionskasse. Vorsorge, Finanzierung, Sicherheit, Leistung» (Beobachter-Buchverlag, Zürich 2005, www.beobachter.ch/buchshop).*

AHV und berufliche Vorsorge im Vergleich

Die Unterschiede der zweiten zur ersten Säule sind augenfällig – einen Überblick gibt die Tabelle nebenan. Zentral ist dabei, dass viel mehr Spielarten möglich sind und die zweite Säule für Selbständigerwerbende weiterhin eine freiwillige Versicherungsmöglichkeit darstellt. Zudem sind die Spannen bei der Rentenhöhe durch die unterschiedliche Finanzierungsart und den individuell bemessenen Aufbau des Alterskapitals wesentlich grösser.

Während bei der ersten Säule der soziale Ausgleich ein wichtiges Merkmal ist, handelt es sich bei der zweiten Säule verkürzt gefasst um eine Sparversicherung: Wer während des Erwerbslebens viel einzahlt, wird eine besonders hohe Rente erhalten. Und anders als bei der AHV erhält jemand, der keine Beiträge geleistet hat, auch keine Leistungen.

Unterschiede zwischen der ersten und der zweiten Säule

	1. Säule AHV/IV	2. Säule BVG
Versichert	alle in der Schweiz wohnhaften Personen vom 17. resp. 20. bis 64./65. Altersjahr	alle Angestellten mit Mindesteinkommen von jährlich Fr. 19 350.–; Selbständige freiwillig versichert
Beitragshöhe Versicherter	4,2%	je nach Kasse und versichertem Lohn
Beitragshöhe Arbeitgeber	4,2%	je nach Kasse und versichertem Lohn
Beiträge fällig auf...	dem ganzen Lohn	dem versicherten Jahreslohn (nach Koordinationsabzug)
Finanzierungsart	Umlageverfahren	Kapitaldeckungsverfahren
Arbeitslose sind...	weiterhin der 1. Säule unterstellt, AHV-Abzug vom Arbeitslosengeld	nur noch der Risikoabsicherung (Tod und Invalidität) unterstellt
Teuerungsausgleich	regelmässig	im Obligatorium nicht vorgesehen

Alle Angaben Stand 2006

Wer ist versichert?

Ziel der beruflichen Vorsorge ist es, zusammen mit den Leistungen der AHV dereinst rund zwei Drittel des früheren Einkommens zu sichern und so den bisher gepflegten Lebensstil in angemessener Weise aufrechtzuerhalten. Das Bundesgesetz über die berufliche Alters-, Hinterlassenen- und Invalidenvorsorge BVG regelt dabei nur ein Minimum.

Ein Grossteil der Kassen – besonders jene, die schon vor 1985 bestanden – sehen jedoch wesentlich bessere Leistungen vor. Dies geschieht im Rahmen der überobligatorischen Versicherung (mehr Informationen dazu Seite 46).

Der Kreis der Versicherten

BVG-versichert sind alle Arbeitnehmerinnen und Arbeitnehmer, die als Angestellte einen jährlichen Mindestlohn von 19 350 Franken beziehen – unabhängig vom Arbeitspensum. Dieser Betrag wurde im Zug der ersten Revision des BVG, die ab dem 1. April 2004 tranchenweise in Kraft gesetzt wurde, gesenkt, damit vermehrt auch Teilzeitarbeitende sowie Angestellte mit niedrigem Einkommen von der zweiten Säule profitieren können.

Die obligatorische Versicherung gilt ab dem 17. Geburtstag. Bis zur Vollendung des 24. Altersjahres unterstehen Angestellte der Versicherung für die Risiken Invalidität und Todesfall, anschliessend auch für die Altersvorsorge. Das Pensionsalter entspricht jenem der AHV: 65 für Männer, 64 für Frauen. Eine Frühpensionierung mit vorgezogenem Rentenbezug ist anders als bei der AHV im obligatorischen Bereich nicht vorgesehen. Eine solche Regelung kann jedoch bei Kassen mit weitergehenden Leistungen im Reglement vorhanden sein.

Nicht obligatorisch versichert sind folgende Personengruppen:
- Arbeitnehmerinnen und Arbeitnehmer mit einem befristeten Arbeitsverhältnis von höchstens drei Monaten
- Arbeitnehmende, die nur nebenberuflich angestellt sind und hauptberuflich eine selbständige Erwerbstätigkeit ausüben oder hauptberuflich bereits versichert sind
- Personen, die zu mindestens 70 Prozent invalid sind.

Nicht ausgeschlossen ist allerdings, dass Personen in solchen Situationen von ihrem Arbeitgeber dennoch versichert werden; das ist dann der Fall, wenn es sich um eine Vorsorgeeinrichtung mit überobligatorischen Leistungen handelt.

Das gilt für Selbständigerwerbende

Selbständigerwerbende sind der zweiten Säule nicht obligatorisch unterstellt. Das hat für Unternehmer mit vielen Angestellten durchaus seinen Sinn, für Klein- und Kleinstbetriebe ist diese Regelung aber problematisch und in ihren Auswirkungen erst in Zukunft erkennbar. Denn erst nach vollendetem Ausbau der zweiten Säule – etwa ab dem Jahr

2025, wenn alle Pensionierten während der vollen Dauer Beiträge entrichtet haben – wird sich zeigen, inwieweit die Selbständigerwerbenden eine ausreichende eigene Vorsorge betrieben haben. Selbständigerwerbende können sich allerdings freiwillig versichern, indem sie sich einer Sammelversicherung ihres Berufsverbandes anschliessen oder aber jener Kasse, bei der sie ihre Angestellten versichert haben. Auch die Auffangeinrichtung versichert Selbständigerwerbende im Rahmen des Obligatoriums. Mehr Informationen zur speziellen Vorsorgesituation von Selbständigerwerbenden finden Sie im Kapitel «Vorsorge für Selbständigerwerbende» (ab Seite 172).

Tipp *Wenn Sie neu ein Geschäft aufbauen, macht es möglicherweise wenig Sinn, als erstes Geld in die Vorsorge zu stecken, wenn zugleich teure Kredite für den Start nötig sind. Wichtig ist aber von Anfang an die ausreichende Absicherung der Risiken Invalidität und, wenn Sie Versorgerpflichten haben, Tod. Lassen Sie sich beraten, wie Sie gesamthaft am besten vorgehen.*

Stichwort Auffangeinrichtung

Die berufliche Vorsorge kennt eine so genannte Auffangeinrichtung. Hier können sich Personen für den obligatorischen Teil versichern, wenn dies anders nicht möglich ist. Wer beispielsweise für mehrere Unternehmen tätig ist, aber nirgends das Jahresmindesteinkommen von 19 350 Franken verdient (Stand 2006), kann sich bei der regionalen Zweigstelle der Auffangeinrichtung melden. Weiter sorgt diese für freiwillig Versicherte – zum Beispiel für Selbständigerwerbende – und für Personen, die aus einer Vorsorgeeinrichtung ausgeschieden wurden. Bezüger von Arbeitslosengeld versichert die Institution gegen Tod und Invalidität.

Sie werden arbeitslos

Wer die Stelle verliert, wird mehrfach bestraft – das gilt vor allem für lang andauernde Arbeitslosigkeit. Wenn Sie Taggelder in der Höhe von mindestens 74 Franken 30 pro Tag (Stand 2006) beziehen, bleiben Sie über die Auffangeinrichtung dem BVG unterstellt, allerdings nur für die Risiken Tod und Invalidität. Das Alterssparen wird nicht weitergeführt.

Für den ersten Monat nach Auflösung des Arbeitsverhältnisses besteht eine Nachdeckung der alten Pensionskasse für die Risiken Tod und Invalidität.

Einige Kassen versichern Personen, die aus einer Firma ausgeschieden sind, weiterhin. Dann muss der Versicherte den ganzen Beitrag selbst berappen.

Achtung *Melden Sie sich bei einem Stellenverlust sofort bei der Arbeitslosenversicherung an. So können Sie Lücken im Versicherungsschutz (Invalidität und Tod) vermeiden.*

Das im Zeitpunkt der Arbeitslosigkeit bereits angesparte Guthaben – das so genannte Freizügigkeitsguthaben – wird von der alten Pensionskasse auf ein Freizügigkeitskonto beziehungsweise eine Freizügigkeitspolice (siehe Seite 53) überwiesen. Finden Sie eine neue Stelle, ist das Geld zwingend in die Pensionskasse des neuen Arbeitgebers zu transferieren. Jetzt ist es besonders wichtig, sich durch die neue Kasse berechnen zu lassen, wie hoch die künftig zu erwartende Rente aus der zweiten Säule sein wird. Diese ist – neben dem Freizügigkeitsguthaben – im Wesentlichen abhängig vom nunmehr erzielbaren und damit versicherten Einkommen.

Ausgesteuert

Wenn Sie alle Taggelder der Arbeitslosenversicherung bezogen haben und ausgesteuert werden, dann verlieren Sie auch den Schutz der zweiten Säule. Immerhin gibt es hier für die Risiken Tod und Invalidität ebenfalls eine Nachdeckung von einem Monat über den letzten Taggeldbezug hinaus. Sind Sie finanziell gut gebettet, können Sie bei der Auffangeinrichtung versichert bleiben. Die gesamte Prämie geht in diesem Fall zu Ihren Lasten.

Übrigens: Sollten Sie den Gang aufs Sozialamt antreten müssen, könnten Sie mit der Forderung konfrontiert werden, zuerst die Gelder, die Sie auf einem Freizügigkeitskonto parkiert haben, aufzubrauchen. Doch dieses Guthaben dient klar der Altersvorsorge. Verlangen Sie in diesem Fall eine Verfügung und lassen Sie sich beraten, wie Sie sich gegen dieses Ansinnen wehren können.

Tipp *Lassen Sie sich insbesondere nach länger andauernder Arbeitslosigkeit durch die Pensionskasse des neuen Arbeitgebers aufzeigen, wie Sie die entstandene Vorsorgelücke durch Nachzahlungen ausgleichen könnten. Ein solcher Ausgleich kann auch nur teilweise erfolgen – je nach finanziellen Möglichkeiten (siehe Seite 50).*

Versicherte Risiken und Beiträge

Wie die erste Säule, die sich aus einer Absicherung für die Risiken des Todes und der Invalidität sowie aus der Vorsorge für das Alter zusammensetzt, verfolgt auch die zweite Säule die gleichen Zwecke. Sie müsste konsequenterweise eigentlich BVG/IV heissen, bringt sie doch eine erhebliche Verbesserung bei Erwerbsausfall infolge Invalidität. Grundsätzlich gilt: Wer über die zweite Säule ausreichend für das Alter versichert ist, ist dies weitgehend auch für das Invaliditätsrisiko.

Das zentrale Element der beruflichen Vorsorge ist aber zweifellos das Sparen für den erwerbsfreien Lebensabschnitt. Ein grosser Teil der einbezahlten Gelder wird als Sparbeitrag dem individuellen Kapitalstock des oder der Versicherten angerechnet. Die restlichen Beiträge werden für die Absicherungen der Risiken Tod/Invalidität verwendet. Im Alter erhalten Versicherte in der Regel eine Rente – ausser sie beziehen das Kapital ganz oder teilweise in bar. Bei der Rentenlösung erhalten im Todesfall Witwen und Witwer sowie (Halb-)Waisen, vereinzelt auch Konkubinatspartner, eine Rentenleistung.

Stichwort Koordinationsabzug

Welcher Lohn muss gemäss BVG versichert werden? Um das Vorsorgeziel zu erreichen, sind die Leistungen der ersten und zweiten Säule aufeinander abgestimmt. Deshalb nennt man das massgebende Einkommen, das in der beruflichen Vorsorge versichert werden muss, den koordinierten Lohn. Dieser berechnet sich aus dem Bruttojahreslohn minus Koordinationsabzug. Der untere Grenzlohn ist das Jahreseinkommen (brutto), ab welchem sich der Arbeitnehmer obligatorisch versichern muss. Der obere Grenzlohn ist der maximal zu versichernde Verdienst – er entspricht der dreifachen maximalen AHV-Rente.

Die Lohnabgaben

Anders als die AHV, die im Umlageverfahren finanziert wird, kommt bei der beruflichen Vorsorge das so genannte Kapitaldeckungsverfahren zur Anwendung. Die Beiträge, die Sie in die zweite Säule einzahlen, werden nicht dafür verwendet, die laufenden Renten der Pensionierten zu zahlen, sondern sie werden – nach Abzug der Prämien für die Todesfall- und Invaliditätsversicherung – Ihnen persönlich gutgeschrieben. Damit äufnen Sie Ihr Alterskapital. Dieses erfährt einerseits eine Verzinsung, andererseits wird es bei einem Stellenwechsel mitgegeben (so genannte Freizügigkeitsleistung) und zwingend in die Pensionskasse des neuen Arbeitgebers eingebracht.

Gemäss BVG ist der durch den Koordinationsabzug (22 575 Franken) und die Obergrenze (77 400 Franken) limitierte Lohn von 54 825 Franken (alle Zahlen Stand 2006) versichert. Dieser so genannte maximal koordinierte Lohn wird vom Bundesrat von Zeit zu Zeit neu festgelegt.

Schon bei Stellenantritt muss eine Pensionskasse die fälligen Beiträge berechnen. Entsprechend sind auch Ihre Daten bekannt wie versicherter Jahreslohn und künftige Altersrente (bei gleich bleibendem Lohn). Drängen Sie darauf, Einsicht in die entsprechenden Daten bereits zu diesem Zeitpunkt zu erhalten. Sie haben ein Recht darauf.

Abstufung der Altersgutschriften		
Alter		Abzug in Prozent des koordinierten Lohnes
Männer	Frauen	
25–34	25–34	7
35–44	35–44	10
45–54	45–54	15
55–65	55–64	18

Die Bildung des Alterskapitals erfolgt über prozentuale Abzüge vom versicherten Lohn. Der Arbeitgeber muss nach Gesetz die Hälfte davon übernehmen. Durch eine Staffelung wird der Sparprozess kurz vor dem Rentenalter intensiviert (siehe Tabelle nebenan).

Mindestzinssatz

Das angesparte Altersguthaben wird zu einem gesetzlich vorgeschriebenen Mindestzinssatz verzinst. Dieser wird vom Bundesrat mindestens alle zwei Jahre überprüft und gegebenenfalls den Verhältnissen auf dem Kapitalmarkt angepasst. Seit er auf 2,5 Prozent gesenkt wurde (Stand 2006), macht das geflügelte Wort vom «Rentenklau» die Runde. Dazu haben allerdings noch andere Vorkommnisse beigetragen.

Achtung *Die Angaben für den Mindestzinssatz betreffen nur den obligatorischen Teil des Altersguthabens. Das überobligatorische Guthaben dürfen Versicherer noch niedriger verzinsen (siehe auch Seite 47).*

Risikoprämien und Verwaltungskosten

Zusätzlich zu den Sparbeiträgen sind Prämien für die Risiken Tod und Invalidität fällig; ihre Höhe unterscheidet sich je nach Kasse. Daneben bezahlen die Versicherten einen Beitrag an die Verwaltungkosten, den die Pensionskassen auf Ihr Verlangen hin ausweisen müssen, und zwar aufgeteilt in die Sparten allgemeine Verwaltungskosten, Kosten für die Vermögensverwaltung sowie für Marketing und Werbung.

Hinweis *Die Risikoprämien sind in den letzten Jahren im Verhältnis zu den Altersgutschriften übermässig stark gestiegen. Betragen sie mehr als ein Viertel, ist eine Überprüfung angesagt. Als Einzelperson können Sie zwar nicht viel bewegen. Regen Sie aber immerhin an, dass Ihr Betrieb eine Analyse der Versicherungssituation vornimmt.*

Spezialfall mehrere Arbeitgeber

Wie sieht die Situation aus, wenn Sie für verschiedene Arbeitgeber arbeiten und an keiner Stelle mehr als 19 350 Franken pro Jahr verdienen? Sie können sich in diesem Fall theoretisch dem BVG-Obligatorium entziehen, was sich auf Ihr späteres Rentenniveau allerdings dramatisch auswirkt. Besser sind folgende Lösungen:

- Zählen Sie Ihre Einkommen zusammen; ergibt sich mehr als 19 350 Franken (Stand 2006), so können Sie sich der Auffangeinrichtung anschliessen (siehe Seite 41). Auf jedem Verdienst wird der Koordinationsabzug anteilsmässig in Abzug gebracht, und Ihre Arbeitgeber müssen ihren Anteil ebenfalls beisteuern.
- Sofern dies nach dem entsprechenden Pensionskassen-Reglement möglich ist, können Sie auch einen Ihrer Arbeitgeber als BVG-Stelle wählen und die restlichen Arbeitgeber zur Überweisung der Beiträge an diese Stelle veranlassen.

Arbeiten Sie für zwei Arbeitgeber und verdienen bei jedem mehr als 19 350 Franken, so sind Sie bei beiden obligatorisch versichert. In diesem Fall wird aber der Koordinationsabzug bei beiden Löhnen vorgenommen, was Sie erheblich schlechter stellt, wenn der Abzug nicht nur anteilsmässig erfolgt.

Beispiel *Luca S. verdient mit einem Teilzeitjob von 50 Prozent jährlich 20 000 Franken. Er erzielt nach Abzug des anteilsmässigen Koordinationsabzugs von ebenfalls nur 50 Prozent immer noch ein versicherbares Jahreseinkommen von 10 325 Franken. Auf diesem Betrag sind seitens des Arbeitgebers und des Arbeitnehmers BVG-Beiträge fällig.*

Obligatorium und Überobligatorium

Bisher war immer vom BVG-Obligatorium und damit von der Minimallösung die Rede. Die meisten Pensionskassen sehen jedoch in ihrem Reglement weiter reichende Lösungen vor. Dann spricht man vom überobligatorischen Bereich. Die zusätzlichen Leistungen können zahlreiche Ausformungen annehmen. Typische Beispiele sind etwa:
- Nicht nur der koordinierte Lohn, sondern auch die Lohnbestandteile darunter und darüber sind versichert. Allerdings: Die Obergrenze liegt seit dem 1. Januar 2006 beim Zehnfachen des oberen BVG-Grenzbetrags (774 000 Franken, Stand 2006).
- Der Arbeitgeber zahlt mehr als die Hälfte der Beiträge.
- Sie können sich vorzeitig pensionieren lassen, zum Beispiel schon mit 58.

- Es sind Leistungen für den Konkubinatspartner, die Konkubinatspartnerin vorgesehen.
- Eine Invalidenrente wird schon ab einem Invaliditätsgrad von 25 Prozent ausgezahlt (BVG-Obligatorium: ab 40 Prozent).
- Die Invalidenrente fällt grosszügiger aus als im Obligatorium.
- Sie können Ihr gesamtes Altersguthaben als Kapital beziehen.

Für gut verdienende Kaderleute gibt es je nach Betrieb zusätzliche Vorsorgepläne mit besonderen Leistungen. Sie sind bei der Anstellung oft ein wichtiges Argument in der Lohnverhandlung.

Hinweis *Verschaffen Sie sich anhand des Reglements einen Überblick über die Leistungen Ihrer Pensionskasse. Bringen Sie in Erfahrung, ob Sie nur obligatorisch versichert sind oder ob weitergehende Leistungen vorgesehen sind. Wenn Ihr Arbeitgeber nur das BVG-Minimum versichert hat, prüfen Sie, ob Sie Ihre persönliche Vorsorge im Rahmen der Säule 3 ausbauen können und wollen. Informationen dazu finden Sie im Kapitel «Private Vorsorge – dritte Säule» (ab Seite 71).*

So arbeitet Ihr Geld im Überobligatorium

Überobligatorische Pensionskassen sind eine gute Sache für die Vorsorge – auch wenn sie während des Erwerbslebens mehr kosten. Allerdings hat es hier in jüngster Zeit Veränderungen gegeben, die das Vertrauen in eine gesicherte Vorsorge zum Teil nachhaltig erschüttert haben (Stichwort «Rentenklau»).

So erlaubt es etwa das Splittingmodell, das vor wenigen Jahren mit dem Segen des Bundesrates eingeführt wurde, die Vorsorgeguthaben strikt in zwei Töpfe zu teilen: in den obligatorischen und in den überobligatorischen. Der auf Seite 45 erwähnte gesetzliche Mindestzinssatz sowie der Umwandlungssatz für die Rente (siehe Seite 55) sind für den überobligatorischen Bereich nicht verbindlich. Über den Zinssatz entscheidet der Stiftungsrat der Pensionskasse, über den Umwandlungssatz die Versicherer allein: Sie können tiefere Zinsen zur Anwendung bringen und – besonders schmerzhaft – auch tiefere Umwandlungssätze für die Renten. Dieser Umwandlungssatz kann im Reglement auch immer wieder abgeändert werden, ohne dass Sie dagegen etwas unternehmen können – ausser Sie versuchen, als Versicherter Ihr Mitspracherecht geltend zu machen und beeinflussen die Stiftungsratsmitglieder entsprechend.

Das Splittingmodell hat insbesondere auch Auswirkungen auf Bezüge und Einkäufe vor der Pensionierung, denn es spielt eine Rolle, ob Sie Geld aus dem obligatorischen oder aus dem überobligatorischen Topf beziehen beziehungsweise wo Ihre Einzahlung verbucht wird.

Als Versicherte sind Sie diesen Sachverhalten ausgeliefert – Sie müssen bei der Pensionskasse Ihres Arbeitgebers versichert bleiben. Allerdings sind inzwischen auch einige Arbeitgeber hellhörig geworden und versuchen, bessere Verträge auszuhandeln oder den Versicherer zu wechseln.

Ja, aber: Vorbehalte

Da die zweite Säule obligatorisch ist, dürfen beim Antritt einer neuen Stelle keine gesundheitlichen Vorbehalte geltend gemacht werden. Das trifft aber nur auf den obligatorischen Teil der beruflichen Vorsorge zu. Wo überobligatorische Leistungen ausgerichtet werden, sind Vorbehalte bei bestehenden gesundheitlichen Problemen für bis zu fünf Jahre zulässig. Dann fallen sie dahin. Nicht erlaubt sind generelle Vorbehalte, die sich auf den allgemeinen Gesundheitszustand beziehen. Vielmehr muss ein spezifisches Leiden seitens der Kasse angeführt sein.

Vorbehalte können beim Stellenwechsel von der alten Kasse zur neuen «transportiert» werden. Die Frist von fünf Jahren fängt dabei aber nicht wieder von vorn zu laufen an, sondern der Vorbehalt darf insgesamt nur fünf Jahre bestehen bleiben.

Beispiel *Lisa S. ist 44-jährig und war früher aktive Sportlerin. Heute leidet sie an einer Arthrose, die sie in ihrer Beweglichkeit gelegentlich einschränkt. Mit dem Stellenwechsel deklariert sie ihr Leiden. Darauf bringt die Pensionskasse einen Vorbehalt zu allfälligen Leistungen an, die eine arthrosebedingte Einschränkung der Arbeitsfähigkeit betreffen. Sollte Lisa innert fünf Jahren wegen der Arthrose invalid werden,* würde die Pensionskasse nur die minimale gesetzliche Rente auszahlen. Aus dem überobligatorischen Topf würden keine Leistungen fliessen.

Austritt oder Wechsel der Pensionskasse

Vor der Einführung des Freizügigkeitsgesetzes (FZG) 1995 war der Austritt aus einer Vorsorgeeinrichtung fast immer mit massiven Verlusten verbunden. Damit ist glücklicherweise Schluss: Heute erhalten Sie Ihr gesamtes Altersguthaben samt Zinsen mit auf den Weg. Das entsprechende Kapital – die so genannte Austritts- oder Freizügigkeitsleistung – wird von der alten Pensionskasse berechnet und überwiesen.

So wird Ihr Freizügigkeitsguthaben berechnet

Die Berechnung des Freizügigkeitsguthabens hängt von der Leistungsart der Pensionskasse ab.

Leistungsprimat: Hier bestimmen die vorgesehenen dereinstigen Leistungen die Beiträge. Soll beispielsweise die Altersrente 60 Prozent des zuletzt versicherten Verdienstes betragen (bei voller Beitragsdauer), werden die Beiträge auf dieses Ziel hin berechnet. Die Freizügigkeitsleistung entspricht in diesem Fall der Höhe des Barwerts der erworbenen Leistungen.

Beitragsprimat: Die Leistungen werden aufgrund des vorhandenen Altersguthabens berechnet. Man richtet sich sozusagen nach den Gegebenheiten. Hier entspricht die Freizügigkeitsleistung dem vorhandenen Deckungskapital.

Heute sind die meisten Kassen zum Beitragsprimat übergegangen – damit sind die Verhältnisse für die Versicherten klarer geworden.

Hinweis *Vor allem ältere, gut verdienende Angestellte machen häufig beträchtliche Einbussen in der zu erwartenden Rente, wenn ihre Kasse vom Leistungs- zum Beitragsprimat gewechselt hat. Sind Sie von einem solchen Wechsel betroffen, prüfen Sie Ihren Versicherungsausweis und suchen Sie nach Möglichkeiten, Ihre Vorsorge wieder auf den gewünsch-*

ten Stand zu bringen. Prüfen Sie Einkäufe in die Pensionskasse oder Einzahlungen in die Säule 3a.

Sie wechseln zu einem neuen Arbeitgeber

Die Austrittsleistung wird an die Vorsorgeeinrichtung Ihres neuen Arbeitgebers überwiesen. Da kaum zwei Pensionskassen die gleichen Leistungen vorsehen, werden Sie möglicherweise zu viel Geld zur Verfügung haben oder aber zu wenig. Im ersteren Fall können Sie den Rest auf ein Freizügigkeitskonto einzahlen oder in einer Freizügigkeitspolice anlegen (siehe Seite 53). Trifft Letzteres zu, werden Sie mit aller Wahrscheinlichkeit den Einkauf in die neue Kasse prüfen.

Beliebt und überschätzt: Einkäufe

Bei einem Stellenwechsel muss die neue Pensionskasse es Ihnen ermöglichen, sich in die vollen reglementarischen Leistungen einzukaufen – so steht es im Freizügigkeitsgesetz. Weitergehende Einkäufe sind nicht erlaubt. Damit soll eine Überversicherung vermieden werden, die die Grenzen der Angemessenheit überschreitet. Eine Ausnahme gibt es allerdings: Wenn das Reglement es vorsieht, dürfen Versicherte im Falle eines geplanten Vorbezugs der Rente deren Minderung durch Einkäufe ausgleichen – auch über die reglementarischen Leistungen hinaus. Eine Grenze ist aber selbst hier gegeben: Fällt der vorzeitige Ruhestand ins Wasser, darf das Leistungsziel für die ordentliche Pensionierung um nicht mehr als fünf Prozent überschritten werden.

Sie brauchen sich nicht auf einen Schlag einzukaufen, sondern können dies über mehrere Jahre verteilt tun, was steuertechnisch interessanter ist (siehe Seite 151).

Ein Einkauf kann überdies auch unabhängig von einem Stellenwechsel interessant sein; Sie können damit Ihre Vorsorgeleistungen und den Risikoschutz für Tod und Invalidität verbessern.

Wenn Sie früher von Ihrer Pensionskasse Geld für den Kauf von Wohneigentum bezogen haben, müssen Sie diese Vorbezüge zurückzahlen, bevor Sie weitere Leistungen einkaufen und die Summe von den Steuern absetzen können. Das gilt auch für Vorbezüge, die vor dem

1. Januar 2006 getätigt wurden. Und: Einkäufe dürfen innerhalb der nächsten drei Jahre nicht als Kapital bezogen werden – weder für Wohneigentum noch bei der Pensionierung. Das gilt ab dem 1. Januar 2006 – auf frühere Einkäufe wird diese Regelung nicht angewendet!

Checkliste Einkauf

Einkäufe bringen einige Vorteile. Vor allem die Reduktion der Einkommens- und Vermögenssteuern ist sofort spürbar. Dennoch sollte man solche Zahlungen nicht blindlings tätigen. Bedenken Sie Folgendes:
- Ist der Einkauf finanziell tragbar, ohne dass Sie sich in Ihrer Lebenshaltung zu sehr einschränken müssen?
- Sind die höheren Leistungen, für die Sie sich einkaufen wollen, für Ihre Lebenssituation überhaupt relevant? Sind Sie beispielsweise Single, brauchen Sie keine grosszügige Witwen- bzw. Witwerrente.
- Sie können Gelder der Säule 3a einsetzen, um sich einzukaufen, was steuerneutral ist. Aber Achtung: Mit einer Säule 3a können Sie Personen begünstigen, die von der Pensionskasse möglicherweise nicht berücksichtigt werden (zum Beispiel Ihre Konkubinatspartnerin).
- Die Pensionskasse ist keine Bank: Was einmal eingezahlt ist, steht bis auf wenige Ausnahmen bis zum Rentenalter nicht mehr zur Verfügung.
- In welchem Topf landet Ihre Einkaufssumme? Im obligatorischen, der zum Mindestzinssatz verzinst wird, oder im überobligatorischen, der unter Umständen schlechter verzinst wird und dessen Umwandlungssatz dereinst ebenfalls niedriger ausfallen kann als der gesetzliche?
- Prüfen Sie die finanzielle Situation Ihrer Vorsorgeeinrichtung, bevor Sie sich einkaufen, und bringen Sie nur Geld ein, wenn keine Unterdeckung vorliegt. Sie könnten sonst Verluste erleiden.

Sonderfall Scheidung

Eine Scheidung kann grosse Lücken in Ihre berufliche Vorsorge reissen, die Sie aber mit Einkäufen wieder schliessen können. Gehen Mann und Frau auseinander, müssen die während der Ehe erworbenen Freizügigkeitsleistungen geteilt und hälftig an den Partner, die Partnerin abgegeben werden. Diese Guthaben werden wiederum in die Pensionskasse einbezahlt oder, falls die Exfrau oder der Exmann keiner Vorsorgeeinrichtung angeschlossen sind, auf ein Freizügigkeitskonto oder ein Freizügigkeitspolice übertragen.

Eine Scheidung dezimiert Ihr Alterskapital möglicherweise erheblich – etwa wenn Sie als voll erwerbstätiger Mann Ihrer nicht erwerbstätigen Frau die Hälfte Ihres Vorsorgevermögens überweisen müssen und umgekehrt leer ausgehen. Eine solche Lücke lässt sich mit einem Einkauf ausgleichen – sofern das Geld in dieser Situation vorhanden ist.

Achtung *Informieren Sie sich über die Frist, innerhalb derer Sie sich nach einer Scheidung wieder einkaufen können. Einige Kassen setzen enge Fristen, andere gar keine. Versuchen Sie mit Ihrer Vorsorgeeinrichtung eine Vereinbarung zu treffen.*

Klären Sie ab, in welchen Topf Ihr Geld wandert – in den besser rentierenden obligatorischen oder in den überobligatorischen oder anteilsmässig in beide?

Für die Einkäufe infolge Scheidung gelten abweichende gesetzliche Bestimmungen. Sie dürfen sie beispielsweise auch tätigen, wenn Vorbezüge für Wohneigentum noch nicht zurückbezahlt sind. Ein Kapitalbezug dieser Gelder vor Ablauf von drei Jahren ist ebenfalls möglich.

Beispiel *Luisa und Willi B. beschliessen, nach 20-jähriger Ehe künftig getrennte Wege zu gehen. Beide waren bisher erwerbstätig, allerdings in unterschiedlichem Ausmass und mit unterschiedlicher Entlöhnung. So hat sich bei Willis Pensionskasse während der Ehe eine Freizügigkeitsleistung angehäuft, die um rund 120 000 Franken höher ist als jene Luisas. Die Hälfte dieser Differenz, berechnet auf den exakten Zeitpunkt der Scheidung, muss Willis Pensionskasse an die Vorsorgeeinrichtung seiner Exfrau Luisa überschreiben.*

Sie beziehen Ihr Freizügigkeitsguthaben in bar

In einigen wenigen Fällen können Sie Ihr Alterskapital oder einen Teil davon bar beziehen:
- Sie machen sich selbständig.
- Sie verlassen die Schweiz (Ausnahme von der Ausnahme für obligatorische Vorsorgeguthaben: Sie ziehen in die EU, nach Island, Liechtenstein oder Norwegen).

- Die Austrittsleistung ist kleiner als ein Jahresbeitrag.
- Sie beziehen Geld für Wohneigentum (mehr dazu Seite 111).
- Sie beziehen zum Zeitpunkt der Pensionierung statt einer Rente einen Teil oder, falls möglich, das gesamte Altersguthaben als Kapital. Dieser Entscheid will gut überlegt sein; lesen Sie mehr dazu auf Seite 58.

Freizügigkeitskonto oder -police?

In allen anderen ausser den oben genannten Fällen geht Ihre Freizügigkeitsleistung beim Austritt aus der Vorsorgeeinrichtung auf ein Freizügigkeitskonto bei einer Bank, oder Sie schliessen damit eine Freizügigkeitspolice bei einer Versicherungsgesellschaft ab.

Freizügigkeitskonten sind Sperrkonten mit einer Vorzugsverzinsung. Sie haben auch die Möglichkeit, das Geld in gesetzeskonforme Anlagen zu investieren. Dann sollte der Anlagehorizont wegen der Kursschwankungen aber mindestens fünf Jahre betragen. Das Anlagerisiko liegt bei Ihnen. Das Guthaben auf einem Freizügigkeitskonto dürfen Sie frühestens fünf Jahre vor Erreichen des Rentenalters (64 für Frauen bzw. 65 für Männer) beziehen, und Sie müssen es sich spätestens fünf Jahre danach auszahlen lassen.

Freizügigkeitspolicen entsprechen einer Versicherung, die auch die Risiken Invalidität und Tod weiterhin abdeckt. Sie werden niedriger verzinst als Freizügigkeitskonti, denn ein Teil des Geldes wird für die Absicherung der genannten Risiken verwendet.

Tipp *Es ist zulässig, die Austrittsleistung auf zwei Freizügigkeitskonti zu verteilen. Bei einem gestaffelten Bezug im Rentenalter lassen sich so Steuern sparen.*

Die Leistungen der Pensionskasse

Die berufliche Vorsorge erbringt Leistungen im Alter (Altersrente) sowie bei Tod und Invalidität. Im Falle andauernder Invalidität kommt eine Rente zur Auszahlung. Sie richtet sich nach dem von der Invalidenversicherung IV festgelegten Invaliditätsgrad und wird erst nach einer bestimmten Wartefrist ausbezahlt. Als Vollrente entspricht sie der

BVG-Altersrente zum ordentlichen Pensionierungsalter, hinzu kommt gegebenenfalls eine Invalidenkinderrente sowie die Beitragspflichtbefreiung. Pensionkassen sehen im überobligatorischen Teil manchmal bessere Leistungen vor.

Hinweis *Schwerpunkt dieses Ratgebers ist die Vorsorge für das Alter. Detailliertere Informationen zu Pensionskasse und Invalidität finden Sie in den beiden Beobachter-Ratgebern «Invalidität. Alles über Renten, Rechte und Versicherungen» und «Pensionskasse. Vorsorge, Finanzierung, Sicherheit, Leistung» (beide Beobachter-Buchverlag, Zürich 2005; www.beobachter.ch/buchshop).*

Im Todesfall erhalten hinterbliebene Ehegatten sowie Kinder bis zum Ende ihrer Erstausbildung eine Witwen-, Witwer- oder Waisenrente. Die Ehegattenrente beträgt im Obligatorium 60 Prozent, die Waisenrente 40 Prozent. Manche Kassen sehen im Rahmen eines Überobligatoriums auch Leistungen für Konkubinatspartner und Konkubinatspartnerinnen vor.

Die zentrale Leistung der Pensionskasse ist jedoch wie bei der AHV die Altersrente bis zum Tod für Personen, die das ordentliche Pensionierungsalter erreicht haben. Diese Altersrente ist im Unterschied zur AHV allein von den selbst geleisteten Beiträgen (inklusive jenen der Arbeitgeberseite) abhängig. Keinerlei Sozialkomponente sorgt dafür, dass Personen mit besonders tiefer Rente im Rahmen der zweiten Säule eine definierte Mindesthöhe erreichen. So ist es durchaus möglich, dass die berufliche Vorsorge monatlich nur wenige Hundert Franken – wenn überhaupt – erreicht.

Die Berechnung der Leistungen

Die Höhe der Pensionskassenrente leitet sich beim Beitragsprimat aus dem Alterskapital zum Zeitpunkt des Ausscheidens aus dem Erwerbsleben ab (Leistungsprimat: vorgegebene Höhe gemäss Reglement). Das ist bei einer Kasse mit überobligatorischen Leistungen nicht unbedingt das AHV-Alter, sondern kann gemäss Reglement auch früher sein, frühestens aber ab dem vollendeten 58. Altersjahr.

Das vorhandene Kapital inklusive sämtlicher Zinsen wird jetzt mit einem Umwandlungssatz in eine Rente umgewandelt. Er betrug seit Einführung des BVG im Jahr 1985 7,2 Prozent. Im Zuge der ersten BVG-Revision wurde dieser Satz gesenkt, vorab um der höheren Lebenserwartung sowie der schlechteren Rentabilität der Geldanlagen Rechnung zu tragen. Nach einer langen Übergangsfrist, während der er kontinuierlich sinkt, wird der Umwandlungssatz schliesslich bei 6,8 Prozent stehen bleiben – so sieht es die Revision vor. Leider sind bereits Bestrebungen im Gang, diesen Satz noch schneller und tiefer zu senken: gemäss neuesten Vorschlägen auf 6,4 Prozent.

Laufende Renten sind – zumindest nach bisheriger Auslegung des BVG – von der Senkung des Umwandlungssatzes nicht betroffen. Allerdings ist auch in dieser Frage politisch noch nicht das letzte Wort gesprochen.

Umwandlungssätze bis 2014

	Frauen			Männer	
Jahrgang	Ordentliche Pensionierung	Mindestumwandlungssatz	Jahrgang	Ordentliche Pensionierung	Mindestumwandlungssatz
1942	2006	7,20 %	1941	2006	7,10 %
1943	2007	7,15 %	1942	2007	7,10 %
1944	2008	7,10 %	1943	2008	7,05 %
1945	2009	7,00 %	1944	2009	7,05 %
1946	2010	6,95 %	1945	2010	7,00 %
1947	2011	6,90 %	1946	2011	6,95 %
1948	2012	6,85 %	1947	2012	6,90 %
1949	2013	6,80 %	1948	2013	6,85 %
			1949	2014	6,80 %

Quelle: Kieser / Senn: Pensionskasse. Vorsorge, Finanzierung, Sicherheit, Leistung. Beobachter-Buchverlag, Zürich 2005.

Beispiel Cedric K. verfügt dereinst voraussichtlich über ein Alterskapital von 300 000 Franken. Vor der Revision des BVG hätte er damit Anspruch auf eine Rente von jährlich 21 600 Franken oder monatlich 1800 Franken gehabt (Umwandlungssatz 7,2 Prozent). Wird er aber erst im Jahr 2014 pensioniert, so sinkt diese Leistung mit dem verminderten Umwandlungssatz von 6,8 Prozent auf 20 400 Franken beziehungsweise auf 1700 Franken monatlich.

Der gesetzlich festgelegte Umwandlungssatz betrifft nur das Guthaben im obligatorischen Teil der Pensionskasse. Im überobligatorischen Teil dürfen Kassen einen niedrigeren Umwandlungssatz anwenden – und sie tun dies auch. Das wirkt sich empfindlich auf die Höhe der Altersrente aus.

Was gilt bei Frühpensionierung?

Dass das Alterskapital eines Arbeitnehmers, einer Arbeitnehmerin mit den Beiträgen und der Verzinsung laufend zunimmt, ist einsichtig: Die Verlängerung oder Verkürzung der Dauer des Erwerbslebens hat starke Auswirkungen auf die Rentenleistungen – nicht zuletzt wegen des Zinseszinseffekts. Ab rund dem 55. Altersjahr sind besonders viele Gelder angespart und auch schon viele Zinsen aufgelaufen – jetzt wächst das Alterskapital überproportional.

Das tönt wie ein Plädoyer für einen möglichst späten Bezug der Rente. Ein Aufschub über das Rentenalter hinaus ist im obligatorischen Bereich und anders als bei der AHV aber nicht möglich, ein vorzeitiger Bezug ebenfalls nicht. Zahlreiche Kassen haben aber im Reglement Modelle umgesetzt, die eine Frühpensionierung erlauben. Einige wenige sehen auch die Möglichkeit eines Rentenaufschubs vor – dann muss der Umwandlungssatz entsprechend höher ausfallen. Mit einem vorzeitigen Rentenbezug ist hingegen ein niedrigerer Umwandlungssatz verbunden, denn das angesparte Kapital muss ja länger ausreichen.

Ob man bis zum ordentlichen Pensionierungsalter arbeitet oder früher in Rente geht, hängt allerdings nicht nur von finanziellen Überlegungen ab. Immer mehr ältere Arbeitnehmerinnen und Arbeitnehmer werden vorzeitig zur Aufgabe der Erwerbstätigkeit gedrängt, mit mehr oder weniger guten Abfindungsleistungen respektive Regelungen für den vorzeitigen Rentenbezug. Auch gesundheitliche Überlegungen lassen mitunter gar keine Wahl.

Checkliste Frühpensionierung und Pensionskasse

Erwägen Sie eine vorzeitige Pensionierung, schenken Sie folgenden Punkten Beachtung:
- Studieren Sie die entsprechenden Bestimmungen im Reglement. Ziehen Sie wenn nötig zusätzliche Erkundigungen bei Ihrer Kasse ein.
- Klären Sie ab, mit welcher Kürzung der Rentenleistung Sie in welchem Rücktrittsalter rechnen müssen. Können Sie die Reduktion durch vorherige Einkäufe noch vermindern?
- Fristen: Wann müssen Sie den frühzeitigen Ruhestand anmelden? Achtung: Bei zahlreichen Kassen sind dies mehrere Jahre im Voraus!

Hinweis *Wer die Erwerbstätigkeit aufgibt und eine Rente der Pensionskasse bezieht, muss deswegen nicht auch schon die AHV beziehen – kann dies aber ab dem 62. (Frauen) bzw. 63. Altersjahr (Männer). Auch hier sind allerdings Kürzungen in Kauf zu nehmen (siehe Seite 33).*

Her mit der Überbrückungsrente?

Sie müssen oder möchten frühzeitig in den Ruhestand gehen, doch die AHV-Rente können Sie noch nicht beziehen und jene der Pensionskasse fällt mager aus? Wenn die Vorsorgeeinrichtung Ihnen in dieser Situation eine Überbrückungsrente oder einen Überbrückungszuschuss anbietet, sollten Sie nicht unbesehen zugreifen. Klären Sie zunächst ab, wer die Überbrückungsleistungen finanziert. Wenn Sie Glück haben, ist es der Arbeitgeber. Wenn nicht, zahlen Sie diese Leistungen selber, was mit einer entsprechenden Schmälerung des Alterskapitals und folglich mit einer tieferen späteren Altersrente einhergeht. Rechnen Sie sorgfältig durch, ob sich diese Lösung lohnt!

Wenn Sie unfreiwillig frühpensioniert werden, haben Sie unter Umständen Anspruch auf Arbeitslosengelder. Dies ist dann der Fall, wenn Sie aus wirtschaftlichen Gründen oder aufgrund von zwingenden Bestimmungen der Pensionskasse vorzeitig in den Ruhestand geschickt werden und die Altersrente der Vorsorgeeinrichtung tiefer ausfällt als die Entschädigung der Arbeitslosenversicherung. Die Arbeitslosenversicherung wird bei der Taggeldberechnung jedoch eine allfällige Überbrückungsrente berücksichtigen. Es kann dann sein, dass Sie mit Ihrer selbst finanzierten Überbrückungsrente Ihren Anspruch auf Arbeitslosengelder schmälern oder ihn ganz dahinfallen lassen – was natürlich zu vermeiden ist!

Beispiel *Norman K. war bislang Journalist. Im Zuge eines Abbaus der Redaktion wird dem 61-Jährigen ein vorzeitiges Ausscheiden aus dem Unternehmen nahe gelegt. Dank seines bisherigen Verdienstes hat Norman Anspruch auf das maximale Arbeitslosengeld, das die in Aussicht gestellte Rente der Pensionskasse um 2000 Franken monatlich übertrifft. Er entscheidet sich für den Bezug dieses Arbeitslosengeldes und gegen eine zusätzliche Überbrückungsrente der Pensionskasse, die auf die Länge seinen Rentenanspruch schmälern würde.*

Der Entscheid: Rente oder Kapital

Im Laufe der Jahre sammelt sich bei regelmässiger Einzahlung in der Pensionskasse eine beachtliche Summe an – so viel, wie man sonst vielleicht kaum zusammengespart hätte. Manch einer überlegt sich angesichts der häufig sechsstelligen Beträge, ob er sich statt einer lebenslangen Rente nicht doch lieber das gesamte Alterskapital auszahlen lassen und es selber anlegen will.

Die Pensionskassen kennen unterschiedliche Regelungen zum Kapitalbezug. Gesetzlich vorgeschrieben ist, dass mindestens ein Viertel des vorhandenen Alterskapitals als Kapitalleistung bezogen werden kann. Viele Kassen gehen weiter und gestehen den Bezug des gesamten Guthabens zu. Diesen müssen Sie meist drei Jahre vor Ihrer Pensionierung anmelden und sind dann an Ihren Antrag gebunden – ein Zurück gibt es in den wenigsten Fällen. Der Ehepartner muss überdies schriftlich zustimmen.

Welche Vor- und Nachteile ein Kapital- bzw. Rentenbezug mit sich bringt, zeigt der nebenstehende Kasten.

Vor- und Nachteile von Renten- und Kapitalbezug

	Folgen bei Rentenbezug	Folgen bei Kapitalbezug
Regelmässigkeit des Einkommens	Gegeben und weitgehend fix bis zum Lebensende, geringe finanzielle Flexibilität	Variabel und auf die Länge schwer abschätzbar; kein garantiertes Einkommen
Sicherheit des Einkommens	Hoch, keine Verantwortung für Kapitalanlagen	Tief, Anlagerisiko, Langlebigkeitsrisiko
Verfügbarkeit des Alterskapitals	Nicht gegeben	Voll gegeben und hohe Flexibilität
Inflationsausgleich	Abhängig von freiwilligen Leistungen der Pensionskasse	Je nach Anlage Inflationsschutz möglich
Arbeitsaufwand	Niedrig	Hoch oder zumindest mit Kosten für Verwaltung verbunden
Vermögensschutz für Nachkommen	Beschränkt durch Ausrichtung von Hinterbliebenenrenten, nicht verbrauchtes Kapital verfällt an die Kasse	Voll vorhanden, nicht verbrauchtes Kapital geht an die Erben
Steuern	Als Einkommen zu 100% zu versteuern	Einmalige Besteuerung zu reduziertem Satz

Die vielen Aspekte, die gemäss Tabelle zu berücksichtigen sind, machen klar: Die Fragestellung ist komplex und lässt sich nur aufgrund der individuellen Verhältnisse beantworten. Unter allen Kriterien scheint sich jedoch jenes des familiären Umfelds als zentral zu erweisen. Wer noch Versorgerpflichten hat oder mindestens verheiratet ist, neigt aus Gründen der Absicherung eher zu einer Rentenlösung. Andererseits sind für Konkubinatspartner meist keine Leistungen vorgesehen, was für einen Kapitalbezug spricht. Auch wenn Versorgerpflichten gänzlich wegfallen, aber erwachsene Kinder vorhanden sind, kann ein Kapitalbezug richtig sein, weil die Nachkommen das verbleibende Geld erben können.

So oder so: Wer das Kapital bezieht – und die Diskussionen um eine Senkung des Umwandlungssatzes fördern diese Tendenz –, muss sich nachher selber darum kümmern und es sinnvoll investieren können (mehr dazu ab Seite 80).

Tipp *Lassen Sie sich beim Entscheid weniger von Überlegungen zugunsten anderer Personen leiten! Die getroffene Lösung muss zuallererst für Sie und Ihren Ehe- oder Konkubinatspartner stimmen. Sie müssen für den Rest Ihres Lebens damit klarkommen – das sind möglicherweise noch viele Jahre.*

Es fällt im Übrigen auf, dass ein Kapitalbezug von Banken und unabhängigen Finanzdienstleistern immer dann propagiert wird, wenn die Börsen boomen und die Probleme der Finanzmärkte wenig zu reden geben. In schwierigen Zeiten hingegen ist ein Kapitalbezug kein Thema; schliesslich ist es in solchen Zeiten selbst für institutionelle Anleger nicht ganz einfach, eine ordentliche Rendite zu erwirtschaften. Somit scheint der Bezug des Kapitals mindestens zum Teil auch eine Modeerscheinung zu sein – und davon sollte man im Hinblick auf eine langfristige Finanzplanung tunlichst die Finger lassen. Lassen Sie sich beraten, wenn Sie unsicher sind, was die richtige Lösung ist – und scheuen Sie auch den Aufwand für das Einholen einer Zweitmeinung nicht.

Vorbezug für Wohneigentum

Das Wohneigentumsförderungsgesetz (WEG) von 1995 ermöglicht einen Vorbezug des in der Pensionskasse angesparten Geldes für den Kauf von selbst genutztem Wohneigentum oder für die Amortisation von Hypotheken. Anstelle eines Bezugs können Sie auch die Variante der Verpfändung wählen. Alle relevanten Informationen zu Vorbezug oder Verpfändung finden Sie im Kapitel «Wohneigentum als Vorsorge» (Seite 105).

Wissenswertes rund um die Administration

Die Ausführungen zum Pensionskassenwesen lassen es erahnen: Ohne einen Wust an Erläuterungen und Papieren geht hier gar nichts. Also gilt es, Wichtigeres von weniger Wesentlichem zu unterscheiden.

Mit dem Antritt einer neuen Stelle sind Sie in der Regel obligatorisch der Pensionskasse des neuen Arbeitgebers unterstellt. Nehmen Sie aus eigenem Antrieb Kontakt mit der neuen Kasse auf, falls diese nicht auf Sie zukommt.

Das Reglement

Im Reglement steht, wie die Kasse die gesetzlichen Rahmenbedingungen umsetzt – es ist also das Basispapier schlechthin. Stellen Sie sicher, dass Sie stets die aktuelle Fassung zur Hand haben. Die Kasse stellt sie Ihnen zu, wenn Sie sie anfordern.

Im Reglement sind je nach Ausgestaltung der Leistungen unter anderem folgende Themen geregelt:

- Angaben zum versicherten Verdienst (etwa inkl. / exkl. Gratifikation, 13. Monatslohn)
- Umwandlungssatz für den überobligatorischen Bereich
- Ansprüche der Konkubinatspartnerin, des Konkubinatspartners auf eine Hinterlassenenrente
- Festlegung des Rentenanspruchs bei einer vorzeitigen Pensionierung
- Frühester Zeitpunkt für eine vorzeitige Pensionierung
- Möglichkeiten des Kapitalbezugs
- Wartefrist bei der Invalidenrente
- Leistungen bei Invalidität im überobligatorischen Bereich
- Vorbehalte im überobligatorischen Bereich
- Etc.

Hinweis *Reglemente werden häufig geändert – vielfach eben nicht zum Vorteil der Versicherten. Die Pensionskassen dürfen das, solange laufende Leistungen nicht beeinträchtigt werden. Aber auch Letzteres ist er-*

laubt, nämlich dann, wenn die Kasse finanziell so schlecht dasteht, dass sie nur mit dem Zugriff auf laufende Renten gerettet werden kann. Ein wenig komfortabler Sachverhalt für Versicherte, die regelmässig ihre Beiträge geleistet haben.

Treten Sie eine neue Stelle an, lassen Sie sich schon vor der Unterzeichnung des Arbeitsvertrags ein Reglement Ihrer voraussichtlichen neuen Kasse aushändigen. Machen Sie sich frühzeitig vertraut mit den Absicherungsmöglichkeiten im Rahmen Ihrer neuen Anstellung und fragen Sie nach, wenn Sie etwas nicht verstehen. Eine Wahlfreiheit besteht allerdings nicht: Entscheiden Sie sich für den Arbeitgeber, müssen Sie auch seine Pensionskasse akzeptieren. Erreichen Sie die vorgesehene Einkommensgrenze, so erfolgt Ihre Unterstellung zu gleichen Bedingungen wie jene aller anderen Kassenmitglieder.

Der Versicherungsausweis

Ihre Kasse ist verpflichtet, Sie jährlich mit Informationen zu Ihrer persönlichen Versicherungssituation zu versorgen. Dies geschieht mit dem Versicherungsausweis. Ein Beispiel mit Erläuterungen finden Sie im Anhang.

Zentral sind die Angaben zum versicherten Jahreslohn – diese Zahl können Sie leicht kontrollieren und erhalten so einen Hinweis, ob die Kasse in Ihrem Fall richtig abrechnet. Sodann zeigt das aufgeführte aktuelle Alterskapital, welche Summe Sie bei einem sofortigen vorzeitigen Bezug erhalten würden.

Dem Ausweis lässt sich im Prinzip schon in frühen Lebensjahren entnehmen, welche künftige Rente Sie aus der zweiten Säule erwarten können. Allerdings kann eine solche Berechnung nur auf Annahmen beruhen, insbesondere auf der Fortschreibung Ihres gegenwärtigen Einkommens. Die tatsächliche Rente wird aber zusätzlich abhängen von der Lohnentwicklung und der Verzinsung der angesparten Kapitalien. Wo neben dem Obligatorium ein starker überobligatorischer Teil besteht, sind Veränderungen im Laufe der Zeit umso wahrscheinlicher. Je näher der Zeitpunkt der Pensionierung rückt, umso verlässlicher sind diese Angaben.

Gut ausgebaute Versicherungsausweise enthalten auch einen Hinweis zur voraussichtlichen Rentenhöhe, falls es zu einer Pensionierung vor dem ordentlichen AHV-Alter kommt. Diese Zahlen werden einen entsprechenden Entscheid ganz wesentlich beeinflussen.

Tipp *Machen Sie sich ein Bild Ihrer voraussichtlichen Altersrente. Wie hoch fällt sie gemäss Versicherungsausweis aus? Finden Sie im Kontakt mit der Vorsorgeeinrichtung heraus, welche Massnahmen möglich wären, um den Rentenanspruch zu erhöhen.*

Ist die Pensionskasse finanziell gesund?

Lange war die wirtschaftliche Situation der Pensionskassen kein Thema. Das hat in den letzten Jahren im Zuge der Börsenbaisse, die einige Einrichtungen ins Schlingern brachte, geändert. Heute ist die Frage zentral: Reichen die vorhandenen Reserven aus, um die künftigen Rentenansprüche aller Versicherten zu befriedigen? Auskunft darüber gibt der Deckungsgrad (siehe Kasten).

Verschaffen Sie sich vor Antritt einer neuen Stelle ein Bild über die wirtschaftliche Situation der künftigen Pensionskasse. Allerdings gibt es keine amtliche Stelle für Auskünfte. Holen Sie Ihre Informationen

Stichwort Deckungsgrad

Das Deckungskapital einer Pensionskasse ist die Summe aller Beträge, die die Kasse benötigt, um ihre Verpflichtungen zu erfüllen. Dazu gehören die laufenden Rentenzahlungen, die potenziell nötigen Freizügigkeitsleistungen und die künftig versicherten Leistungen. Der Deckungsgrad einer Kasse ergibt sich nun aus dem Verhältnis zwischen tatsächlich vorhandenen Mitteln und dem Deckungskapital. Beträgt der Prozentsatz weniger als 100, so spricht man von Unterdeckung. Mit anderen Worten: Ist im Moment der Bestandesaufnahme nicht genügend Geld vorhanden, um alle Leistungen zu erbringen, liegt eine Unterdeckung vor. Als kritisch wird ein Wert von unter 90 Prozent angesehen, was zu Sanierungsmassnahmen führen muss. Speziell ist die Situation bei öffentlichen Kassen, weil dort bisher der Staat für die Verpflichtungen geradestand. Mit der Verselbständigung dieser Vorsorgeeinrichtungen ist dieser Grundsatz aber in Frage gestellt.

bei der Vorsorgeeinrichtung selber oder bei dort bereits versicherten Personen ein. Achten Sie insbesondere auf den aktuellen Deckungsgrad. Muss die Kasse in näherer Zukunft saniert werden, wären Sie als neu versicherte Person davon betroffen. Im Extremfall kann eine solche Unwägbarkeit den Entscheid über die Annahme einer neuen Arbeitsstelle beeinflussen.

Auf diese Informationen haben Sie Anrecht
Auf die Vorsorgeeinrichtung Einfluss zu nehmen ist zwar für einzelne Versicherte nicht ganz einfach. Hingegen haben Sie Anspruch darauf, über die Tätigkeit Ihrer Pensionskasse informiert zu werden. Insbesondere muss die Kasse über den aktuellen Deckungsgrad Auskunft geben. Viele Vorsorgeeinrichtungen verteilen den Jahresbericht und die Jahresrechnung. Darin sollten Sie Angaben über die Vermögensanlagen, Erträge, Reservenbildung und den Risikoverlauf finden. Zudem haben Sie ein Recht auf Informationen über die Verwaltungskosten (siehe Seite 45).

Kontakt und Einflussnahme

Die Errichtung und das Obligatorium der zweiten Säule wurden immer auch als grosses Gemeinschaftswerk gefeiert: Arbeitnehmer wie Arbeitgeber hatten sich zusammengefunden, um die Lage der Angestellten gemeinsam zu verbessern – und den Angestellten auch Einfluss auf ihre eigene Vorsorgesituation zu gewähren. Ausdruck dieses Geistes des BVG ist die paritätische Besetzung der Vorstände der Pensionskassenstiftungen. Die Hälfte dieses so genannten Stiftungsrats ist mit Vertretern der Arbeitnehmerschaft zu besetzen, allerdings liegt das Präsidium – und damit ein allfälliger Stichentscheid – bei der Arbeitgeberseite.

Die Mitwirkungsmöglichkeiten der Betroffenen werden unterschiedlich beurteilt. Sie hängen unzweifelhaft von den konkreten Verhältnissen in den einzelnen Betrieben ab, daneben vom Ausbildungsstand und Wissen der Stiftungsräte. Tatsache ist immerhin: Jeder Betriebsangehörige hat eine direkte Vertretung im Vorstand der Pensionskasse – wobei diese Feststellung nur für die betriebseigenen Kassen gilt. Wo eine

Firma einer Sammelstiftung oder einem Gemeinschaftswerk angeschlossen ist, sind diese direkten Vertretungen nicht gegeben.

Tipp *In einem Betrieb mit eigener Pensionskasse haben Sie eine direkte Vertretung in deren Stiftungsrat. Treten Sie mit diesen Personen in Kontakt, wenn Sie Anliegen oder Fragen haben – sie sind bezüglich personenbezogener Daten ans Amtsgeheimnis gebunden. Im Falle rein administrativer Fragen ist die Kassenverwaltung die erste Anlaufstelle.*

Die zweite Säule wird aufgrund ihrer komplexen Konstruktion zu Recht immer wieder kritisiert. Dennoch gilt: Es ist eine direkte Mitwirkung der Versicherten vorgesehen! So sind Sie nicht nur berechtigt, sich bei Fragen an die Kassenverwaltung oder Mitglieder des Vorstands zu wenden. Sie haben auch das Recht, Anlagerichtlinien und Schwerpunkte der Anlagepolitik zu erfahren. Wenden Sie sich hierfür an den Stiftungsrat oder den speziell berufenen Anlageausschuss Ihrer Kasse.

Beispiel *Arbeitnehmerin Chantal Z. ist es wichtig, dass ihre im Rahmen der Pensionskasse investierten Gelder nicht für den Bau von Atomkraftwerken verwendet werden. Sie wendet sich an einen Arbeitnehmervertreter im Stiftungsrat und bittet diesen um Auskünfte. Der Stiftungsrat teilt Chantal Z. mit, wie sich die Anlagen der Pensionskasse zusammensetzen. Die Arbeitnehmerin findet heraus, dass die entsprechenden Firmen tatsächlich an AKWs beteiligt sind. Sie sammelt im Unternehmen Unterschriften und bittet den Stiftungsrat, auf diese Investitionen zu verzichten.*

Planung in verschiedenen Lebensabschnitten

Lieber früher als später: Das ist die Antwort auf die Frage, wann Sie anfangen sollten, Ihrer zweiten Säule Beachtung zu schenken. Ihr Spielraum ist hier grösser als bei der AHV – je früher Sie merken, dass Ihr Alterskapital bescheiden ausfallen könnte, desto besser können Sie gegensteuern. Der Zinseszinseffekt spielt dabei eine wichtige Rolle. Wer frühzeitig für ein vergleichsweise hohes Alterskapital sorgt, profitiert durch die lange Sparzeit nicht nur von der laufenden Verzinsung. Vielmehr werden auch die bereits aufgelaufenen Zinsen wiederum verzinst – mit dem bekannten Wachstumseffekt, der in der untenstehenden Tabelle gut sichtbar ist.

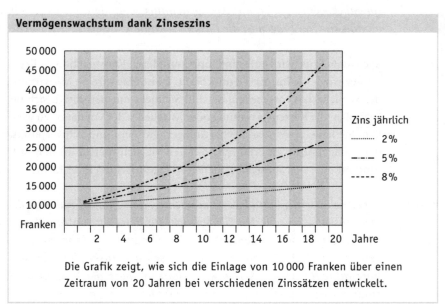

Die Grafik zeigt, wie sich die Einlage von 10 000 Franken über einen Zeitraum von 20 Jahren bei verschiedenen Zinssätzen entwickelt.

Das frühe Berufsleben

Gemäss BVG-Obligatorium wird ein Altersguthaben erst ab dem 25. Altersjahr angespart (siehe Seite 40). Auch sonst besteht nicht in jedem Fall eine Pflicht zur Versicherung: Ein geringer Lohn, eine Teilzeitarbeit neben einer Ausbildung oder immer wieder auftretende Unterbrüche der Berufstätigkeit können dafür verantwortlich sein, dass über längere Jahre hinweg keine Beiträge für die zweite Säule anfallen.

Tipp *Auch junge Berufstätige sollten sich nach Möglichkeit im Rahmen der zweiten Säule versichern, wenn dies die Pensionskasse des Arbeitgebers zulässt. Sie profitieren dadurch von einer verbesserten Absiche-*

rung gegen Invalidität, bauen aber auch frühzeitig ein Alterskapital auf, unter anderem mit Beiträgen des Arbeitgebers.

Die mittleren Jahre

Zwischen dem 30. und dem 50. Altersjahr gilt als erster Grundsatz: Für die zweite Säule sollten regelmässig Leistungen erbracht werden. Wer nach einer langen Ausbildungsphase erst spät ins Berufsleben eingestiegen ist, gerät mit der Äufnung des Alterskapitals leicht ins Hintertreffen. Ein Blick auf den aktuellen Versicherungsausweis gibt Aufschluss.

In den mittleren Jahren sind Nachzahlungen lohnend. Einerseits tragen sie noch lange Zeit zum Sparprozess bei und werden entsprechend verzinst, andererseits sind sie steuerbefreit. Erkundigen Sie sich, ob solche Einkäufe möglich sind und zu welchen Bedingungen.

Beispiel Eva J. hat Überstunden geleistet und möchte verhindern, dass ein grösserer Teil des zusätzlichen Lohnes gleich wieder für Steuern draufgeht. Sie findet heraus, dass Einkäufe in die zweite Säule bei der Pensionskasse ihres Arbeitgebers möglich sind und leistet eine Nachzahlung in der Höhe von 10 000 Franken. Diese ist steuerlich vollumfänglich absetzbar. Das Mehreinkommen von 10 000 Franken, das sonst zu einem Grenzsteuersatz von 20 Prozent zu versteuern gewesen wäre, muss aktuell also nicht versteuert werden. Eva J. spart 2000 Franken und wird so für den Einkauf in die Pensionskasse effektiv nur mit 8000 Franken belastet.

Weitere Informationen zum Thema Einkauf finden Sie ab Seite 50, zur steueroptimierten Vorsorge im gleichnamigen Kapitel (ab Seite 147).

Rund um 50

Ungefähr ab dem 50. Altersjahr lässt sich die voraussichtliche Rente viel besser abschätzen – rund zwei Drittel des Erwerbslebens sind unterdessen Vergangenheit, und das Alterskapital ist zu einem guten Teil aufgebaut. Jetzt gilt es, alle Informationen systematisch aufzubereiten und folgenden Fragen nachzugehen:

- Welche Renten sind von der ersten und zweiten Säule zu erwarten? Vermögen sie die künftigen Bedürfnisse abzudecken? Falls nicht, sind zusätzliche Sparmöglichkeiten zu prüfen. Anleitungen für eine gesamthafte Auslegeordnung finden Sie im Kapitel 6 (ab Seite 127).
- Machen weitere Einkäufe Sinn? Aus steuerlicher Sicht mögen sie in vielen Fällen noch angezeigt sein, der reine Zinseszinseffekt in dieser späten Phase des Erwerbslebens ist aber eher unbedeutend. Zudem erhöhen Sie mit Nachzahlungen immer auch die Risikoleistungen (bessere Absicherung gegen Invalidität, höhere Kinderrenten etc.), was jetzt meist nicht mehr vordringlich ist. Wichtige Informationen zum Thema Einkauf finden Sie ab Seite 50.
- Kommt für Sie eine frühzeitige Pensionierung in Frage? Welches sind die entsprechenden Rahmenbedingungen der Vorsorgeeinrichtung? Weitere Ausführungen zu diesem Thema finden Sie ab Seite 56.

Fünf Jahre vor der Pensionierung

Zu diesem Zeitpunkt drängt sich vor allem eine Frage auf: Steht ein Kapitalbezug zur Diskussion? Ein solcher muss in der Regel bis zu drei Jahre im Voraus bekannt gegeben werden, der Entscheid ist unwiderruflich. Wenn Sie diese Möglichkeit erwägen, welche Investitionen gedenken Sie mit dem Geld zu tätigen? Lassen Sie sich rechtzeitig von unabhängiger Seite beraten, denn wer hier kurzfristig oder nach Gefühl entscheidet, könnte allzu schnell eine böse Überraschung erleben.

Daneben sollten Sie die Entwicklung Ihrer prognostizierten Rente im Auge behalten, ebenso das Thema Frühpensionierung (siehe oben).

Weiterarbeiten im Ruhestand

Einen Aufschub der Pensionskassenrente sehen nur sehr wenige Pensionskassen vor; im obligatorischen Bereich ist ein solcher nicht möglich. Wer über das Rentenalter hinaus im Erwerbsprozess verbleibt, erhält also meist die Rente der zweiten Säule. Mit dem zusätzlichen Einkommen bleibt er AHV-pflichtig (siehe Seite 24), Beiträge an die zweite Säule sind hingegen keine mehr zu leisten.

Möglich ist es auch, sich frühzeitig pensionieren zu lassen, eine Pensionskassenrente zu beziehen und erneut einer Beschäftigung nachzugehen, vielleicht in Teilzeit. Beeinträchtigt wird diese an sich verlockende Aussicht – so sie in die eigene Finanz- und Lebensplanung passt – durch die Renteneinbusse bei vorzeitigem Altersrücktritt. Anders als bei der AHV lässt sich die Kürzung nicht genau beziffern, sie fällt je nach Reglement der Pensionskasse unterschiedlich aus.

Rat rund um die Pensionskasse

Trotz der Anstrengungen vieler Pensionskassen, ihre Versicherten mit Informationen immer auf dem aktuellen Stand zu halten, ist der Durchblick im Einzelfall nicht immer einfach. Da das Pensionskassenwesen nicht wie die AHV staatlich zentral geregelt ist, gibt es auch keine offizielle Stelle, die für Informationen zur Verfügung steht. Auskunftspflichtig sind in erster Linie die Kassen selbst. Deren Arbeit basiert auf den im Reglement festgelegten Bestimmungen. Halten Sie dieses Dokument stets griffbereit, um sich in einem ersten Schritt die nötigen Informationen selbst zu beschaffen. Kommen Sie allein nicht weiter, wenden Sie sich direkt an Ihre Kasse, am besten schriftlich.

Berufsverbände, soziale Institutionen sowie spezialisierte Beratungsstellen schaffen bei den meisten Problemen Abhilfe. Anlaufstellen sind etwa das Beobachter-Beratungszentrum sowie der «Verein unentgeltliche Auskünfte für Versicherte von Pensionskassen» (www.bvgauskuenfte.ch), der eine unabhängige und neutrale Beratung anbietet (siehe Anhang).

Im Extremfall ist der Beizug einer Anwältin oder eines Anwalts angezeigt. Achten Sie darauf, dass die Beratungsperson Ihrer Wahl auf Sozialversicherungsfragen spezialisiert ist!

4. Private Vorsorge – dritte Säule

Das dritte Standbein des Drei-Säulen-Prinzips hilft, im Ruhestand Lebensträume zu verwirklichen. Zur Selbstvorsorge gehört nicht nur die steuerlich privilegierte Säule 3a, sondern auch alle anderen freiwillig angesparten Vermögenswerte. Hintergrundinformationen, Anregungen und Tipps in diesem Kapitel.

Vorsorgelücken schliessen

Wenn von der dritten Säule die Rede ist, so ist damit nicht nur die steuerlich privilegierte Säule 3a gemeint. Diese ist lediglich ein Teil davon, denn unter den Begriff der dritten Säule fällt alles, was zur freiwilligen Vermögensbildung und damit zur Selbstvorsorge zählt. Nicht nur Bankguthaben, Wertschriften oder kapitalbildende Lebensversicherungen gehören dazu, sondern auch Immobilien, Sammlungen und Vermögenswerte aller Art.

Sinn und Zweck der dritten Säule ist das Schliessen der so genannten Vorsorgelücke. Die Leistungen der ersten und zweiten Säule erlauben es den meisten nur begrenzt, den gewohnten Lebensstil über die Pensionierung hinaus aufrechtzuerhalten. Erfahrungswerte zeigen, dass im Pensionsalter rund 70 bis 80 Prozent des zuletzt erzielten Erwerbseinkommens für die Fortführung des bisherigen Lebensstandards benötigt werden. Erreichen AHV- und Pensionskassenrente zusammen diese Grössenordnung nicht, so ist Sparen im Rahmen der dritten Säule angezeigt.

Je früher die Schliessung dieser so genannten Vorsorgelücke angegangen wird, desto aussichtsreicher ist der Erfolg. Wenn Sie im erwerbsfreien Lebensabschnitt lang gehegte Träume verwirklichen wollen, die auch etwas kosten, muss das Geld ohnehin rechtzeitig beiseite gelegt werden. Und: Wer es sich leisten kann, sollte immer von der steuerprivilegierten Säule 3a Gebrauch machen. Denn jeder Franken, den Sie dank Steueroptimierung sparen, kommt wiederum Ihrem Vermögen zugut.

Nebenan finden Sie eine schematische Darstellung der Vorsorgelücke. Natürlich hängt es stark von Ihren persönlichen Bedürfnissen in der Zukunft ab, ob das fehlende Einkommen tatsächlich ersetzt werden muss – das können nur Sie allein entscheiden. Immerhin legen viele Rentnerinnen und Rentner sogar Geld zur Seite, weil sie ein gemächlicheres Leben auf bescheidenerem Niveau bevorzugen. Wie Sie Ihre zukünftigen Rentenansprüche mit einem Budget für die Lebenskosten nach der Pensionierung abgleichen, lesen Sie detailliert im Kapitel «Das habe ich, das brauche ich – Ihre Finanzen im Überblick» (Seite 127).

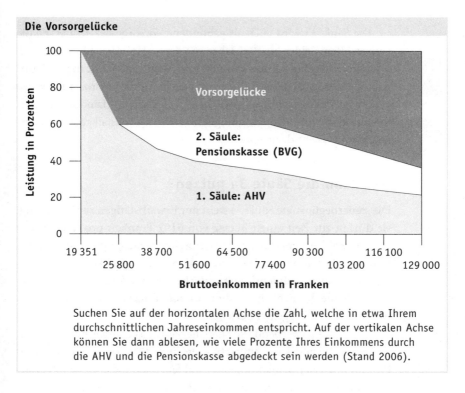

Suchen Sie auf der horizontalen Achse die Zahl, welche in etwa Ihrem durchschnittlichen Jahreseinkommen entspricht. Auf der vertikalen Achse können Sie dann ablesen, wie viele Prozent Ihres Einkommens durch die AHV und die Pensionskasse abgedeckt sein werden (Stand 2006).

Tipp *Eine provisorische Rentenberechnung Ihrer AHV-Ausgleichskasse sowie Ihr aktueller Pensionskassen-Versicherungsausweis geben Klarheit über die zu erwartenden Altersleistungen. Ehepaare, Vorsicht: Ihr Anspruch an die AHV ist auf maximal 150 Prozent der einfachen maximalen Altersrente begrenzt.*

Die Säule 3a

1985 erliess der Bundesrat eine Verordnung, mit der er die steuerliche Abzugsfähigkeit von Beiträgen an anerkannte Vorsorgeformen regelte. Damit rief er die Säule 3a ins Leben – sie sollte das eidgenössische Vorsorgesystem stärken und die Selbstvorsorge fördern. Für das steuerprivilegierte Sparen halten sowohl Banken wie auch Versicherungen Angebote bereit. Sie werden Ihnen auf den folgenden Seiten vorgestellt.

Die Säule 3a wird auch als gebundene Vorsorge bezeichnet, da die einbezahlten Gelder bis fünf Jahre vor dem AHV-Alter blockiert sind. Von dieser Regelung ausgenommen sind beispielsweise Bezüge bei Aufnahme einer selbständigen Erwerbstätigkeit, für die Finanzierung selbst genutzten Wohneigentums sowie beim Verlassen des Landes. Des weiteren sind die Begünstigungsmöglichkeiten im Todesfall gesetzlich eingeschränkt (mehr dazu Seite 77).

Wer kann die Säule 3a nutzen?

Die steuerbegünstigte Säule 3a steht nur Erwerbstätigen zur Verfügung; sie dürfen zur Zeit einen Betrag von 6192 Franken pro Jahr (Stand 2006) einzahlen. Personen ohne Erwerbseinkommen, zum Beispiel Hausfrauen und -männer, sind von dieser Vorsorgemöglichkeit noch ausgeschlossen. Auch Frühpensionierte, die bereits eine Rente beziehen, dürfen die Säule 3a nicht mehr alimentieren. Einzahlen dürfen dagegen Arbeitslose, die Taggelder beziehen.

Selbständigerwerbende können die Säule 3a ebenfalls nutzen; wenn sie keiner Pensionskasse angeschlossen sind, dürfen sie sogar bis zu 20 Prozent ihres Nettoeinkommens einzahlen, maximal aber 30 960 Franken (Stand 2006). Auch Teilzeiterwerbende dürfen den vollen Beitrag von aktuell maximal 6192 Franken einzahlen, wenn sie einer Pensionskasse angeschlossen sind; ist dies nicht der Fall, weil ihr Einkommen zu klein ist, dürfen sie maximal einen Fünftel ihres Nettoeinkommens für die Säule 3a aufwenden.

Sparen bei der Bank

Praktisch alle Schweizer Banken bieten heute über eine hauseigene Vorsorgestiftung die Möglichkeit des gebundenen Vorsorgesparens an. Die einfachste Variante: Sie eröffnen ein Vorsorgesparkonto, das mit einem Vorzugszins verzinst wird. Auf dieses Konto dürfen Sie jährlich Geld im Rahmen der oben erwähnten gesetzlichen Bestimmungen einzahlen. Den einbezahlten Beitrag können Sie vollumfänglich vom steuerbaren Einkommen absetzen. Bei der Auszahlung wird eine einmalige Steuer erhoben; es kommt jedoch ein reduzierter Steuersatz zur Anwendung.

Die Vorteile dieser Lösung: Sind Sie nicht liquide, können Sie auch einmal nicht einzahlen. Und sollten Sie mit der Bank oder deren Konditionen nicht zufrieden sein, können Sie das Geld leicht transferieren. Im Gegensatz zu einer Versicherungslösung nachteilig ist die Tatsache, dass Sie im Falle der Erwerbsunfähigkeit kein garantiertes Sparziel erreichen; ferner untersteht das Guthaben dem Güter- und Erbrecht.

Beispiel *Der ledige Fritz M., 50-jährig, hat bisher die Säule 3a nicht genutzt und stattdessen jedes Jahr 10 000 Franken auf sein Bankkonto gelegt. Vorsorgebedarf hat er keinen, trotzdem möchte er nun von den Vorzugszinsen und den Steuervorteilen der Säule 3a profitieren. Er beschliesst deshalb, bei seiner Bank ein Vorsorgekonto 3a zu eröffnen und jedes Jahr den maximalen Beitrag einzubezahlen.*

Zahlt er 15 Jahre lang regelmässig ein und bleibt die Verzinsung von aktuell 1,5 Prozent konstant, so steht ihm mit 65 ein Kapital von 103 296 Franken zur Verfügung. Effektiv einbezahlt hat er 15-mal 6192 Franken, was total 92 880 Franken entspricht. Zugleich hat er bei einer angenommenen Steuerprogression von 30 Prozent nicht weniger als 27 864 Franken an Einkommenssteuern gespart, weil er die Einzahlungen vom Einkommen abziehen kann. Dadurch reduziert sich Fritz M.s Gesamtaufwand auf 65 016 Franken! Die Besteuerung der Auszahlung, die heute im günstigsten Kanton Schwyz mit 1965 Franken und im teuersten Kanton Uri mit 7031 Franken zu Buche schlägt, ändert nichts an der Attraktivität der Säule 3a.

Mit folgenden Tipps können Sie die Vorsorge mittels Bankkonto der Säule 3a zusätzlich optimieren:
- Zahlen Sie zu Beginn des Jahres ein. So profitieren Sie das ganze Jahr vom steuerfreien Vorzugszins.
- Wenn Sie sich für eine Anlage in Wertschriften entscheiden (siehe Seite 76), verteilen Sie die Einzahlung über das Jahr. Sie investieren so zu verschiedenen Zeitpunkten und Kursen.
- Führen Sie verschiedene 3a-Konti. Damit profitieren Sie von den unterschiedlichen Kontokonditionen sowie den Renditeunterschieden in den Anlagestiftungen. Reduzieren Sie die Konti bis vor der Pensionierung auf zwei, indem Sie allfällige Wertschriftenanlagen verkaufen und

das Vorsorgeguthaben anschliessend auf ein anderes, bereits bestehendes Vorsorgekonto übertragen lassen. Lassen Sie sich diese Kapitalien gestaffelt auszahlen, so brechen Sie die Steuerprogression. Mehr als zwei Konten sind bei der Endauszahlung jedoch nicht angezeigt; die Steuerbehörden könnten dies als Steuerumgehung interpretieren.

Wertschriftensparen mit einem 3a-Konto

Banken empfehlen für Konti der Säule 3a gern das Wertschriftensparen. Damit können sie die hohen Guthabenzinsen vermeiden und die Gelder in den für sie lukrativeren Anlagestiftungen verwalten. Der Haken: Das Anlagerisiko wird dabei an den Vorsorgenehmer, also an Sie, übertragen. Obwohl die Vermögen entsprechend den strengen Vorschriften für Pensionskassenanlagen verwaltet werden, sind Verluste je nach Anlagemix und Börsenlage nicht ausgeschlossen. Und wenn Sie Gewinne erzielen, werden diese bei der Kapitalauszahlung besteuert, während Kapitalgewinne im freien Vermögen steuerfrei sind.

Tipp *Basiert Ihre Säule 3a auf einem Investment in Anlagefonds, insbesondere in aktienlastigen Fonds, so verkaufen Sie diese zu einem günstigen Zeitpunkt acht bis fünf Jahre vor dem fälligen Auszahlungstermin. Bisher erzielte Fondsgewinne können so abgesichert werden, und der ganze Betrag ist dann bei einer Börsenbaisse geschützt.*

Säule 3a bei der Versicherung

Lebensversicherer halten unterschiedliche Versicherungsprodukte bereit, mit denen Sie im Rahmen der Säule 3a steuerbegünstigt vorsorgen können. Die zentralen Fragen dabei: Brauchen Sie überhaupt einen Versicherungsschutz? Und wenn ja, welchen? Schliessen Sie eine solche Versicherung immer nur ab, wenn Sie die Prämien auf Jahre hinaus regelmässig einzahlen können.

Achtung *Für junge Menschen und für solche mit bescheidenem Einkommen sind Lebensversicherungen der gebundenen Vorsorge fast immer das falsche Instrument. Die Prämie muss jährlich entrichtet werden; ein-*

zahlen darf man aber nur, wenn man ein Erwerbseinkommen erzielt. Wer etwa infolge Mutterschaft oder einer längeren Weiterbildung mehrere Jahre pausiert und die Versicherung deshalb prämienfrei stellen muss, macht mit hoher Wahrscheinlichkeit Verluste. Leider verschweigen Versicherungsvertreter diese Sachverhalte oft; sie kassieren bei solchen Abschlüssen hohe Provisionen.

Sie können sich im Rahmen der gebundenen Vorsorge sowohl mit einer reinen Risikoversicherung gegen den Todesfall als auch gegen Erwerbsunfähigkeit absichern. Soll ein Sparanteil hinzukommen, versichern Sie die Prämienbefreiung im Falle der Erwerbsunfähigkeit unbedingt mit – nur so erreichen Sie Ihr Sparziel garantiert.

Im Todesfall wird die Versicherung direkt an den oder die Begünstigte ausbezahlt; dabei ist die gesetzliche Begünstigtenordnung zu beachten. Diese sieht folgende Reihenfolge vor:
1. der überlebende Ehegatte;
2. die direkten Nachkommen sowie Personen, die vom Verstorbenen in erheblichem Mass unterstützt wurden, oder die Person, welche mit ihm in den letzten fünf Jahren bis zu seinem Tod ununterbrochen eine Lebensgemeinschaft geführt hat oder die für den Unterhalt von gemeinsamen Kindern aufkommen muss;
3. die Eltern;
4. die Geschwister;
5. die übrigen Erben.

Der Vorsorgenehmer hat das Recht, die Reihenfolge der Begünstigten ab Position 3 zu ändern und deren Ansprüche näher zu bezeichnen. Vorteilhaft: Die Begünstigten erhalten die Auszahlung unabhängig davon, ob sie die Erbschaft annehmen oder ausschlagen.

Beispiel *Romeo P., 50-jährig, verheiratet, möchte ein Sparkapital für die Zeit nach der Pensionierung aufbauen und sich gleichzeitig bei Erwerbsunfähigkeit im Krankheitsfall für 2000 Franken pro Monat versichern. Dafür will er den maximal möglichen Säule-3a-Beitrag von 6192 Franken (Stand 2006) aufwenden. Die angefragte Versicherungsgesellschaft offeriert ihm folgende Möglichkeiten:*

Variante 1:
Gemischte, kapitalbildende Lebensversicherung, kombiniert mit Erwerbsausfallsrente

Todesfall- und Erlebensfallkapital garantiert:	Fr. 70 978.–
Möglicher Überschuss im Alter 65:	Fr. 10 832.–
Erwerbsunfähigkeitsrente bei Krankheit, Wartefrist 720 Tage:	Fr. 24 000.–
Vertragslaufzeit 15 Jahre, Prämienbefreiung ab dem 361. Krankheitstag, Jahresprämie	Fr. 6 192.–

Für eine Prämiensumme von 92 880 Franken (15 x 6192 Franken) erhält Romeo P. ein garantiertes Todes- und Erlebensfallkapital von 70 978 Franken. Wenn es mit den Überschüssen klappt, ergibt sich per Ablauf sogar ein Kapital von maximal 81 810 Franken. Die Differenz zur Prämiensumme inklusive Verzinsung des Sparteils deckt die Kosten der Risiken Todesfall und Erwerbsunfähigkeit im Krankheitsfall. Aufgrund der Prämienbefreiung wird Romeo P. das Sparziel von 70 978 Franken garantiert erreichen.

Variante 2:
Reine Erwerbsunfähigkeitsrente im Krankheitsfall; fixe Prämie ohne Verrechnung allfälliger Überschüsse

Erwerbsunfähigkeitsrente bei Krankheit, Wartefrist 720 Tage:	Fr. 24 000.–
Vertragslaufzeit 15 Jahre, Prämienbefreiung ab 721. Krankheitstag, Jahresprämie	Fr. 1 104.–
Möglicher Überschuss bei Ablauf (wird ausbezahlt)	Fr. 1 720.–

Vom maximal absetzbaren Säule-3a-Beitrag von 6192 Franken verbleiben nach Abzug der Prämie 5088 Franken zum Sparen – falls Romeo P. die Prämien mit den Überschüssen verrechnen lässt, auch mehr. Zahlt Romeo P. nun jährlich 5088 Franken auf ein Vorsorgekonto bei einer Bank ein, verzinst zu 1,5 Prozent, so steht ihm im Alter von 65 Jahren ein Kapital von 86 152 Franken zur Verfügung. Das sind 15 174 Franken mehr, als die Versicherungslösung garantiert. Allerdings: Das Erreichen des Sparziels ist im Gegensatz zur Versicherungslösung im Falle der Erwerbsunfähigkeit nicht garantiert!

Wenn Sie eine Versicherungslösung favorisieren, beherzigen Sie folgende Tipps:
- Risiken wie Todesfall und Erwerbsunfähigkeit lassen sich günstig im Rahmen der Säule 3a abdecken. Die Prämien können Sie vom steuerbaren Einkommen absetzen. Werden bis zum Ablauf des Versicherungsvertrages keine Leistungen fällig, müssen Sie auch keine solchen versteuern.
- Ist Ihnen das garantierte Erreichen des Sparzieles wichtig und stellt die Zahlung der Prämie über die ganze Laufzeit kein Problem dar, kann der Abschluss einer gemischten Lebensversicherung das Mittel der Wahl sein. Gemischte Produkte kombinieren den Sparprozess mit der Risikoversicherung. Achten Sie darauf, dass es sich um eine Variante mit flexiblem Sparteil handelt – hier verpflichten Sie sich nur für die Risikoprämie oder allenfalls für die Risikoprämie und einen Anteil an der Sparprämie.
- Vergleichen Sie verschiedene Offerten. Wählen Sie Produkte mit garantierten Prämien, dann kann der Versicherer die Prämie während der Vertragsdauer nicht erhöhen. Orientieren Sie sich für Ihren Entscheid an den garantierten Leistungen, nicht an den unsicheren Überschussversprechungen.

> **Stichwort Fondsgebundene Lebensversicherungen**
>
> Fondgebundene Lebensversicherungen hatten zur Zeit der Börsenhausse Hochkonjunktur. Versicherungsnehmer zahlen bei dieser Variante eine Bruttoprämie, die sich aus einem Risikoschutz- und einem Sparteil zusammensetzt. Letzterer wird in einen oder mehrere der zur Verfügung stehenden und von Ihnen gewählten Fonds investiert. Das ist mit Chancen und Risiken verbunden – je nach Börsenverlauf. Was viele Versicherte nicht wissen: Bei schlechtem Börsengang haben sie doppelt zu leiden. Je schlechter der Fondsanteil sich entwickelt, desto höher fällt der Risikoteil der Prämie aus, da ja weniger Deckungskapital vorhanden ist. Denn die Versicherungen garantieren ein fixes Todesfallkapital, das finanziert sein will. Je tiefer also das Fondsvermögen, desto mehr Rückstellungen in Form von Risikoprämien braucht es, um das Todesfallkapital sicherzustellen.
>
> Einige Versicherungen garantieren auch bei fondsgebundenen Lebensversicherungen ein Erlebensfallkapital, unabhängig vom Börsenverlauf. Das ist natürlich nicht gratis zu haben; die Rendite wird dadurch weiter reduziert.

Allfinanzlösungen

Für Banken und Versicherer ist der Markt der langfristig zur Verfügung stehenden Säule-3a-Gelder interessant. Da die Vorteile des einen die Nachteile des andern sind, bieten Banken vermehrt Produkte mit Versicherungsschutz und Versicherungen bankähnlich ausgestaltete Säule-3a-Produkte an. Den Überblick zu behalten ist nicht immer einfach. Studieren Sie bei allen Anbietern die Produktbeschreibungen und Leistungsbedingungen genau. Oft zeigt sich, dass Vorsorgebedürfnisse beim Versicherer und Sparprozesse bei der Bank am besten platziert sind und dass die Vermischung von Vorsorge und Anlage nicht im Interesse der Kundinnen und Kunden ist.

Beispiel *Das Produkt einer Schweizer Grossbank kombiniert das steuerbegünstigte Vorsorgesparen in der Säule 3a mit Todesfall- und Erwerbsunfähigkeitsschutz. Das Todesfall- und Invaliditätskapital entspricht dem gewählten Sparziel, welches in Abstufungen von 25 000 Franken vorgegeben ist (zum Beispiel 75 000 Franken). Anstelle der bei Versicherern üblichen Beitragsbefreiung wird dieses Kapital bei Erwerbsunfähigkeit ausbezahlt – vorausgesetzt, die Bedingungen sind erfüllt (dauernde Erwerbsunfähigkeit, keine Besserung zu erwarten). Ist dies nicht klar gegeben, könnte ein Rechtsstreit drohen. Weiter sind die Sparbeiträge in Wertschriftenanlagen der zugehörigen Anlagestiftung zu investieren, welche in der Vergangenheit keine durchwegs überzeugende Performance erzielten. Vorteilhaft ist hingegen, dass der Versicherungsschutz jederzeit ohne weitere Kostenfolge gekündigt werden kann.*

Freies Sparen: Die Säule 3b

Jeder Franken, den Sie aufs Sparkonto legen, jede Aktie, die Sie kaufen, jedes erworbene Bild der jungen Künstlerin, an deren Entwicklungspotenzial Sie glauben: Das alles gehört zur Säule 3b. Auch hier stehen unterschiedlichste Bank- und Versicherungsprodukte zur Verfügung. Dabei geniessen die Lebensversicherungen zum Teil rechtliche und steuerliche Vorteile.

Lebens- und Leibrentenversicherungen

Lebensversicherungen können einerseits nach der Art ihrer Finanzierung (periodisch / einmalig) und andererseits nach der Art der Leistung (Kapital / Rente) unterschieden werden. Es ergeben sich grob die folgenden drei Varianten:
- periodisch finanzierte gemischte Lebensversicherungen
- einmalig finanzierte gemischte Lebensversicherungen
- Leibrentenversicherungen.

Wenn Sie weder Kapital ansparen noch verzehren möchten, stehen Ihnen im Rahmen der Säule 3b auch reine Todesfallversicherungen mit frei wählbaren Begünstigten oder Erwerbsunfähigkeitsversicherungen zur Risikodeckung zur Verfügung.

Periodisch finanzierte gemischte Lebensversicherungen

Lebensversicherungen, die sowohl ein Todesfall- wie auch ein Erlebensfallkapital offerieren, werden auch als gemischte Kapitalversicherungen bezeichnet. Diese Form der Vorsorge geniesst nebst erb- und betreibungsrechtlichen gewisse steuerliche Privilegien. Periodisch finanzierte gemischte Lebensversicherungen gibt es auch als fondsgebundene Variante (siehe Seite 79). Hier ein Überblick über die Vorteile von gemischten Lebensversicherungen:
- Sie sind steuerlich privilegiert. Zwar sind die Prämien im Rahmen des Versicherungsabzuges kaum absetzbar, da dieser bereits vollumfänglich von den Krankenkassenprämien ausgeschöpft wird. Bei periodischer Prämienzahlung bleiben jedoch die Erträge am Ende der Laufzeit bei der Versicherungsauszahlung an den Versicherungsnehmer steuerfrei. Während der ganzen Vertragsdauer ist der Rückkaufswert als steuerbares Vermögen zu deklarieren.
- Die Auszahlung an den oder die Begünstigte im Todesfall fällt nicht in den Nachlass. Deshalb sind diese Versicherungen eine Möglichkeit, Konkubinatspartner oder Partnerinnen in ausserehelichen Beziehungen abzusichern. Allerdings dürfen mit dieser Auszahlung keine Pflichtteile verletzt werden. Für die entsprechende Berechnung wird der Rückkaufswert der Versicherung zum Nachlass addiert. Die Versicherung erbringt ihre Leistung aber unabhängig von einer möglichen Pflichtteils-

verletzung. Es ist dann an den Betroffenen, den Pflichtteil geltend zu machen (siehe Seite 205).
- Begünstigt der Versicherungsnehmer seine Ehefrau oder Nachkommen im Versicherungsvertrag, so kann dieser Anspruch weder gepfändet noch konkursamtlich verwertet werden. Vor allem für Selbständigerwerbende mit entsprechendem Unternehmerrisiko ist dieser Vorteil nicht zu unterschätzen.

Gemischte Lebensversicherungen sind – wie das Beispiel auf Seite 78 zeigte – aus Renditeüberlegungen uninteressant. Ebenso sind vorzeitige Vertragsauflösungen mit herben Verlusten verbunden. Attraktiv sind jedoch die erb- und betreibungsrechtlichen Privilegien sowie die Spardisziplin, die durch die Verpflichtung zur jährlichen Einzahlung gegeben ist. Ein weiteres grosses Plus: Das garantierte Erreichen des Sparziels durch die meist mitversicherte Prämienbefreiung im Falle der Erwerbsunfähigkeit.

Stichwort Rückkaufswert

Müssen Sie Ihre Lebensversicherung frühzeitig auflösen, zahlt Ihnen die Versicherungsgesellschaft lediglich den Rückkaufswert aus. Er entspricht dem Deckungskapital abzüglich der noch nicht belasteten Kosten für den Versicherungsabschluss und für die Verwaltung.

Ein Rückkauf zahlt sich nie aus; in den ersten zwei bis drei Jahren ist der Rückkaufswert meist sogar Null, da die Provision an den Vertreter am Anfang der Vertragslaufzeit ausbezahlt und über die Jahre verteilt der Police belastet wird. Die Verwaltungskosten sind anfänglich ebenfalls hoch. Lebensversicherungen sollte man daher nur abschliessen, wenn man die Prämien während der ganzen Laufzeit sicher zahlen kann.

Einmalig finanzierte gemischte Lebensversicherungen

Als Alternative zur jährlichen Prämienzahlung können Sie eine gemischte Lebensversicherung auch mit einer Einmalprämie bezahlen. Dann bringen Sie statt periodischer Beiträge zu Anfang einen substanziellen Betrag ein. Die Erträge sind von der Einkommenssteuer befreit – sofern der Vertrag der Vorsorge dient. Dies ist dann der Fall,

- wenn der Versicherungsnehmer die Auszahlung nicht vor dem 60. Geburtstag erhält,
- der Vertrag mindestens fünf Jahre dauerte (bei fondsgebundenen Lebensversicherungen mindestens zehn Jahre),
- der Abschluss vor dem 66. Altersjahr erfolgte,
- Versicherungsnehmer und versicherte Person identisch sind.

Beachten Sie, dass Einmalprämienversicherungen einer Stempelsteuer von 2,5 Prozent der Einlage unterliegen.

Beispiel *Claude H., 50, möchte für zehn Jahre 100 000 Franken mit möglichst wenig Risiken anlegen. Ein Vergleich von Einmaleinlageversicherungen zeigt, dass die garantierte Todes- und Erlebensfallsumme beim besten Anbieter 112 021 Franken beträgt. Dies entspricht bei zehnjähriger Laufzeit einer garantierten, steuerfreien Rendite von 1,14 Prozent. Werden die nicht garantierten Überschüsse der Offerte berücksichtigt, ergibt sich im besten Fall eine Rendite von 2,1 Prozent.*

Im Vergleich dazu rentiert eine zehnjährige Bundesobligation mit rund 2 Prozent vor Steuern. Je nach Steuerprogression resultiert eine Nettorendite von 1,2 Prozent bis 1,6 Prozent. Dabei ist eine Anlage in Obligationen jederzeit handelbar, wobei bei steigenden Zinsen mit Verlusten gerechnet werden muss. Der Rückkauf einer Einmalprämienversicherung ist ebenfalls mit Verlusten verbunden.

Claude H. entscheidet sich wegen der tiefen Renditen weder für die eine noch die andere Variante – er lässt das Geld liegen und sucht nach Anlagealternativen.

Meiden Sie Abschlüsse von lang laufenden Einmalprämienpolicen, wenn die Kapitalmarktzinsen tief sind – die Renditen sind verschwindend gering und können teuerungsbereinigt sogar zum Verlustgeschäft werden. Parkieren Sie Ihr Vermögen stattdessen in leicht liquidierbaren Anlagen (Konto, Festgeld), damit Sie zum gegebenen Zeitpunkt besser rentierende Anlageformen wählen können. Lassen Sie sich nicht von möglicherweise höher rentierenden Fondspolicen blenden. Diese Renditen sind vom Börsenverlauf abhängig und nicht garantiert (siehe Seite 79)! Falls Sie sich dennoch für eine Fondspolice entscheiden:

Wählen Sie möglichst ertragsorientierte Anlagen (zum Beispiel Obligationen).

Leibrentenversicherungen

Eine Alternative zu den Lebensversicherungen mit Kapitalauszahlung ist die Leibrentenversicherung. Wie der Name sagt, gibt es hier eine Rente statt eines Kapitals – je nach Ausgestaltung des Vertrages lebenslang. Damit sind Sie von der Sorge entbunden, Ihr Kapital bis ans Lebensende richtig einteilen zu müssen – zumal niemand die eigene Lebensdauer kennt! Die Lebensversicherer kalkulieren ihre Leistungen aufgrund der allgemeinen Lebenserwartung sowie des Kapitalmarktumfeldes. Da jeder Versicherer über eine grosse Anzahl von Verträgen verfügt, ergibt sich ein Risikoausgleich zwischen Langlebenden und früher Versterbenden.

> **Stichwort Langlebigkeitsrisiko**
>
> Schweizerinnen und Schweizer erfreuen sich einer hohen Lebenserwartung. Für die Einzelperson lässt die Statistik jedoch keinen Schluss zu; niemand weiss, wie alt er oder sie wird, und je länger man lebt, desto mehr Geld braucht man. Für diesen Sachverhalt gibt es im Versicherungsjargon den Begriff Langlebigkeitsrisiko. Mit der Pensionskassenrente oder der Leibrente einer privaten Versicherungsgesellschaft delegiert man dieses Risiko an die betreffenden Institutionen.

Leibrenten gibt es in unterschiedlichsten Formen:
- Periodisch oder einmalig finanziert.
- Mit sofortiger oder aufgeschobener Leistung. Wird der Bezug aufgeschoben, fällt die Rente höher aus.
- Auf ein oder zwei Leben. Mit der zweiten Variante können Sie auch Ihre Partnerin, Ihren Partner absichern. Der Überlebende erhält die Rente weiterhin ungeschmälert.
- Mit oder ohne Rückgewähr. Rückgewähr bedeutet, dass der nicht verbrauchte Teil des einbezahlten Kapitals an eine im Vertrag begünstigte Person ausbezahlt wird, wenn der Versicherungsnehmer während der Dauer des Rentenbezugs stirbt. Leibrentenverträge ohne Rückgewähr

sind auch nicht rückkaufsfähig und damit einzuhalten bis zum Ableben des Versicherten.

Während das garantierte Einkommen als Vorteil gewertet werden darf, gibt es auch einige Nachteile: Die Abschluss- und Verwaltungskosten sind hoch, und die fixe Rente lässt bei veränderten Einkommensbedürfnissen keine Flexibilität zu. Die Rente wird zu 40 Prozent besteuert – damit zahlen Sie Steuern für den Verbrauch Ihres eigenen Vermögens! Und wenn Sie den Vertrag auflösen, wird der Rückkauf vom Fiskus nicht als Vermögenstransfer – von der Versicherung zurück aufs Bankkonto – betrachtet, sondern die Rückgewährsleistung wird wie eine Rentenleistung besteuert; das ist für den Versicherungsnehmer ganz sicher kein Vorteil.

Tipps *Holen Sie mehrere Offerten ein – die Unterschiede sind beachtlich.*
Prüfen Sie vor dem Abschluss einer Leibrentenversicherung die Alternative des Kapitalverzehrs. Ein Beispiel, wie Sie Ihr Vermögen geschickt in Etappen verbrauchen können, finden Sie auf Seite 193. Banken bieten beispielsweise standardisierte Entnahmepläne. Konsultieren Sie gegebenenfalls einen Vermögensberater Ihres Vertrauens!

Geldanlagen bei der Bank

Alle Lücken auf der Vorsorgeseite geschlossen, eine Liquiditätsreserve von drei bis sechs Monatslöhnen beiseite gelegt – und immer noch Geld zur Verfügung? Dann geht es jetzt darum, dieses möglichst sinnvoll zu investieren. Erste Priorität hat langfristig eine geschickte strategische Aufteilung des Vermögens in die einzelnen Anlagekategorien (Obligationen, Aktien, Immobilien etc., aber auch Liquidität). In einem stetigen Prozess muss diese Aufteilung immer wieder neu auf die persönlichen Bedürfnisse abgestimmt werden. Wichtig dabei: Die einmal festgelegte Anlagestrategie konsequent befolgen und langfristige Ziele nicht kurzfristigen Marktschwankungen opfern. Selbstverständlich haben spontane Käufe und Verkäufe aus taktischen Überlegungen ebenfalls ihre Berechtigung, jedoch sollten diese lediglich mit einem klar begrenzten Anteil des Vermögens erfolgen und entsprechend überwacht werden.

Folgende Anlagestrategien werden unterschieden:
- «einkommensorientiert» (Aktienanteil 0 Prozent)
- «ausgewogen» (Aktienanteil maximal 50 Prozent)
- «dynamisch» (Aktienanteil maximal 75 Prozent)
- «Aktien» (Aktienanteil 100 Prozent).

Hinweis *Viele junge Menschen zwischen 40 und 50 vergeben sich Chancen, weil sie ihr Geld einfach liegen lassen, statt es zu bewirtschaften. Wer sich nicht mit Geldfragen befassen mag, kann sein Vermögen verwalten lassen. Das kostet zwar etwas, dafür steigt auch die Rendite. Was Sie bei der Wahl eines Vermögensverwalters beachten sollten, steht auf Seite 197.*

Diese Grundlagen sollten Sie kennen

Ob Sie viel Geld oder wenig investieren, ob Sie Ihr Guthaben selber verwalten oder es verwalten lassen: Einige Eckpfeiler rund um die Vermögensanlage sollten Sie kennen. Dazu gehören Überlegungen zu Rendite und Risiko, zur Liquidität, zum Zeithorizont, zum Anlagestil und zur Diversifikation.

Rendite und Risiko

Diese beiden Begriffe sind untrennbar miteinander verbunden. Es gilt immer: Je höher die Rendite, desto höher das Risiko. Obwohl dieser Grundsatz in Stein gemeisselt ist, finden dubiose Finanzleute immer wieder Anlegerinnen und Anleger, die auf vermeintlich sichere, hoch rentable Anlageangebote hereinfallen und grosse Verluste erleiden. Halten Sie sich also stets vor Augen: Keine höhere Rendite ohne entsprechendes Risiko!

Tipp *Tätigen Sie nur Anlagen, die Sie restlos verstehen; klären Sie die Risiken sorgfältig ab. Sind Sie bereit und finanziell in der Lage, diese Risiken zu tragen? Auch vermeintlich sichere Anlagen können risikobehaftet sein – sei es, dass bei einer Obligation der Schuldner zah-*

lungsunfähig wird, die Teuerung die Kaufkraft angreift oder der Fiskus zuschlägt!

Liquidität

Je liquider Guthaben und Vermögenswerte gehalten werden, desto geringer fällt deren Rendite aus. Trotzdem können auch liquide Mittel bewirtschaftet werden. Für jederzeit verfügbare Gelder bieten sich verschiedene Bankkontentypen an; nicht sofort benötigte Liquidität kann auf Zinsstufensparkonten gelegt werden. Prämiendepots Ihres Lebensversicherers sind eine weitere Möglichkeit, wenn Sie eine solche Versicherung haben. Sie dienen der Bezahlung laufender, periodisch finanzierter Lebensversicherungen. Unwiderrufliche Prämiendepots geniessen eine höhere Verzinsung, da das einbezahlte Guthaben ausschliesslich für die Bezahlung der laufenden Versicherungsprämie verwendet werden darf; die Verzinsung erfolgt verrechnungssteuerfrei.

Je nach Betrag kommen auch Festgeldanlagen oder kurzfristig abrufbare Callgeld-Anlagen in Frage.

Tipp *Berücksichtigen Sie bei Ihren Liquiditätsansprüchen nicht nur geplante Ausgaben (Ferien, Autokauf etc.), sondern auch Unvorhergesehenes (Stellenverlust, Zahnarzt usw.). Es ist ein Irrtum zu glauben, man müsse jederzeit sein ganzes Geld bis auf den letzten Rappen investiert haben. Liquidität senkt zwar die Gesamtrendite Ihres Vermögens, sie verhindert aber, dass Sie bei unerwartetem Geldbedarf Ihre Anlagestrategie kurzfristig ändern müssen. Und Sie können dank einem bestimmten Anteil liquider Mittel von besonderen Kaufgelegenheiten profitieren!*

Zeithorizont

Der Faktor Zeit wird oft unterschätzt, beeinflusst aber die zu erwartende Rendite stark. Mit Obligationenanlagen bindet man das Kapital während längerer Laufzeiten, dafür gibt es bei normalen Marktverhältnissen höhere Zinsen. Aktien lassen bei längerer Anlagedauer höhere Renditen bei abnehmendem Verlustrisiko erwarten – wobei es auch in der Vergangenheit Perioden von zehn und mehr Jahren gab, in denen Aktien nicht zulegten oder sich gar im Verlustbereich bewegten. Es lohnt sich, den eigenen Anlagehorizont realistisch einzuschätzen, damit es nicht zu schlechten Erfahrungen mit (zu) langfristig ausgelegten Anlageentscheiden kommt. Auch wer das Handtuch nach zwei, drei Quartalen mit unerwartet schlechten Resultaten wirft, profitiert nicht.

Schliesslich wird die Bedeutung des Zinseszinseffektes häufig stark unterschätzt (siehe auch Seite 66). Das folgende Beispiel zeigt deutlich: Starten Sie möglichst früh mit dem Vermögensaufbau und halten Sie an Ihrer sorgfältig gewählten Anlagestrategie fest!

Beispiel *Die sparsame Hanni F., 25, legt jährlich 5000 Franken zur Seite und erzielt eine durchschnittliche Rendite von 5 Prozent auf ihren Anlagen. Nach zehn Jahren verfügt sie über ein Kapital von 66 034 Franken. Weil sie Mutter wird und zu Hause für ihr Kind sorgt, kann sie nicht weiter sparen, sie lässt das Geld aber weiter angelegt. Bei gleichbleibender Rendite steht ihr nach weiteren zehn Jahren im Alter von 45 Jahren ein Guthaben von 107 562 Franken zur Verfügung – dies bei einer Gesamteinlage von 50 000 Franken!*

Im Gegensatz zu Hanni F. kann sich der ausgabenfreudige Martin Z. mit 25 noch nicht fürs Sparen begeistern. Erst im Alter von 30 Jahren beschliesst auch er, etwas auf die hohe Kante zu legen und spart 5000 Franken pro Jahr. Bei gleicher Rendite braucht es eine 15-jährige Spardauer und Gesamteinlagen von 75 000 Franken, bis er das Resultat von Hanni F. übertrifft. Martin Z. verfügt dann über ein Sparguthaben 113 287 Franken.

Anlagestile

Anlagen können aktiv bewirtschaftet werden, indem laufend die interessantesten Titel gekauft und die weniger aussichtsreichen verkauft werden. Da es aber selbst einer Mehrheit von Anlageprofis nicht gelingt, einen Vergleichsindex über längere Zeit zu schlagen, werden vermehrt passive Anlagen empfohlen. Diese folgen direkt einem Index, welcher einen Gesamt- oder Teilmarkt, eine Branche, eine Region etc. abbildet. Passivanlagen verlangen nur nach einer Änderung, wenn der zugrunde liegende Index sich ändert.

Achtung *Mit passiven Anlagen erzielen Sie immer durchschnittliche Ergebnisse – nie mehr, aber auch nie weniger. Achten Sie bei der Auswahl passiv gemanagter Produkte auf günstige Spesen und passen Sie den Anteil Ihres passiv angelegten Vermögens den Börsenzyklen an. So ist eine passive Teilnahme an der Entwicklung eines Börsenplatzes im Aufwärtstrend durchaus empfehlenswert. Bei fortgeschrittener Hausse sehen Sie besser davon ab.*

Geldwerte und Sachwerte

Geldwerte – Obligationen, Kontensparen, privat gewährte Darlehen – sind reine Zahlungsversprechen. Schuldner kann beispielsweise die kontoführende Bank, die Lebensversicherungsgesellschaft, aber auch der Staat sein oder eine Unternehmung, die Kapital über eine Obligation aufnimmt. Als Gläubiger erhalten Sie für das ausgeliehene Geld einen Zins, dazu bekommen Sie Ihr Kapital per Tilgungstermin zurück. Sowohl die Höhe des Zinses als auch die Wahrscheinlichkeit der Kapitalrückzahlung hängen von der Güte (so genannte Bonität, siehe Seite 96) des Schuldners ab.

Sachwerte dagegen stellen Eigentum dar. Mit dem Erwerb eines Sachwertes werden Sie Eigentümer beziehungsweise Miteigentümer von Liegenschaften, Aktiengesellschaften oder Rohstoffen. Ihr Kapitaleinsatz wird nicht verzinst, sondern nimmt am Wertzuwachs teil. Dieser ist nicht stetig, wie die steuerbare Zinszahlung einer Obligation, übersteigt aber auf längere Sicht mit grosser Wahrscheinlichkeit deren Rendite. Darüber hinaus stellen Sachwerte einen realen Gegenwert dar, was in unserem Papiergeldsystem nicht zu unterschätzen ist.

Tipp *Verwenden Sie für den langfristigen Vermögensaufbau Sachwerte. Sie reduzieren damit das Risiko des schleichenden Kaufkraftverlustes (Inflation) und sind an den Wertsteigerungsmöglichkeiten beteiligt. Zudem sind Kapitalgewinne auf beweglichem Privatvermögen bis anhin steuerfrei!*

Diversifikation

Stützen Sie Ihre Vermögensanlagen möglichst breit ab. Sie steigern damit die Rendite bei gleichzeitiger Reduktion der Risiken, da verschiedene Anlagen sich auch unterschiedlich entwickeln. Eine Mischung von verschiedenen Konti, Obligationen-, Aktien- und Immobilienanlagen, eventuell ergänzt mit einer Lebensversicherung, wird sich bewähren.

Allerdings eliminiert auch die beste Diversifikation immer nur die Risiken von Einzelanlagen, nie aber die Marktrisiken, wie dies der Einbruch der Weltbörsen in den Jahren 2001 bis 2003 beispielhaft gezeigt hat!

Sechs Tipps zur Vermeidung von Anlagefehlern

Wenn Sie folgende Hinweise beachten, können Sie im Umgang mit Ihrem Geld viele Fehlerquellen eliminieren:

1. **Ehrlich zu sich selber sein.** Investoren realisieren oft erst bei Börsenturbulenzen, dass starke Kursschwankungen und mögliche Verluste sie emotional belasten. Überhastete Änderungen der Anlagestrategie, eventuell Vermögensverluste, sind die Folge. Besser: Schätzen Sie Ihre eigene Risikobereitschaft und -fähigkeit vor dem Anlageentscheid realistisch ein!
2. **Nerven behalten.** Langfristig ausgerichtete Anlagen werden allzu oft kurzfristigen Börsenschwankungen geopfert. Kauft eine Anlegerin beispielsweise Gold als Inflationsschutz, gibt es keinen Grund, dieses nach kurzer Zeit infolge vorübergehend rückläufiger Kurse gleich wieder zu verkaufen. Besser: Nerven und langfristig ausgelegte Anlagen behalten.
3. **Den Horizont auftun.** Viele Anlegerinnen und Anleger investieren nur in zwei, drei Aktien an der Börse ihres Heimatlandes, im Glauben, diese Titel zu kennen. Mit diesem als *home bias* bezeichneten, auf die Heimatbörse fixierten Anlagestil erfolgt eine Konzentration auf wenige Anlagen – mit entsprechend hohen Risiken. Besser: Schauen Sie über die Grenze hinaus und berücksichtigen Sie auch Fremdmärkte.
4. **Diversifizieren.** Im Bestreben, möglichst rasch markante Gewinne zu erzielen, werden oft zu grosse Depotpositionen aufgebaut. So berauben sich Anlegerinnen der Möglichkeit, bei verschiedenen Gewinnern dabei zu sein. Besser: Reduzieren Sie die Risiken und erhöhen Sie die Chancen, indem Sie Ihr Portefeuille so gestalten, dass keine Position mehr als fünf bis zehn Prozent einnimmt.

5. **Mutig handeln.** Investoren halten häufig an Verlustpositionen fest, da sie sich am Einstandspreis orientieren. Sie verdrängen Verluste oder versuchen sogar, durch Nachkäufe den Durchschnittseinstand zu verringern. Das ist Augenwischerei! Besser: Wenn Sie einen Fehlentscheid getroffen haben, gestehen Sie sich dies frühzeitig ein. So begrenzen Sie Verluste konsequent.
6. **Dranbleiben.** Das begrenzte Vorstellungsvermögen von Anlegerinnen und Anlegern verleitet immer wieder zur Annahme, im Kurs bereits gestiegene Aktien seien zu meiden und zurückgebliebene Titel zu bevorzugen. Doch Börsentrends laufen meist länger als erwartet. Besser: Gewinne laufen lassen, Verluste begrenzen. Dadurch bleiben Ihre Chancen intakt, an Aufwärtsbewegungen möglichst lange teilzunehmen.

Die wichtigsten Anlageinstrumente

Ein Patentrezept für die Vermögensanlage gibt es nicht, ebenso wenig wie den idealen Anlagemix. Wer auf eine breite Verteilung seiner Vermögenswerte achtet und dabei die persönliche Steuerbelastung berücksichtigt, optimiert bereits seine Vermögensstruktur. Diese unterliegt ebenso wie das Anlageziel und die Anlagedauer Veränderungen. Wichtig bei allen Entscheiden: Sie sollten sich damit wohl fühlen.

Interessanterweise legen Frauen, die aufgrund höherer Lebenserwartung und meist geringerer Einkommen eine grössere Vorsorgelücke zu schliessen hätten, risikoscheuer an als Männer. Dies wird damit begründet, dass riskantere Anlagen erst langfristig höhere Renditen abwerfen, Frauen aber die kurzfristigen Risiken klein halten wollen. Bessere Information und bewusstes Sammeln von Erfahrungen – probeweise mit einem kleinen Teil des Vermögens – könnten das bewusste Eingehen von Risiken und die damit verbundenen Chancen fördern.

Ob simples Bankkonto oder ausgeklügelter Anlagemix: Bescheid wissen ist alles. Die wichtigsten Anlagemöglichkeiten werden deshalb hier vorgestellt.

Bankkonten

Ihre liquiden Mittel und allfällige Ersparnisse, die Sie fortlaufend bilden, lagern am besten auf einem Bankkonto. Für längerfristige Anlagen sind Bankkonten infolge der tiefen Verzinsung dagegen wenig geeignet.

Prüfen Sie nebst der Verzinsung auch die Spesen und Rückzugsmöglichkeiten. Einige Banken bieten Vorzugskonten für Aktionäre oder Mitglieder.

Obligationen

Dies sind Schuldpapiere von Unternehmen oder öffentlichen Haushalten wie Bund, Kantonen und Gemeinden. Der Käufer erhält ein Forderungsrecht gegenüber dem Schuldner auf Verzinsung und Rückzahlung. Die Sicherheit hängt von der Qualität (Bonität) des Schuldners ab – sie wird bei bekannten Schuldnern regelmässig von Rating-Agenturen wie *Standard & Poors* oder *Moody's* bewertet. Banken und Broker können vor dem Kauf über die Bonität Auskunft geben.

Achten Sie beim Kauf auf eine gute Schuldnerqualität und behalten Sie diese im Auge. Hohe Zinsen oder sinkende Obligationenkurse bei stabilem Zinsumfeld weisen auf mangelnde oder abnehmende Bonität des Schuldners hin. Mit Fonds und derivativen Produkten vermeiden Sie das Einzeltitelrisiko.

Aktien

Mit dem Erwerb von Aktien beteiligt man sich an der wirtschaftlichen Entwicklung einer Unternehmung. Am Unternehmenserfolg ist der Anleger über eine Kurssteigerung und allenfalls mit der Ausschüttung einer Dividende beteiligt. Wachstumsorientierte Firmen schütten oft keine oder nur geringe Dividenden aus, da sie die erarbeiteten Mittel wieder ins eigene Unternehmen investieren.

Achtung *Mit dem Kauf einzelner Aktien gehen Sie nebst dem allgemeinen Marktrisiko ein titelspezifisches Risiko ein. Überspitzt formuliert ist eine Vermögenskonzentration auf wenige Einzeltitel eine Wette, dass deren Kurs sich im Vergleich zum Gesamtmarkt besser entwickelt. Gehen Sie dieses Risiko – wenn überhaupt – nur mit einem geringen Anteil Ihres Vermögens ein! Besser ist es, ganze Märkte oder Sektoren über Sammelanlagen wie Aktienfonds, Baskets oder Indexzertifikate abzudecken.*

Immobilien

Anlagen in Immobilien können direkt oder indirekt erfolgen. Bei der Direktanlage werden Sie Eigentümer eines bestimmten Objekts und im Grundbuch als solcher eingetragen. Indirekte Beteiligungen erfolgen über einen Fonds oder Aktien einer Immobilien AG. Immobilienanlagen positionieren sich bezüglich Chancen-Risiko-Verhältnis zwischen Aktien und Obligationen und eignen sich gut zur Risikostreuung innerhalb eines Portefeuilles. In der Tabelle unten erhalten Sie einen Überblick über Vor- und Nachteile beider Varianten. Ausführliche Informationen zum Wohneigentum als Teil Ihrer Vorsorge finden Sie ab Seite 105.

Direktanlage – indirekte Anlage: Vor- und Nachteile	
Direktanlage, z. B. Mehrfamilienhaus	**Indirekte Anlage, z. B. Immobilienfonds**
+ Besitzerstolz	+ tägliche Kauf-/Verkaufsmöglichkeit auch für kleine Beträge
+ Selbstauswahl und -bewertung	+ professionelle Bewirtschaftung
+ Eigenverwaltung möglich	+ Diversifikation (verschiedene Objekte, Regionen)
	+ Wertsteigerung bei Verkauf ist steuerfreier Kapitalgewinn
– Vermögenskonzentration in einem Objekt	– Oft Aufpreis (Agio) auf den Nettoanlagenwert
– Zusätzliche Steuerpflicht am Ort der Liegenschaft	– Anonymität der Liegenschaften
– Besteuerung des Grundstückgewinns bei Verkauf	– kein Einfluss auf Fremdkapitalhöhe

Hinweis *Betrachten Sie Ihre eigenen vier Wände als Beitrag zur Lebensqualität und Altersvorsorge und nicht als Anlage, da keine direkte Rendite anfällt. Schliesslich werden Sie bei einer möglichen Wertsteigerung Ihr Heim kaum verkaufen.*

Edelmetalle und Rohstoffe

Gold bot in der Vergangenheit Schutz vor Inflation und Wirtschaftskrisen und ist heute wieder im Trend. Mit zunehmender Entwicklung der bevölkerungsreichen Schwellenländer (China, Indien usw.) werden nebst den Edelmetallen auch Industriemetalle (Blei, Zink, Kupfer etc.) sowie Öl, Gas, Getreide und so weiter vermehrt nachgefragt.

Da Rohstoffe und Edelmetalle in der Wertentwicklung nicht an den Verlauf der Aktienbörsen gebunden sind, stellen sie eine interessante Depotbeimischung dar. Diese sollte jedoch nicht mehr als fünf bis zehn Prozent betragen. Nebst dem Kauf von physischem Gold in Münzen oder Barren kann auch über Anlagefonds oder Derivate in Edelmetalle und Rohstoffe investiert werden.

Derivate

Dies ist ein Oberbegriff für alle Anlageinstrumente, deren Preis sich aus dem Kurs anderer Wertpapiere beziehungsweise Produkte, den so genannten Basiswerten, ableitet. Mit dem Einsatz von Derivaten kann eine risikodiversifizierte Vermögensverwaltung betrieben werden.

Werden Derivate mit herkömmlichen Anlagen wie Aktien, Obligationen, Immobilien oder ähnlichem kombiniert, spricht man von strukturierten Produkten. Diese boomen; täglich werden neue Finanzprodukte ausgegeben, die fast alle möglichen Marktszenarien abdecken.

Wenn Sie solche Instrumente in Ihrem Portefeuille berücksichtigen wollen, befolgen Sie diese Tipps:

- Derivate, insbesondere strukturierte Produkte, sind komplex. Vor dem Kauf sollten Sie die Funktionsweise kennen und verstehen. Sonst gilt: Hände weg!
- Prüfen Sie vor jedem Kauf die Gewinn- und Verlustchancen.
- Wählen Sie Produkte mit guter Liquidität (Wiederverkäuflichkeit).
- Erwerben Sie derivative bzw. strukturierte Produkte nur von als solid bekannten Bankhäusern und berücksichtigen Sie nur solche mit Ratings zwischen A und AAA (falls vorhanden).
- Schenken Sie den Steuerfolgen Beachtung; quellensteuerfrei ist nicht gleichbedeutend mit einkommenssteuerfrei!
- Interessante Informationen zu derivativen Produkten verschiedener Anbieter finden Sie im Internet zum Beispiel unter www.warrants.ch.

Nachstehend wird je ein Beispiel für ein Produkt mit Kapitalschutz, ein Partizipations- und ein Hebelprodukt vorgestellt.

Produkte mit Kapitalschutz
Wenn Sie Geld in Aktien anlegen möchten, aber nicht bereit sind, das damit verbundene Verlustrisiko zu tragen, bieten sich kapitalgeschützte Produkte an. Diese offerieren eine Mindestrückzahlung des angelegten Betrages (beispielsweise 90 bis 100 Prozent). Normalerweise werden diese Instrumente kombiniert aus einer risikolosen Geldmarkt- oder Obligationenanlage, die per Ablauf die zugesicherte Rückzahlung ermöglicht, und einer Optionsstrategie, die Chancen auf Gewinne bietet. Je nach Produkt nimmt der Anleger voll oder nur teilweise an einer positiven Kursentwicklung des Basiswertes teil.

Beispiel *Vontobel Unit SMI, Kapitalschutz 100 %*
Emissionspreis: Fr. 568.15
Liberierung: 2. Juli 2004
Rückzahlung: 26. Juni 2009
Unterliegender Basiswert: SMI (Swiss Market Index)
Partizipation ab Kapitalschutz: 84 %
Obere Begrenzung: 120 % des Ausübungspreises
Ausübungspreis: Fr. 5681.50

Mit diesem Produkt erfolgt eine Anlage in alle im Swiss Market Index (SMI) enthaltenen Schweizer Aktien. Sollte der SMI per Rückzahlung des Produktes unter 5681.50 Punkten notieren, erfolgt eine 100-prozentige Rückzahlung des investierten Kapitals. An einer Aufwärtsentwicklung nimmt der Anleger nur zu 84 Prozent und bis maximal 120 Prozent der Anfangsinvestition teil. Diese Einschränkungen zeigen, dass der Kapitalschutz nicht gratis zu haben ist. Wer also von einer Aufwärtsbewegung überzeugt ist oder die Schwankungsrisiken tragen kann, wählt besser eine Direktanlage ohne Kapitalschutz.

Achtung *Kapitalgeschützte Produkte haben immer einen steuerbaren Ertrag. Im schlechtesten Fall erhalten Sie lediglich Ihren Einsatz zurück, müssen davon aber einen Teil als steuerbares Einkommen deklarieren!*

Bankenfachsprache ausgedeutscht

Ausübung:	Wahrnehmung des Optionsrechtes
Bezugsverhältnis:	Anzahl Optionen, die zur Ausübung nötig sind
Bonität:	Qualität des Schuldners
Call-Option:	Recht, aber nicht Pflicht zum Kauf einer Anlage oder Ware während einem bestimmten Zeitraum zu einem festgesetzten Preis
Emission:	Ausgabe von Wertpapieren / Finanzprodukten an der Börse
Emissionspreis:	Preis, zu welchem ein Finanzprodukt erstmals angeboten wird
Emittent:	Herausgeber von erstmals in Umlauf gebrachten Finanzprodukten / Wertpapieren
Liberierung:	Bezahlung der aus Emission zugeteilten Wertpapiere
Put-Option:	Recht, aber nicht Pflicht zum Verkauf einer Anlage oder Ware während einem bestimmten Zeitraum zu einem festgesetzten Preis
Strukturiertes Produkt:	Kombination verschiedener Anlagen in einem Produkt
Warrant:	als Wertpapier gehandeltes Optionsrecht
Zeichnung:	Absichtserklärung zum Kauf von Wertpapieren aus Emission

Partizipation

Für Anleger, die mit steigenden Kursen eines Basiswertes rechnen, stehen ebenfalls strukturierte Produkte bereit. Diese bilden beispielsweise die Wertsteigerung eines Aktienkorbes, eines Indexes oder verschiedenster Kombinationen ab und ermöglichen mit einem einzigen Produkt den Zugang zu einem ganzen Markt oder einer Branche. Mit relativ wenig Kapital- und Verwaltungsaufwand lässt sich damit eine breite Risikostreuung erreichen. Jeder Anbieter verwendet eigene Produktebezeichnungen.

Beispiel *SaraZert der Bank Sarasin & Cie AG auf einen Schweizer Kantonalbanken Basket (Korb mit Aktien von Schweizer Kantonalbanken)*

Basiswert: Schweizer Kantonalbanken Basket, bestehend aus:
Basellandschaftliche Kantonalbank PS, 10 %
Basler Kantonalbank PS, 15 %
BC Genève PS, 2,5 %
BC Vaudoise N, 15 %
Berner KB N, 15 %
Graubündner KB PS, 5 %
Luzerner KB N, 10 %
St. Galler KB N, 17,50 %
BC du Valais, 5 %
Zuger KB I, 5 %

Kurs Basiswert: Fr. 1000.–
Emissionspreis: Fr. 974.–
1 SaraZert entspricht 1 Basket
Emissionsdatum: 29. April 2004
Rückzahlung: 29. Juni 2007

Mit diesem Produkt kauft der Investor mit einer einzigen Transaktion ein Portefeuille von Kantonalbankbeteiligungen und partizipiert an deren Kursentwicklung. Bei Fälligkeit des Wertschriftenkorbes erfolgt eine Barauszahlung in Höhe des Gegenwertes der Aktien. Dieser kann auch wesentlich unter den einstigen 1000 Franken liegen. Nebst dem Kursrisiko geht der Anleger immer auch ein Emittentenrisiko ein, da der Herausgeber des Produktes – im obigen Beispiel die Bank Sarasin – ihm gegenüber ähnlich wie bei einer Obligation in der Position des Schuldners steht. Hinzu kommen je nach Produkt auch Währungsrisiken. Die Differenz zwischen dem Basiswert und dem Emissionspreis stellt eine Entschädigung für die vom Emissionshaus vereinnahmten Dividenden dar; wenn der Gegenwert des Baskets per Ablaufdatum zurückbezahlt wird, unterliegt diese Entschädigung der Einkommenssteuer.

Achten Sie bei der Wahl von Partizipationsprodukten auf deren Laufzeit und die Kosten der emittierenden Bank. Prüfen Sie, ob sich

Ihre Anlageidee eventuell anderweitig umsetzen lässt, etwa mit Exchange Traded Funds (siehe Seite 101). Gewisse Derivate werden ohne festen Verfall gestaltet, wodurch die Wiederanlagekosten entfallen.

Hebel

Wer von einer Anlage und deren Kurspotenzial überzeugt ist, erhält mit einem Hebelprodukt die Möglichkeit, überproportional an der Wertentwicklung eines Basiswertes teilzunehmen. Dies geschieht beispielsweise mit einer als Wertpapier ausgestalteten Call-Option, einem Call-Warrant. Eine Call-Option gibt dem Käufer das Recht, einen Basiswert während einer festen Laufzeit zu einem fixierten Preis zu erwerben – er ist dazu aber nicht verpflichtet. Das Gegenstück dazu ist die Put-Option, die ein Verkaufsrecht darstellt. Der Verlust ist auf den Optionspreis begrenzt.

Beispiel *Hier ein Beispiel für eine verbriefte Call-Option per Emission:*

Call-Warrant auf Roche GS (ROGKA)
Emittent: ZKB
Ausübungspreis: Fr. 165.–
Bezugsverhältnis: 10
Verfalldatum: 17. März 2006
Kurs Roche GS: Fr. 170.80
Kurs Optionsschein: Fr. 1.40 (inkl. 4,92 % Prämie)
Kursschwelle: Fr. 179.–

Mit einem Einsatz von 10-mal 1 Franken 40, total also 14 Franken, kann der Anleger befristet bis zum Verfalldatum der Option auf die Wertsteigerung des Roche Genussscheines (GS) setzen. Der direkte Kauf der Roche GS kommt den Anleger günstiger zu stehen als jener über die Option. Aufgrund des geringen Kapitaleinsatzes erzielt der Anleger einen Hebeleffekt – im Gegensatz zu jenem Investor, der den Titel direkt erwirbt und 170 Franken 80 dafür zahlt. Beiden steht dasselbe Gewinnpotenzial offen, allerdings mit dem Unterschied, dass die Option nach Ablauf verfällt, während man die Titel selbst unbegrenzt lange halten kann. Dafür ist bei der Option der Verlust auf den Optionspreis begrenzt.

Achtung *Anlagen in Optionsscheinen versprechen das schnelle Geld, zahlen sich aber selten aus. Setzen Sie dafür nur Geld ein, dessen Verlust Sie verschmerzen können!*

Anlagefonds

Nach schweizerischem Recht sind Anlagefonds ein Sondervermögen, das von einer Fondsleitung verwaltet und von einer von ihr unabhängigen Depotbank verwahrt wird. Dabei werden die Gelder vieler Anleger gebündelt und nach dem Prinzip der Risikostreuung in verschiedenen Vermögenswerten angelegt.

Das Anlagefondsgesetz schützt die Anleger vor betrügerischen Machenschaften seitens der Fondsleitung. Trotzdem sollten Sie Anlagefonds seriös prüfen, bevor Sie sich zum Kauf entschliessen. Dabei helfen Ratingagenturen wie zum Beispiel *Morningstar*, die die Resultate mit einem Vergleichsindex prüfen sowie die total dem Fondsvermögen belasteten Kosten und so weiter vergleichen. Solche Ratings sind auf einschlägigen Internetseiten (www.swissquote, www.nzz.ch/finfox, www.cash.ch etc.) einsehbar.

Gebühren vergleichen

Wer Anlagefonds erwirbt, zahlt dem Fondsmanager Managementgebühren – wie hoch diese sind, steht im Fondsreglement. Auf diversen Seiten im Internet, zum Beispiel unter www.swissquote.ch, können die Gebühren verschiedener Fonds verglichen werden.

Grundsätzlich gilt, dass die Managementgebühren mit steigendem Aufwand höher ausfallen. Einem Aktienfonds werden also mehr Gebühren belastet als einem Obligationenfonds. Als Masszahl für Vergleiche wird oft die *Total expense ratio* (TER) verwendet, welche aber die Kosten für den Kauf und Verkauf der Titel nicht beinhaltet. Diese können bei häufigen Käufen und Verkäufen beträchtlich sein.

Die Höhe der Fondsgebühren gibt immer wieder Anlass zu Diskussionen. Bedenken Sie aber, dass sie beim Fondsvergleich nur ein Faktor unter anderen sind. Machen Sie die Gebühren nicht zum alleinigen Auswahlkriterium, da letztlich die Performance des Fonds zählt.

Mit Fonds können Sie in unterschiedlichste Anlagen (Obligationen, Aktien, Rohstoffe etc.) und Strategien (einkommensorientiert, ausgewogen, dynamisch usw.) investieren.

Tipps *Wählen Sie bei aktiv verwalteten Anlagefonds nur jene aus, die über mehrere Jahre den Vergleichsindex geschlagen haben beziehungsweise zu den besten Produkten ihrer Kategorie zählen.*

Bitten Sie Ihre Bank oder Ihren Berater, Ihnen offizielle Bewertungen der letzten fünf Jahre zu zeigen, lassen Sie sich nicht mit hauseigenen Produkten abspeisen. Behalten Sie die Entwicklung Ihrer Anlagen im Auge!

Wenn Sie ein Vermögen unter 100 000 Franken haben oder sich nicht um Geldanlagen kümmern möchten, bieten sich Strategiefonds an. Diese setzen eine bestimmte Anlagestrategie um (einkommensorientiert, ausgewogen oder dynamisch). Damit erreichen Sie eine professionelle, wenn auch standardisierte Vermögensverwaltung.

Unter www.swissquote.ch und www.cash.ch können Sie kostenlos Fonds suchen und vergleichen.

Indexzertifikate

Ein Grossteil der aktiv gemanagten Anlagefonds erwirtschaftet die von einem Vergleichsindex erreichte Wertentwicklung (so genannte Performance) nicht. Deshalb entscheiden sich immer mehr Anlegerinnen und Anleger, einen Teil ihres Geldes indexnahe anzulegen, um so mindestens ein durchschnittliches Resultat zu erzielen. Diesem Anliegen tragen Indexzertifikate Rechnung. Sie bewegen sich mit dem Basisindex (zum Beispiel SMI, DAX) nach oben oder nach unten. Mit dem Erwerb eines Indexzertifikats geht der Investor ein Emittentenrisiko ein. Zudem weisen solche Zertifikate oft eine beschränkte Laufzeit auf oder der Handel ist illiquid und wenig transparent.

Tipp *Wenn Sie Ihr Vermögen ganz oder teilweise passiv (das heisst indexnahe) investieren möchten, wählen Sie anstelle der Indexzertifikate die nachstehend beschriebenen Exchange Traded Funds (ETF). Seien Sie sich bewusst, dass Sie mit solchen Anlagen immer lediglich ein durchschnittliches Resultat erzielen und an den Auf-, aber auch an* *den Abwärtsbewegungen des zugrunde liegenden Marktes vollumfänglich teilnehmen!*

Exchange Traded Funds (ETF)

Hier handelt es sich um äusserst spesengünstige Instrumente, die im Unterschied zu herkömmlichen Fonds wie Aktien fortlaufend an der Börse gehandelt werden. Als Sondervermögen stehen Exchange Traded Funds unter öffentlicher Aufsicht. Die Produkte erlauben es den Anlegern, auch mit kleinem Mitteleinsatz eine breite Diversifikation zu erreichen und indexnah zu investieren. Das Angebot an ETFs wird laufend erweitert. So gibt es bereits ETFs auf Sektoren (Energie, Technologie etc.) und Rohwaren (z. B. Gold) sowie solche, die sich an den verschiedenen Anlagestrategien orientieren (einkommensorientiert, ausgewogen etc.).

Hinweis *Exchange Traded Funds sind im Trend, weil sie kostengünstig und transparent sind. Fragen Sie Ihre Bank nach dieser Anlagemöglichkeit und geben Sie sich nicht mit den wesentlich teureren Zertifikaten oder Fonds zufrieden!*

Vermögen aufbauen mit Fondssparplänen

Für Banken sind vorab Kundinnen und Kunden mit einem Vermögen von über 100 000 Franken interessant. Vielleicht gehören Sie zu den Glücklichen, die dank Erbschaft oder einer Schenkung zu so viel Geld gekommen sind. Für alle anderen heisst es: Konsequent sparen!

Banken unterstützen die Vermögensbildung beispielsweise mit Fondssparplänen. Dabei zahlen Sie auf ein Konto einen fixen monatlichen Betrag – im Minimum 50 bis 100 Franken – ein; dieser wird anschliessend laufend in verschiedene Anlagefonds investiert.

Mit Fondssparplänen können Sie auch Bruchteile eines Fonds spesengünstig erwerben und gleichzeitig in verschiedene Anlagen und Märkte investieren. Durch die regelmässige Anlage eines fixen Betrages werden automatisch die Anschaffungskosten optimiert, weil bei höheren Fondskursen weniger, bei tieferen Kursen mehr Anteile erworben werden. So ergibt sich über die zeitliche Verteilung ein Durchschnittspreis.

Gehen Sie folgende Punkte durch, wenn Sie mit dem Gedanken liebäugeln, in einen Fondssparplan zu investieren:
- Wie viele Fonds stehen zur Auswahl? Achten Sie auf die geografische Verteilung, auf Themenvielfalt usw.
- Kann nur in bankeigene Fonds investiert werden, oder werden auch attraktive Drittprodukte angeboten?
- Wie waren die Resultate der Fonds in der Vergangenheit? Diese sind zwar keine Garantie für die Zukunft, aber Verlierer bleiben meist Verlierer ...
- Wie hoch sind Ausgabe- und allenfalls Rücknahmekommissionen, wie hoch sind sie bei der Konkurrenzbank?
- Werden auf der vereinbarten Sparplansumme Pauschalkosten im Voraus fällig, welche bei einem vorzeitigen Abbruch für Sie verloren sind?
- Fallen weitere Kosten (Depotgebühren, Kontoführungsgebühren) an?
- Wie oft und mit welchen Kosten können die Fonds gewechselt werden?
- Wird eine Ersteinlage gefordert?
- Sind die Einzahlungsmöglichkeiten (Betrag, Rhythmus) flexibel?
- Werden Mindest- oder Maximalanlagedauer vorgeschrieben?
- Bestehen Rückzugsmöglichkeiten? Zu welchen Bedingungen?

Tipp *Wenn Sie einen sanften Druck zum Sparen benötigen, sind Fondssparpläne ideal. Richten Sie einen Dauerauftrag in einer für Sie längerfristig tragbaren Höhe ein und wählen Sie einen Sparplan, der Ihren Bedürfnissen entspricht.*

Viel beachtete Trends

Finanzmärkte unterliegen einem starken Wandel und bringen immer wieder neue Anlagethemen und -formen hervor. Diese etablieren sich oder verschwinden wieder. Zur Zeit stehen Rohstoffe im Rampenlicht – die Nachfrage aus den aufstrebenden asiatischen Volkswirtschaften boomt. Investitionen sind über derivative Produkte sogar mit Kapitalschutz möglich. Ob dieser Rohstoffboom von Dauer ist, wird die Zukunft zeigen. Viele Argumente sprechen dafür, aber eine Gewissheit gibt es nicht.

Mit den Rohstoffen und deren Verschleiss eng verbunden ist das Thema nachhaltiger Anlagen. Diese gewannen in Europa seit Ende der 80er-Jahre an Bedeutung und erlebten während der Börseneuphorie zwischen 1997 und 2001 einen ersten Höhepunkt. Nachhaltig wirtschaftende Unternehmen zeichnen sich im Vergleich mit anderen Firmen durch einen effizienteren Energie- und Ressourcenverbrauch aus. Dieses Verhalten wird durch steigende Rohstoff- und Energiekosten noch gefördert. Bis anhin konnte der ökonomische Erfolg nachhaltiger Anlagen allerdings nicht belegt werden. Immerhin verliert man mit Aktien von Firmen, die ihr Handeln nach ökologischen, ethischen oder sozialen Kriterien ausrichten, nicht mehr Geld als mit herkömmlichen Anlagen – dies die Schlussfolgerung einer Studie. Unabhängig von Renditebetrachtungen beruhigen derartige Anlagen das Gewissen jener Anlegerinnen und Anleger, die sich mit der Ausbeutung unseres Planeten nicht einfach abfinden wollen. Beweis dafür ist der Erfolg verschiedener Anlagefonds in diesem Bereich. So sind europaweit unterdessen mehr als fünf Milliarden Franken in nachhaltige Anlagefonds investiert. Die Palette mit unterschiedlichen Investitionsschwerpunkten hält für vielerlei Vorlieben das passende Angebot bereit.

Heute bieten die meisten Finanzinstitute nachhaltige Anlageprodukte an. Allerdings kennen selbst die Anlageberater dieser Institute die entsprechenden Möglichkeiten nicht immer. Fragen Sie danach oder wählen Sie eine der folgenden Banken mit einem besonders breiten Angebot:

- Die CoopBank bietet nachhaltige Anlagefonds von verschiedenen Fondsgesellschaften und überwacht diese mit einem Beirat für Nachhaltigkeit.
- Die Zürcher Kantonalbank vertreibt – wie andere Kantonalbanken auch – die Nachhaltigkeitsprodukte der Swisscanto und bietet Umweltsparkonten und -kredite mit speziellen Konditionen an.
- Die Alternative Bank ABS hat ihre ganze Geschäftstätigkeit dem nachhaltigen Wirtschaften verschrieben. Unterdessen hat sie auch Nachhaltigkeitsfonds der Bank Sarasin und der Raiffeisengruppe im Angebot.

Ein anderes aktuelles Thema mit sozialem Hintergrund ist Mikrofinanz. Darunter sind Kleinstkredite zu fairen Bedingungen in Entwicklungsländern zu verstehen. Diese ermöglichen Kleinunternehmern, das eigene Schicksal und das ihrer Familie selbst in die Hand zu nehmen. Die Rückzahlungsquote solcher Kredite ist erfahrungsgemäss sehr gut, so dass unterdessen auch kommerzielle Banken in das Geschäft mit der Mikrofinanz einsteigen. Sowohl über diese – etwa den *Global Microfinance Fund* von Responsability – wie auch über eine unabhängige Entwicklungsorganisation wie oikocredit sind solche Investitionen möglich. Sie versprechen langfristig einen Zins von rund zwei Prozent – angesichts der aktuellen Zinssituation und der Risiken an den globalen Aktienmärkten kein schlechtes Ergebnis.

Tipp *Trends und Entwicklungen der Anlagemärkte zu verfolgen kann faszinierend sein. Achten Sie bei neuen Anlagen dennoch darauf, ob und wie diese zu Ihren bestehenden passen. Machen Sie nicht jede Modeströmung mit!*

5. Wohneigentum als Altersvorsorge

Die eigenen vier Wände haben einen hohen emotionalen Wert, der weit über den materiellen Besitz hinaus geht. Trotzdem: Immobilien sind ein wichtiger Bestandteil einer umfassenden Vorsorgeplanung. Welchen Spielraum Sie bei der Finanzierung des Eigenheims haben und wie Sie mit Liegenschaften am besten Geld anlegen, steht in diesem Kapitel.

Wohneigentum für den Eigengebrauch

Eine eigene Wohnung oder gar ein Haus – das ist der Traum vieler Schweizerinnen und Schweizer, auch im Hinblick auf die Altersvorsorge. Ein Eigenheim verspricht sowohl Schutz vor einer unwillkommenen Kündigung als auch eine finanziell günstige Bleibe, die darüber hinaus – falls nötig – eventuell mit Gewinn wieder verkauft werden könnte. In zweiter Linie spielen Liegenschaften als Anlageobjekte eine Rolle. Es müssen allerdings zahlreiche Voraussetzungen erfüllt sein, damit sie mit einer guten Rendite weitervermietet werden können.

Neben diesen direkten Anlagemöglichkeiten existieren auch verschiedene indirekte. Dazu zählen etwa Aktien von Immobilienunternehmen oder einer der zahlreichen Immobilienfonds.

Tipp *Ob Sie nun Ihr Sparguthaben direkt in einer Immobilie anlegen oder sich für eine indirekte Geldanlage entscheiden: Lassen Sie sich für die richtige Wahl genügend Zeit, spielen Sie verschiedene Varianten durch und ziehen Sie im Zweifelsfall einen neutralen Finanzberater mit Erfahrung im Immobilienbereich bei. Denn Geld, das direkt investiert wird, lässt sich häufig nicht so einfach wieder herauslösen.*

Während sich der Kauf einer Wohnung oder eines Einfamilienhauses zur Weitervermietung meist nicht rechnet, kann sich der Erwerb für den Eigengebrauch als Vorsorgemassnahme lohnen. Die Möglichkeit, auf Gelder aus der zweiten und dritten Säule bereits vor der Pensionierung zuzugreifen, erlaubt diesen Schritt schon während des Erwerbslebens. Doch auch zum Zeitpunkt der Pensionierung kann es sich noch lohnen, freiwerdende Gelder – etwa aus einer Lebensversicherung – in selbst bewohntes Wohneigentum zu stecken. Die Vorteile liegen auf der Hand:

- Die Wohnkosten liegen in der Regel tiefer als bei einer vergleichbaren Mietwohnung.
- Bei Abschluss einer festen Hypothek mit fixer Laufzeit bleiben die Wohnkosten über einen längeren Zeitraum stabil.
- Im eigenen Haus oder der eigenen Wohnung kann Ihnen nicht gekündigt werden.

- Innerhalb der eigenen vier Wände können Sie weitgehend selbst bestimmen.

Das passende Objekt

Soll das Eigenheim Teil einer langfristigen Vorsorgeplanung sein, muss es besonderen Anforderungen genügen. Nur so ist sichergestellt, dass Sie auch im hohen Alter noch ohne Probleme darin wohnen können:
- Die finanzielle Belastung muss bei sinkendem Einkommen (Pensionierung) und steigenden Zinsen tragbar sein.
- Die Lage sollte so gewählt werden, dass man auch ohne Auto mobil ist.
- Die Ausstattung sollte alters- und behindertengerecht oder bei Bedarf einfach nachzurüsten sein (siehe Kasten unten).

Fachleute empfehlen fürs Alter eher eine Eigentumswohnung als ein Haus. Zum einen liegen Einfamilienhäuser oft dezentral, und zum anderen machen Treppen beziehungsweise fehlende Lifte die alters- und behindertengerechte Ausstattung oft schwierig.

Vergleich Wohnung / Haus		
	Eigentumswohnung (zentrale Lage, 4,5 Zimmer, ein Stockwerk, Terrasse, Lift)	Freistehendes Einfamilienhaus (auf auf dem Land, 6,5 Zimmer, 2 Stockwerke, Garten)
Kaufpreis	mittel	mittel
Aufwand für Reinigung	mittel	gross
Aufwand für Pflege	klein	gross
Umgebung		
Alterstauglichkeit	gut bis sehr gut	mittel bis schlecht
Mobilität ohne Auto	hoch	tief
Privatsphäre	mittel	hoch
Gestaltungsfreiheit	mittel	hoch

Altersgerecht wohnen

Selbst Wohnungen, die als altersgerecht angepriesen werden, halten nicht immer, was sie versprechen. Deshalb lohnt es sich, das Objekt vor dem Kauf genau zu prüfen. Im Zweifelsfall sollten Sie bei einer Fachstelle für behindertengerechtes Wohnen Rat einholen (siehe Anhang). So stellen Sie sicher, dass Sie in Ihrem Zuhause bleiben können, wenn Sie einmal nicht mehr so gut zu Fuss sind. Die wichtigsten Punkte im Überblick:

Allgemein: Alle Wege und Räume im und ums Haus oder in der Wohnung müssen mit einer rollbaren Gehhilfe (Rollator) problemlos benutzt werden können.

Ort/Quartier: Einkaufsmöglichkeiten, Ärzte, Restaurants, Spitex und eine Haltestelle des öffentlichen Verkehrs sollten in kurzer Distanz und möglichst ohne Treppen zu Fuss erreichbar sein.

Umgebung: Die Haustüre muss von der Strasse aus eben und ohne Stufen erreichbar sein. Der Zugangsweg sollte eine glatte Oberfläche (kein Kies) und eine gute Beleuchtung haben.

Hausinneres: Eingangstüre, Waschküche, Keller, Tiefgarage und Wohnungstüre müssen direkt mit einem Lift erreichbar sein. Der Lift sollte so gross sein, dass darin mindestens eine Person mit Rollator Platz hat.

Wohnung: Ist kein Lift im Haus, sollte die Wohnung maximal im zweiten Stock liegen und die Treppe so konstruiert sein, dass ein Treppenlift nachgerüstet werden kann. Die Wohnung selbst sollte auf einer Ebene liegen.

Türen: Sämtliche Türen innerhalb der Wohnung müssen mindestens achtzig Zentimeter breit sein und dürfen keine Schwellen haben. Auch der Zugang zum Balkon oder zur Terrasse sollte diese Breite haben, und die Schwelle sollte maximal 2,5 Zentimeter hoch sein.

Bad: Mindestens ein Badezimmer sollte so konzipiert sein, dass es sich durch einfache Umbauten an die Bedürfnisse Behinderter anpassen lässt.

Überlegungen zur Finanzierung

Wenn Sie den Kauf eines Eigenheims als Altersvorsorge in Betracht ziehen, sollten Sie unbedingt Ihre gesamte finanzielle Situation für die Zeit nach der Pensionierung detailliert durchrechnen. Wie Sie das am besten angehen, steht im Kapitel 6, «Das habe ich, das brauche ich – Ihre Finanzen im Überblick» (Seite 127). Beachten Sie folgende Punkte:

- Setzen Sie eine grosszügige Reserve ein, auf die Sie jederzeit zugreifen können, für Anschaffungen, Reisen oder Unvorhergesehenes.
- Berücksichtigen Sie die Höhe der anfallenden Kosten für Zins, Unterhalt und Amortisation des Eigenheimes.
- Behalten Sie die Entwicklung der Rentensituation im Auge, wenn Sie Gelder aus der zweiten und dritten Säule für den Kauf des Wohneigentums einsetzen wollen.

Ein sorgfältiges Durchrechnen verschiedener Szenarien ist unabdingbar. Sind Sie unsicher, wie viel Sie für ein Eigenheim investieren sollen und ob Ihre finanzielle Situation den Kauf überhaupt zulässt, kann es sich lohnen, einen neutralen Finanzberater mit Erfahrung im Immobilienbereich beizuziehen. So erhalten Sie die Gewissheit, dass Sie sich nicht auf ein Abenteuer einlassen, das Sie bald bereuen – etwa weil Sie sich danach ständig nach der Decke strecken müssen.

Hypotheken aufnehmen

Voll abbezahlte Liegenschaften gibt es wenige – das macht aus steuerlicher Sicht oft auch keinen Sinn (siehe Seite 159). Üblicherweise werden Immobilien für den privaten Gebrauch grösstenteils mit Hypotheken finanziert.

Beispiel *Pünktlich zu seinem sechzigsten Geburtstag wollte Heinz V. zusammen mit seiner Frau den Traum von der eigenen Wohnung verwirklichen. Die gemäss Faustregel nötigen 20 Prozent Eigenkapital waren schon lange angespart und der monatliche Verdienst hoch genug, um den Zins bezahlen zu können. Umso grösser war die Überraschung, als die Hausbank lediglich für 60 Prozent des Kaufpreises eine Hypothek gewähren wollte.*

Während sich die Banken um junge Hypothekarkunden reissen und ihnen kulante Zinsbedingungen und Finanzierungen bis zu 90 Prozent des Kaufpreises offerieren, haben es ältere Menschen bei der Suche nach einer Hypothekarfinanzierung schwerer. Dass sie oft schlechtere Bedingungen angeboten bekommen, hat zwei Gründe:

- Die Zahlungen von AHV und Pensionskasse zusammen sind tiefer als der frühere Lohn, dadurch sinkt aus Sicht der Bank auch der maximal tragbare Zins.
- Aufgrund der verkürzten Lebenserwartung älterer Menschen reduziert sich für die Bank auch die Zeit zur teilweisen Amortisierung einer Hypothek.

Beides wirkt sich auf die Höhe der Belehnung aus. Fachleute sprechen von der 120er-Regel: 120 minus Alter des Schuldners gleich Höhe der Belehnung. Wer 60 Jahre alt ist, erhält also nur noch eine Belehnung von 60 Prozent – wie Heinz V. im Beispiel auf Seite 109.

Tipp *Wenn Sie in höherem Alter eine Hypothek benötigen, fragen Sie unbedingt bei mehreren Banken nach den Belehnungskonditionen. Nicht alle sind gleich restriktiv. Unter Umständen lohnt sich auch die Hilfe eines neutralen Hypothekarberaters bei der Suche nach der passenden Finanzierung.*

Fällt die Belehnung trotz aller Bemühungen zu wenig hoch aus, bleibt Ihnen nichts anderes übrig, als mehr Eigenkapital aufzubringen. Eine zweite Möglichkeit: Sie bitten Ihre Kinder, eine solidarische Schuld zugunsten der Bank zu unterschreiben. Dieser Weg wird aber oft gescheut, weil viele Eltern das Gefühl haben, sich dadurch in eine Abhängigkeitssituation zu begeben.

Eigenkapital aus der zweiten und dritten Säule

Seit 1995 dürfen Gelder aus der zweiten Säule (Pensionskasse) und der Säule 3a für den Kauf von selbstgenutztem Wohneigentum verwendet werden. Die Idee dahinter: In jüngeren Jahren fehlt oft das nötige Eigenkapital für den Kauf eines Hauses oder einer Wohnung, dafür ist das Einkommen gross genug, um neben der Zinszahlung bis zur Pensionierung auch das Loch in der Pensionskasse oder der Säule 3a wieder zu stopfen. Kommt dazu, dass der Besitz eines teilweise abbezahlten Eigenheimes im Alter billiger sein kann als eine Mietwohnung.

Dank den Geldern aus Pensionskasse und Säule 3a verfügen Sie über mehr Eigenkapital. Sie brauchen einen weniger hohen Hypothekarkredit und profitieren von tieferen Zinsen. Konkret stehen zwei Wege offen: Vorbezug oder Verpfändung.

Vorbezug aus der Pensionskasse

Sie können sich Ihr Guthaben aus der Pensionskasse auszahlen lassen und es als Eigenkapital für den Kauf eines Eigenheims verwenden. Ein solcher Vorbezug ist aber nur alle fünf Jahre möglich; der Mindestbetrag liegt bei 20 000 Franken. Sind Sie älter als 50, gilt zudem eine Limite: Sie können entweder maximal die Hälfte Ihrer aktuellen Freizügigkeitsleistung beziehen oder die Freizügigkeitsleistung, die Ihnen im Alter von 50 Jahren zugestanden hätte – je nach dem, welcher Betrag höher ausfällt. Drei Jahre vor dem frühestmöglichen Pensionierungszeitpunkt ist ein Bezug zudem nicht mehr möglich.

Für den Vorbezug ist die Unterschrift des Ehegatten oder der Ehegattin erforderlich, und er wird im Grundbuch vermerkt. Verkaufen Sie die Liegenschaft, muss das Geld an die Pensionskasse zurückbezahlt werden.

Melden Sie einen Vorbezug rechtzeitig an. Bis das Geld fliesst, können gut und gern sechs Monate ins Land gehen. Die Auszahlung zieht Steuern nach sich, die je nach Wohnort rund 5 bis 15 Prozent der bezogenen Summe betragen. Zudem verlangen die Vorsorgeeinrichtungen teilweise Bearbeitungsgebühren.

Achtung *Ein Kapitalbezug hat eine Reduktion der Leistungen bei Invalidität oder Todesfall zur Folge. Prüfen Sie die Zahlen und beheben Sie die so entstandene Lücke mit einer zusätzlichen Risikoversicherung. Eine solche muss Ihnen von Ihrer Pensionskasse angeboten werden und kostet natürlich Prämien.*

Einen Vorbezug können Sie zurückzahlen: Der Mindestbetrag liegt ebenfalls bei 20 000 Franken (ausser für die letzte Tranche, falls diese tiefer ist). Denken Sie daran, dass auch Zinsen und Zinseszinsen dazu-

Rechenbeispiel: Vorbezug versus Verpfändung		
Ausgangslage: Bezug von 100 000 Franken Pensionskassenkapital, Wiederansparung des bezogenen Betrags bzw. Amortisation des verpfändeten Betrags innert 20 Jahren, Kosten in Franken pro Jahr		
	Variante Vorbezug	Variante Verpfändung
Sparbetrag für Wiederansparung	6880 [1]	–
Amortisation der zusätzlichen Hypothek		3630 [2]
Hypothekarzinsen (4 %)		4000
Steuerersparnis durch Schuldzinsabzug		–1400 [3]
Zusätzlicher Versicherungsschutz für Kürzung der Pensionskassenleistung	1100 [4]	
Jährlicher Gesamtaufwand	7980	6230

[1] Zur Wiederansparung des bezogenen PK-Kapitals (100 000 Franken) sowie der entgangenen Zinsen (nach 20 Jahren 90 000 Franken); angenommene jährliche Verzinsung von durchschnittlich 3,25 %
[2] Gerechnet nach der indirekten Amortisationsmethode zu 3,25 % Zins
[3] Annahme: Grenzsteuersatz 35 %
[4] Annahme: Invalidenrente in Höhe von 7200 Franken, Witwenrente 4320 Franken

(Quelle: VZ Vermögenszentrum)

gehören, wenn Sie wieder die gleichen Altersleistungen erreichen wollen. Die Steuern, die Sie beim Bezug entrichtet haben, können Sie gegen Vorlage der entsprechenden Belege zurückfordern, jedoch ohne Zinsvergütung.

Vorbezug aus der Säule 3 a

Wenn Sie Ihr Säule-3a-Konto für den Kauf von Wohneigentum leeren, gelten die gleichen Bedingungen wie bei der zweiten Säule: Sie können das nur alle fünf Jahre tun und nur für selbst bewohntes Eigentum. Allerdings ist kein Mindestbetrag vorgeschrieben; Sie können auch weniger als 20 000 Franken beziehen. Danach können Sie die Säule 3a wieder alimentieren wie zuvor; ein Eintrag ins Grundbuch erübrigt sich.

Verpfändung

Fachleute favorisieren statt einem Vorbezug die Verpfändung von Geldern aus der Pensionskasse oder Säule 3a. Dabei dient das Geld der Bank nur als Sicherheit, und sie gewährt im Gegenzug ein Darlehen, das eine Belehnung bis gegen 90 Prozent des Kaufpreises ermöglicht. Die Zinsen für dieses Darlehen bewegen sich meist in der Höhe derjenigen für die erste Hypothek.

Vorteile: Keine Leistungseinbussen, insbesondere keine Reduktion des Versicherungsschutzes bei der zweiten Säule. Das ganze Alterskapital wird weiter verzinst. Die durch das Darlehen höheren Zinskosten ermöglichen Steuereinsparungen. Das ist langfristig meist günstiger als ein Vorbezug.

Nachteile: Höhere Zinsbelastung durch die Belehnung bis zu 90 Prozent. Das Darlehen in der Höhe des verpfändeten Kapitals aus der Pensionskasse oder der Säule 3a muss in den meisten Fällen bis fünf Jahre nach Erreichen des AHV-Alters zurückbezahlt werden.

Ein Rechenbeispiel Vorbezug versus Verpfändung finden Sie im Kasten auf der Seite nebenan.

Sie besitzen bereits ein Eigenheim

Wenn Sie bereits stolzer Besitzer, stolze Besitzerin eines Eigenheims sind, sollten Sie dieses unbedingt in die Vorsorgeplanung mit einbeziehen. Zum einen geht es darum, die Wohnsituation zu überdenken und einen eventuellen Verkauf und Umzug längerfristig zu planen. Zum anderen ist die künftige Finanzierung zu prüfen und eventuell neu auszurichten. Je früher Sie wissen, wie es nach der Pensionierung mit Ihrem Eigenheim weitergehen soll, desto besser. Denn durch die meist restriktivere Hypothekarpolitik der Banken bei älteren Schuldnern vereinfacht jedes gewonnene Jahr eine Um- oder Neufinanzierung.

Die Hypothek im Auge behalten

Mit dem Austritt aus dem Erwerbsleben ändern sich die finanziellen Verhältnisse: Der Lohn wird durch die Leistungen von AHV, Pensionskasse und, falls vorhanden, der dritten Säule abgelöst. Diese Zahlungen fallen jedoch meist tiefer aus als das bisherige Einkommen. Gleichzeitig gelangen möglicherweise grössere Summen, beispielsweise aus einer Lebensversicherung, zur Auszahlung. Das kann sich auf Ihre Hypothekarfinanzierung auswirken. Es empfiehlt sich deshalb, schon einige Jahre vor der Pensionierung erste Überschlagsrechnungen zu machen und Alternativen zum bestehenden Hypothekarmodell zu prüfen. Das gilt insbesondere, wenn Hypotheken zur Ablösung anstehen. Dabei lohnt es sich häufig, einen neutralen Hypothekarspezialisten beizuziehen und mit ihm die passende Strategie festzulegen. Faustregeln dafür existieren nicht; wichtig ist es aber, den Finanzbedarf für die Zeit nach der Pensionierung zu kennen. Ein Budget leistet dabei gute Dienste (mehr dazu im Kapitel 6, Seite 127).

Beispiel *Marianne und Gustav T. sind kürzlich in Pension gegangen. Bereits fünf Jahre im Voraus hatten sie mit ihrem Finanzberater besprochen, wie sie mit ihren Vorsorgegeldern und dem Haus verfahren würden. Für die beiden war von vornherein klar, dass sie nach der Pensionierung so lange als möglich grosse Reisen unternehmen wollten. Deshalb empfahl ihnen ihr Finanzberater, das geräumige und teure Haus auf die Pensionierung hin zu veräussern und eine kleinere Eigentumswohnung an gut erschlossener Lage zu kaufen. Mit dem Überschuss finanzierte sich das Paar seine Reiseträume.*

Bei der Wahl eines Finanzberaters sollten Sie genau prüfen, ob er wirklich neutral arbeitet. So ist etwa die Beratung durch die eigene Hausbank meist zu wenig unabhängig, da ausschliesslich eigene Produkte verkauft werden. Gleiches gilt für Berater von Versicherungen oder von Finanzdienstleistungsunternehmen, die eigene Produkte im Angebot haben. Grundsätzlich sollten Sie deshalb nur Finanzberater wählen, die Sie – von einer unentgeltlichen Erstberatung abgesehen – für ihren Aufwand bezahlen müssen.

Tipp *Führen Sie vor der Vergabe des Auftrags ein erstes, unverbindliches Gespräch und lassen Sie sich den Kostenaufwand für die Beratung offerieren.*

Bleiben oder umziehen?

Der Trend ist eindeutig: Sind die Kinder ausgeflogen und steht die Pensionierung vor der Türe, ziehen viele Einfamilienhausbesitzer um. Das Haus ist zu gross geworden, das Treppensteigen jetzt manchmal mühsam und der Garten macht viel Arbeit und erschwert spontane Reisen. Bevorzugte Alternative: Eigentumswohnungen an guten Lagen in städtischen Zentren oder zumindest in deren Nähe. Der Immobilienmarkt hat schon länger auf diesen Trend reagiert. Immer öfter werden Wohnungen mit grosszügigen Terrassen an gut erschlossenen Lagen angeboten. Denn wer vom Haus mit eigenem Garten in eine Wohnung wechselt, wünscht sich meist mehr als nur einen kleinen Balkon.

Auf dem Papier sieht ein Umzug vom Einfamilienhaus in eine Eigentumswohnung einfach aus. In der Realität hingegen gibt es ein grosses Hindernis: Das für den Kauf der neuen Wohnung benötigte Kapital steckt noch im alten Haus. Nur die wenigsten haben genügend Geld auf der Seite, um während einiger Zeit zwei Immobilien finanzieren zu können. Damit der Wechsel in die Eigentumswohnung trotzdem funktioniert, gibt es drei mögliche Wege:

1. Sie verkaufen Ihr Haus, ziehen vorübergehend in eine Mietwohnung und suchen erst dann eine Eigentumswohnung.

    Vorteil: Es steht Ihnen genügend Eigenkapital für den Neukauf zur Verfügung.

    Nachteil: Sie müssen zweimal umziehen und unter Umständen je nach Kanton und Besitzdauer beim Verkauf des alten Hauses Grundstückgewinnsteuer bezahlen. Diese wird aufgeschoben, wenn eine Immobilie verkauft und mit dem Erlös innerhalb «angemessener» Frist eine Ersatzliegenschaft gekauft wird. Verkaufen Sie die neue Liegenschaft schon nach kurzer Zeit wieder, wird die Grundstückgewinnsteuer trotzdem fällig.

2. Wenn Sie Ihr Haus bereits zu einem grossen Teil abbezahlt haben, wird Ihnen die Bank einen Kredit für eine weitere Liegenschaft geben. Das vorhandene Haus dient dann als Sicherheit.

    Vorteil: Sie können die neue Wohnung rechtzeitig kaufen und bis zum Umzug im alten Haus bleiben.

    Nachteil: Wenn Sie für das Haus keinen Käufer finden, müssen Sie es vorübergehend vermieten und eventuell Einbussen in Kauf nehmen.

3. In den Gesetzen über den Verkauf von Liegenschaften ist nicht festgehalten, wie viel Zeit zwischen der Unterzeichnung des notariellen Kaufvertrages und der Bezahlung des Kaufpreises mit nachfolgendem Eintrag ins Grundbuch verstreichen darf. Diese Lücke kann man sich völlig legal zu Nutzen machen: Haben Sie einen Käufer für Ihr Haus gefunden, unterschreiben beide Parteien den offiziellen Kaufvertrag. Der Eigentumsantritt, verbunden mit der Bezahlung des Kaufpreises und dem Grundbucheintrag, erfolgt aber erst auf ein von den Parteien bestimmtes Datum. Dabei ist die Finanzierung vom Käufer durch ein unwiderrufliches Zahlungsversprechen einer Schweizer Bank sicherzustellen.

Vorteil: Mit dem unterschriebenen Kaufvertrag in der Hand erhalten Sie von der Bank normalerweise einen Kredit für den Kauf eines neuen Objektes.

Nachteil: Das Vorgehen setzt entsprechende Absicherungen voraus. Unterschreiben Sie den Vertrag für den Verkauf Ihres Hauses zudem nur, wenn Sie für die neue Wohnung zumindest einen verurkundeten Reservationsvertrag abgeschlossen haben. Sonst besteht das Risiko, dass Sie am Schluss ohne Haus und ohne Wohnung dastehen.

Tipp *Achten Sie bei der Wahl Ihrer neuen Wohnung darauf, dass diese alters- und behindertenfreundlich ausgestattet ist (siehe Seite 107). Ziehen Sie im Zweifelsfall Fachleute zur Beurteilung heran.*

Hypothek freiwillig amortisieren?

Schulden haben – das macht vielen Menschen Mühe, auch wenn damit die Belehnung des Eigenheims gemeint ist. In der Regel ist die zweite Hypothek auf den Zeitpunkt der Pensionierung hin abbezahlt, während die erste stehen bleibt. Diese ebenfalls weitgehend abzutragen, um am Lebensabend möglichst schuldenfrei zu sein, kann Nachteile mit sich bringen. Denn einer Wiederaufstockung stehen Banken zumeist ablehnend gegenüber.

Beispiel *Angela K. ist keine Freundin grosser Schulden. Nach der Auszahlung ihrer Lebensversicherung kurz vor der Pensionierung hat sie ihre kleine Eigentumswohnung deshalb zu 60 Prozent abbezahlt. So schuldet* *sie nur noch einen kleinen monatlichen Zins und kommt mit dem Geld von AHV und Pensionskasse gut zurecht. Zum Sparen hingegen bleibt ihr pro Monat nur wenig übrig. Als ihre Enkelin sie fünf Jahre nach der Pensionierung um einen Kredit für das Studium bittet, geht Angela K. zur Bank, um ihre Hypothek wieder um 50 000 Franken aufzustocken. Die Bank lehnt mit Blick auf ihr fortgeschrittenes Alter ab – Angela kann ihrer Enkelin den Kredit nicht gewähren.*

Die erste Hypothek im Hinblick auf die Pensionierung möglichst weitgehend abzubezahlen ist durchaus im Sinne der Banken, die bei älteren Schuldnern nur ungern hohe Kredite ausstehend haben. Denn wenn es nach der 120er-Regel (siehe Seite 110) geht, dürfte die Schuld im Alter von 65 Jahren nur noch 55 Prozent des Eigenheimwertes betragen. Allerdings fordert nicht jede Bank die Amortisation bis zu diesem Wert.

Besteht kein Zwang zur Amortisation, sollten Sie darauf verzichten. Zwar reduziert eine freiwillige Abzahlung die monatliche Zinsbelastung und damit die Lebenskosten, dafür steht das Geld nicht mehr zur Verfügung, falls es einmal dringend gebraucht wird. Und eine spätere Wiedererhöhung der Hypothek zwecks Bargeldbeschaffung wird von den Banken ungern gesehen und oft auch abgelehnt (siehe Beispiel). Wenn Sie trotzdem auf Nummer Sicher gehen wollen, bietet sich ein Mittelweg an: Sie zahlen das Geld für eine mögliche Amortisation auf ein separates Konto bei einer anderen Bank ein. Fordert die Hypothekarbank nachdrücklich eine Amortisation, so steht das Geld zur Ver-

Vor- und Nachteile der freiwilligen Amortisation im Überblick

	Vorteile	Nachteile
Freiwillige Amortisation	Tiefere Wohnkosten durch kleinere Zinsbelastung	Verminderung des Sparkapitals, geringere finanzielle Flexibilität, steigende Steuerbelastung
Verzicht auf Amortisation	Genügend Sparkapital zur freien Verfügung, geringere Steuerbelastung	Höhere Wohnkosten durch höhere Zinsbelastung

fügung. Und falls Sie einmal unvorhergesehen Bargeld benötigen, können Sie schnell auf dieses separate Konto zugreifen.

Tipp *Nutzen Sie zum Sparen Konti bei verschiedenen Banken. So verhindern Sie, dass Ihre Hypothekarbank genaue Kenntnisse Ihrer finanziellen Situation hat und dadurch erst auf die Idee kommen könnte, eine teilweise Amortisation Ihrer Hypothek zu verlangen.*

Renovieren statt amortisieren

Wer in den Jahren vor der Pensionierung zu den guten Verdienern gehört und Steuern sparen möchte, kann Geld in die Renovation seines Eigenheims stecken. Denn solange Renovationen werterhaltenden Charakter haben, können die Kosten dafür vom steuerbaren Einkommen abgesetzt werden. So spart man nicht nur Steuern, sondern hat in den ersten Jahren nach der Pensionierung – wenn das Einkommen meist tiefer ist als im Arbeitsleben – auch keine Kosten für die Erneuerung von Haus oder Wohnung.

Das Wohneigentum zu Lebzeiten weitergeben

Vielleicht haben Sie sich im Rahmen Ihrer Vorsorgeplanung auch schon Gedanken gemacht über die Vererbung Ihres Vermögens. Gerade im Hinblick auf die Erbschaftssteuern spielen Immobilien wegen ihres hohen Werts eine wichtige Rolle. Alle Kantone ausser dem Jura haben zwar die Erbschaftssteuer abgeschafft, wenn das Vermögen an den Ehepartner übergeht, in fünf Kantonen hingegen werden die Kinder, wenn sie dereinst das Vermögen und die Immobilien der Eltern erben, immer noch zur Kasse gebeten (siehe Tabelle im Anhang). Und nur gerade der Kanton Schwyz kennt überhaupt keine Erbschaftssteuer, egal in welchem Verhältnis Erben und Erblasser zueinander stehen. Sollen dereinst einmal Ihre Kinder oder nicht zur Familie gehörende Personen Ihr Haus oder Ihre Wohnung erben, kann es sich aus Steuerspargründen also lohnen, die Übertragung bereits frühzeitig in Form einer Schenkung vorzunehmen. Allerdings ist auch hier mit Steuern zu rechnen, den so genannten Schenkungssteuern. Diese haben – analog zur Erbschaftssteuer – die Beschenkten zu zahlen.

Nutzniessung oder Wohnrecht?

	Wohnrecht	Nutzniessung
Was steckt dahinter?	Das Recht, ein Gebäude oder einen Teil eines Gebäudes zu bewohnen.	Der Nutzniesser darf die Liegenschaft weiterhin nutzen, verwalten und Erträge beziehen.
Was schliesst die Nutzung ein?	Die Nutzung ist persönlich und nicht übertragbar. Sie kann auf einzelne Teile einer Liegenschaft beschränkt werden.	Der Nutzniesser kann Räume vermieten und besitzt das Recht zur Verwaltung. Die Nutzniessung lässt sich nicht auf Teile der Liegenschaft beschränken.
Wer trägt die Kosten?	Beim unentgeltlichen Wohnrecht bezahlt der Wohnberechtigte kleine Reparaturen, den normalen Unterhalt und die Nebenkosten. Beim entgeltlichen Wohnrecht wird eine Miete bezahlt.	Der Nutzniesser zahlt neben Unterhalts- und Nebenkosten zusätzlich Hypothekarzinsen, Versicherungsprämien und anderes.
Welche Steuereffekte entstehen?	Die Schenkungssteuer wird durch die Wertverminderung reduziert. Das entgeltliche Wohnrecht hat keine Auswirkung auf die Vermögens- oder Einkommenssteuer des Wohnberechtigten.	Die Schenkungssteuer wird reduziert. Das Vermögen und das Einkommen aus der Liegenschaft muss der Nutzniesser versteuern. Dafür kann er Abzüge für den Hypothekarzins und den Unterhalt vornehmen.

Die Weitergabe einer Liegenschaft zu Lebzeiten kann aber auch ein Thema sein, wenn Steuern keine Rolle spielen. Etwa wenn einem das Haus zur Last wird und man es frühzeitig an die eigenen Kinder übergeben möchte. Das heisst nicht automatisch, dass Sie ausziehen müssen. Sie können sich das Recht sichern, im Haus oder einem Teil davon für eine festgelegte Zeit wohnen zu bleiben. Je nach Fall kommt dabei die Nutzniessung, ein unentgeltliches (ohne Miete) oder ein entgeltliches (mit Miete) Wohnrecht zur Anwendung (siehe Tabelle).

Beispiel *Sarah und Kurt O. sind beide schon hoch in den Siebzigern. Jahrzehntelang haben sie ihr Dreifamilienhaus selber verwaltet, jetzt ist ihnen die Arbeit zu viel geworden. Sie beschliessen, das Haus an ihre einzige Tochter zu verschenken. Da sie weiterhin darin wohnen bleiben möchten, schliessen sie einen Vertrag über ein Wohnrecht für ihre angestammte Wohnung für beide Ehepartner ab und lassen dieses im Grundbuch eintragen.*

Vorteile von Wohnrecht und Nutzniessung

Ob die Nutzniessung oder das Wohnrecht die passende Form für die frühzeitige Weitergabe eines Eigenheims ist, hängt stark von Ihrer persönlichen Situation ab. Wer sein Haus mit allen Verpflichtungen bereits auf die Nachkommen überschreiben will, wählt die Form des Wohnrechtes. Denn dann zahlen die Nachkommen den Hypothekarzins und sind für die Liegenschaft voll verantwortlich. Umgekehrt erhält der frühere Besitzer das Recht, bis zu seinem Tod (mit oder ohne Zahlung einer Miete) in der Liegenschaft oder einem festgelegten Teil davon – beispielsweise einer Einliegerwohnung – wohnen zu dürfen. Wie bei einer Mietwohnung sind einzig die Kosten für kleine Reparaturen, den normalen Unterhalt und die Nebenkosten zu zahlen. Ist das Wohnrecht unentgeltlich, hat sich der Wohnrechtsinhaber die Eigenmiete als Einkommen anrechnen zu lassen.

Die Variante des Wohnrechtes eignet sich gut, um Schenkungssteuern zu sparen. Denn für die Steuerberechnung wird der Wert der Liegenschaft um die Wertminderung durch das Wohnrecht und die übertragene Hypothekarschuld reduziert (siehe Rechenbeispiel Seite 121). Je nach Ausgangslage erspart das den Beschenkten einen guten Teil der Schenkungssteuern.

Im Unterschied zum Wohnrecht zahlt bei der Nutzniessung der ursprüngliche Eigentümer weiterhin den Hypothekarzins und versteuert die Liegenschaft. Dem neuen Besitzer wiederum erspart die Wertminderung durch die Nutzniessung einen Teil der Schenkungssteuern. Und noch ein weiterer Punkt unterscheidet die Nutzniessung vom persönlichen Wohnrecht: Der ursprüngliche Besitzer behält weiterhin das Recht, Erträge aus der Liegenschaft zu erzielen, beispielsweise durch eine Weitervermietung.

Beispiel *Ausgangslage: Herr und Frau G. schenken ihrer Tochter ihr Einfamilienhaus im Wert von 1 Million Franken. Das Wohnrecht in der grossen Einliegerwohnung wird mit 2000 Franken pro Monat angerechnet. Da die statistische Lebenserwartung von Frau G. noch 20 Jahre beträgt, ergibt sich daraus kapitalisiert eine Wertminderung von 299 093 Franken (Kapitalisierungssatz: 5 Prozent). Zusätzlich in Abzug gebracht werden kann die Hypothekarschuld von 200 000 Franken, die ebenfalls von der Tochter übernommen wird.*

Steuerwert der Liegenschaft gemäss kantonaler Schätzung	*1 000 000 Franken*
Wertminderung durch Wohnrecht, kapitalisiert auf 20 Jahre	*299 093 Franken*
Bestehende Hypothekarschuld	*200 000 Franken*
Steuerbarer Schenkungswert	*500 907 Franken*

Das sollten Sie beachten
Bevor Sie sich entscheiden, in welcher Form Sie Ihre Immobilie weitergeben wollen, schenken Sie folgenden Punkten Beachtung:
- Überlegen Sie sich gut, ob ein Wohnrecht oder eine Nutzniessung der richtige Weg sind. Streitigkeiten mit den neuen Besitzern Ihres Hauses oder Ihrer Wohnung können ein Wohnrecht oder eine Nutzniessung zu einer unangenehmen Sache machen. Das gilt insbesondere, wenn Sie Ihr Eigenheim an Dritte weitergeben, beispielsweise an eine Stiftung.
- Lassen Sie das Wohnrecht oder die Nutzniessung unbedingt im Grundbuch eintragen.
- Erwähnen Sie im Grundbucheintrag und im Vertrag für die Nutzniessung oder das Wohnrecht alle berechtigten Personen – also beispielsweise auch Ihren Ehepartner oder Ihre Ehepartnerin.
- Lassen Sie die mögliche Steuerersparnis durch eine Nutzniessung oder ein Wohnrecht vorgängig von einem Steuerspezialisten durchrechnen. So erhalten Sie Klarheit, ob sich der Aufwand überhaupt lohnt.
- Klären Sie vorgängig ab, ob die Steuergesetze in Ihrem Kanton nicht in absehbarer Zeit geändert werden, so dass ein Wohnrecht oder eine Nutzniessung zur Reduktion der Erbschafts- oder Schenkungssteuer gar nicht mehr nötig wären.

Ein Wohn- oder ein Nutzniessungsrecht erlischt erst bei Ihrem Tod, nicht aber mit einem Auszug – etwa weil Sie ins Altersheim übertreten. Haben Sie die Nutzniessung, können Sie die Liegenschaft beispielsweise weiter vermieten und den Ertrag für sich behalten. Wenn Sie das Wohnrecht besitzen, muss Ihnen der neue Besitzer eine Entschädigung zahlen, falls er den Wohnraum selber nutzen oder vermieten möchte. Üblicherweise entspricht diese der Miete, die auf dem Markt zu erzielen wäre. Eine Löschung des Wohn- oder Nutzniessungsrechtes im Grundbuch ist nur mit Ihrer Einwilligung möglich, etwa wenn Ihnen dafür eine einmalige Entschädigung in ausreichender Höhe bezahlt wird.

Immobilien als Anlageobjekte

Eignen sich direkte und indirekte Investitionen in Immobilien zur Altersvorsorge? Die Antwort lautet Nein und Ja. Nein in den meisten Fällen, wenn Sie eine Liegenschaft kaufen, die Sie nicht selber bewohnen, sondern weitervermieten. Ja, wenn Sie Ihr Portefeuille mit indirekten Immobilienanlagen (zum Beispiel Fonds) ergänzen.

Rendite mit Liegenschaften?

Beispiel *Vor 15 Jahren erbten Trudi und Richard W. 100 000 Franken von Trudis Mutter. Davon kauften sie mit Hilfe eines Hypothekarkredits eine Eigentumswohnung für 450 000 Franken in einer neuen Überbauung im Zentrum ihres Wohnortes und vermieteten sie weiter. Die Idee dahinter: Sollten sie nach der Pensionierung einmal keine Lust mehr haben, im angemieteten Bauernhaus auf dem Land zu wohnen, könnten sie in die Eigentumswohnung umziehen. Als es so weit ist, erleben Trudi und Richard W. eine unliebsame Überraschung: Die Mieterin der Eigentumswohnung verlangt auf die Kündigung hin Erstreckung und zieht ein halbes Jahr später als geplant aus. Und als die Wohnung leer ist, merken die Eigentümer, dass der Zahn der Zeit in den letzten 15 Jahren genagt hat. Die Küchenkombination muss ebenso erneuert werden wie die Teppichböden und alle Anstriche: Arbeiten, die zusammen gut 30 000 Franken kosten.*

Auf den ersten Blick erscheinen der Kauf und die Weitervermietung einer Liegenschaft eine lukrative Möglichkeit zu sein, Geld anzulegen und gleichzeitig fürs Alter vorzusorgen. Doch die Rechnung geht in den wenigsten Fällen auf. Die Gründe:

- Die Vermietung verursacht Aufwand, manchmal auch Ärger.
- Wohnungsleerstände drücken aufs Portemonnaie.
- Will man später einmal selber in die vorher vermietete Liegenschaft ziehen, ist meist eine Renovation nötig.

Profis rechnen für eine gewinnbringende Immobilienanlage mit einer Bruttorendite von mindestens sechs Prozent. Darin sind der Aufwand für den Hypothekarzins, die Amortisation, Rückstellungen und der Gewinn enthalten. Doch diese Rendite lässt sich oft nur schwer erzielen. Dafür müsste beispielsweise eine Eigentumswohnung, die 700 000 Franken gekostet hat, für 3500 Franken vermietet werden können: Ein Mietzins, der nur an besten Grossstadtlagen bezahlt wird – und dort wäre die Wohnung wohl kaum zu diesem Kaufpreis zu haben.

Schlecht sieht der Ertrag auch bei neu gekauften Mehrfamilienhäusern mit drei oder vier Wohnungen aus. Hier stellt sich die gewünschte Rendite oft erst nach Jahrzehnten ein. Und das Risiko, Verluste einzufahren – etwa weil eine Wohnung während längerer Zeit nicht vermietet werden kann –, ist hoch. Einzelne Anleger ohne Erfahrung sollten deshalb vom Kauf von Liegenschaften zu Vorsorgezwecken absehen. Lohnenswert sind solche Geschäfte erst bei grossen Objekten mit zahlreichen Wohnungen und wenn die Finanzierung zu einem beachtlichen Teil aus eigenen Mitteln erfolgen kann.

Ferienwohnungen taugen nicht als Vorsorge

Genauso wenig wie sich der Kauf und die Weitervermietung einer normalen Wohnung als Vorsorgeinvestition lohnt, tut es der Erwerb einer Ferienwohnung. Im Gegenteil: Das Risiko von Leerständen ist hier noch grösser. Und der Aufwand für Möblierung, Reinigung und Vermietung ist hoch. Ausserdem ist fraglich, ob sich mit einem späteren Verkauf Gewinn erzielen lässt. Gerade Wohnungen in kleineren, weniger gefragten Schweizer Ferienorten haben in den letzten Jahrzehnten an Wert eingebüsst und können heute häufig nur mit Verlust verkauft werden.

Heikel ist auch der Kauf einer Ferienwohnung oder eines Ferienhäuschen im Ausland. Hier sind der Aufwand und das Vermietungsrisiko ebenfalls gross. Und für Laien ist es schwierig zu beurteilen, wie sich der Wert einer Immobilie an einem fremden Ort in den nächsten zehn oder zwanzig Jahren entwickeln wird.

Achtung *Kaufen Sie Ferienwohnungen, egal ob im In- oder Ausland, nie mit dem Ziel der Altersvorsorge. Selbst dann nicht, wenn Ihnen der örtliche Immobilienmakler Traumrenditen und beachtliche Wertsteigerungen verspricht. Das gilt besonders auch für Anteile an Ferienanlagen, die im so genannten Time-Sharing verkauft werden. Hier besteht das Risiko, die Anteile später nicht oder nur zu schlechten Preisen wieder verkaufen zu können.*

Indirekte Anlagemöglichkeiten

Wesentlich sinnvoller und gewinnversprechender als direkte Investitionen in Immobilien sind indirekte Anlagen. Dabei stehen zwei Wege offen:

1. Der Kauf von Aktien börsenkotierter Immobilienfirmen
2. Der Kauf von Anteilen an einem Immobilienfonds

Aktien von Immobilienfirmen

Einige wenige grosse Immobilienfirmen in der Schweiz sind seit wenigen Jahren an der Börse kotiert. Ihre Aktien können frei gehandelt werden. Im Gegensatz zu den meisten Immobilienfonds setzen die börsenkotierten Immobilienfirmen weniger auf Wohnbauten als vor allem auf Bürohäuser und Gewerbeliegenschaften. Daneben sind sie oft selber als Generalunternehmer in der Bauwirtschaft tätig. Daher ist der Wert ihrer Aktien stärker von der gesamtwirtschaftlichen Entwicklung abhängig als bei einem Immobilienfonds, was das Risiko im Vergleich zu diesem erhöht.

Über ein mögliches künftiges Entwicklungspotenzial der Aktien börsenkotierter Immobilienfirmen lässt sich derzeit noch nichts sagen, da die langjährige Erfahrung fehlt. In den wenigen Jahren seit dem Eintritt in den Markt haben sich die Aktienkurse aber eher verhalten entwickelt. Grundsätzlich gilt für den Kauf der Aktien von Immobilienfirmen dasselbe wie bei anderen Aktien: Wenn Sie investieren wollen, sollten Sie genügend Geduld mitbringen und Verluste verkraften können. Zudem sollten Sie diversifiziert anlegen, also keinesfalls ausschliesslich in Aktien von Immobilienfirmen.

Anteile an Immobilienfonds
Aufgrund der Einbrüche an den Aktienmärkten in den letzten Jahren haben wertbeständige Anlagen an Attraktivität gewonnen. Dazu zählen auch Immobilienfonds, von denen heute viele Banken einige im Angebot haben und in die man bereits mit Beträgen ab 1000 Franken investieren kann.

Im Gegensatz zu klassischen Fonds, die das Geld ihrer Kunden auf den Aktienmärkten oder dem Geldmarkt anlegen, bieten Immobilienfonds eine grössere Sicherheit, dafür aber unter Umständen auch eine kleinere Rendite. Erreicht wird die Sicherheit hauptsächlich durch die Anlage der Gelder in Wohnhäuser. Da Mieter auch in wirtschaftlich schlechten Zeiten nicht einfach ausziehen, ist der Ertrag gesichert. Dazu kommt, dass die Prognosen in den nächsten Jahren einen weiteren Anstieg der Nachfrage nach Wohnraum voraussagen.

Ein weiterer Vorteil der Immobilienfonds ist der gute Schutz der Anlegerinnen und Anleger: Die Fonds unterstehen dem Anlagefondsgesetz. Dieses verlangt zum Beispiel, dass die Gelder in mindestens zehn verschiedenen Objekten angelegt werden müssen, um das Risiko zu verteilen, und dass die Verschuldung eines Fonds – etwa durch Hypotheken – 50 Prozent nicht überschreiten darf. Die Kombination aus Anlegerschutz und der guten Aussicht auf Rendite machen Immobilienfonds zu einer interessanten Anlagemöglichkeit für Vorsorgegelder und zu einer guten Ergänzung des Wertpapierportefeuilles. Die Wertentwicklung jedenfalls hat den Anlegern bisher recht gegeben: Sie zeigt seit 2002 stets leicht nach oben.

Bei der Auswahl des passenden Immobilienfonds sollten Sie unbedingt den Wert des dazugehörigen Immobilienportefeuilles und den gehandelten Wert des Fonds miteinander vergleichen. Liegt der gehandelte Wert mehr als zehn Prozent über demjenigen des Portefeuilles, besteht das Risiko von Wertverlusten, wenn viele Anleger ihre Anteile in kurzer Zeit verkaufen und der Wert der Fondsanteile sinkt. Das ist insbesondere dann wichtig, wenn Sie Ihr Geld nicht langfristig in Immobilienfonds anlegen wollen.

Achtung *Der Verkauf von Anteilen an Immobilienfonds ist nicht ganz einfach, wenn diese nicht an der Börse gehandelt werden. Die Fondsgesellschaft muss Anteile nur am Ende eines Geschäftsjahres und nach Ablauf einer einjährigen Kündigungsfrist zurückkaufen. Unter dem Jahr bleibt nur der Weg über die Börse – mit dem Risiko, einen schlechten Verkaufspreis zu erzielen. Legen Sie deshalb nur Geld in Immobilienfonds an, das Sie kurzfristig sicher nicht benötigen, und planen Sie den Verkauf Ihrer Anteile früh genug.*

Darlehen an Verwandte und Bekannte

Darlehen an Verwandte und Bekannte sind eine gute Möglichkeit, Geld anzulegen. Dabei profitieren beide Seiten: Als Darlehensgeber erhalten Sie regelmässig einen Zins, und die Darlehensnehmerin kann sich den Traum vom eigenen Heim erfüllen. Damit Sie keine unnötigen Risiken eingehen, sollten Sie einige wichtige Punkte beachten:

- Vergeben Sie Darlehen nur an Personen, die Sie gut kennen und denen Sie vertrauen.
- Erhält eines Ihrer Kinder ein Darlehen, lohnt sich eine schriftliche Absprache mit den anderen Kindern, um Erbstreitigkeiten vorzubeugen.
- Schliessen Sie einen schriftlichen Vertrag ab; er muss Verwendungszweck, Laufzeit, Zinssatz, Fälligkeit der Zinsen sowie Modalitäten für die Rückzahlung beinhalten. Es empfiehlt sich, den Vertrag von neutraler Seite – etwa durch einen Notar – prüfen zu lassen.
- Lassen Sie das Darlehen als Grundpfandverschreibung im Grundbuch eintragen. So können Sie bei einem eventuellen Konkurs des Darlehensnehmers Ihre finanziellen Ansprüche an der Immobilie geltend machen.

6. Das habe ich, das das brauche ich – Ihre Finanzen im Überblick

Ob chronisch knapp bei Kasse oder gut betucht: Ein Budget zeigt, wohin Ihr Geld fliesst. Eine seriöse Planung ist schon während des Erwerbslebens sinnvoll und wird im Hinblick auf die Pensionierung unumgänglich. Wie Sie die finanzielle Standortbestimmung am besten angehen, steht in diesem Kapitel.

Ein Budget bringt Klarheit

Vielleicht gehören Sie zu jenen Menschen, die ziemlich genau wissen, wofür sie ihr Geld ausgeben, vielleicht aber auch zu jenen, die einfach verbrauchen, was da ist. Wie auch immer: Mit der Pensionierung naht die Stunde der Wahrheit; eine eingehende Betrachtung der künftigen finanziellen Situation ist jetzt angezeigt. Denn nur anhand konkreter Zahlen können Sie abschätzen, inwieweit sich Ihre Vorstellungen vom Lebensstil im Ruhestand mit Ihren Finanzen in Einklang bringen lassen. Einfach ausgedrückt gilt es zu prüfen:

- Was ist auch ohne Erwerbseinkommen weiterhin regelmässig an Geld verfügbar?
- Welche neuen Zahlungsströme tragen zum Lebensunterhalt bei – und was steht dem an Ausgaben gegenüber?
- Was kann ich zusätzlich vom bestehenden Vermögen verbrauchen?
- Welche Massnahmen kann ich bei einem Defizit treffen?

Doch wieso just vor dem Ruhestand mit etwas Neuem anfangen? Für ein Budget zu diesem Zeitpunkt sprechen viele Gründe. Einige Konstanten des Lebens werden sich einschneidend ändern; so werden etwa die Renteneinnahmen kaum gleich hoch sein wie das frühere Erwerbseinkommen. Und je weiter Sie von der Pensionierung entfernt sind, desto besser können Sie Lücken noch stopfen. Zwar wird die steuerliche Belastung mit sinkendem Einkommen ebenfalls abnehmen – wegen der Progression überproportional. Auch Kosten im Zusammenhang mit der Ausübung des Berufs fallen weg. Dafür tauchen möglicherweise neue Bedürfnisse auf, Träume, die zu realisieren die Zeit jetzt da ist: Reisen, Sport, Weiterbildungen. Je nach familiärer Situation müssen auch Kinder noch stark unterstützt werden, und gesundheitliche Beeinträchtigungen können zusätzliche Kosten verursachen.

So packen Sie es an

Wenn Sie noch nie budgetiert haben, werden Sie zuerst etwas Routine im Erfassen der Ausgaben erwerben müssen. Behalten Sie diese Grundsätze im Auge:

Tipps *Ein realistisches Budget lässt sich nur erstellen, wenn Sie Ihre laufenden Einnahmen und Ausgaben einigermassen überblicken. Notieren Sie sie über einen Zeitraum von mindestens drei Monaten; besser ist ein volles Jahr. Benutzen Sie dazu das Erhebungsblatt, das Sie unter www.budgetberatung.ch gratis herunterladen können. Einen entsprechenden Bogen finden Sie auch im Anhang. Auf diesem Erhebungsblatt sind alle relevanten Positionen aufgeführt.*

Bedenken Sie: Ein Budget soll zwar realistisch sein. Das heisst aber nicht, dass Sie auf Franken und Rappen genau rechnen müssen. Im Detail kommt es immer anders, als man denkt!

Erstellen Sie Ihr Budget wenn möglich am Computer. Korrekturen, Einfügungen und neue Strukturen sind schnell vollzogen, und das Ganze sieht immer nach einer gelungenen Arbeit aus – eine gute Motivation zum Weitermachen.

Führen Sie parallel ein Monats- und ein Jahresbudget. So können Sie grössere Positionen wie Steuern, Autoversicherungen, Krankenkassenprämien etc. anteilmässig aufs ganze Jahr verteilen.

Ein Beispiel für ein monatliches Budget vor und nach der Pensionierung finden Sie im Kasten auf Seite 130.

Fallstricke vermeiden

Budgetieren will geübt sein! Einsteiger vergessen einzelne Positionen schon mal – besonders, wenn diese nicht regelmässig auftauchen. Das kann bei Zahnarztrechnungen der Fall sein, aber auch bei Ausgaben, die nur quartalsweise oder halbjährlich anfallen (etwa Hypothekarzinsen, Versicherungsprämien etc.). Notieren Sie deshalb über eine möglichst lange Dauer alle Einnahmen und Ausgaben sorgfältig (mehr dazu ab Seite 132).

Fügen Sie Reservepositionen ein, so wie es Joëlle F. im Beispiel auf der folgenden Seite mit dem Posten «Diverses» getan hat. Sie brauchen sie etwa für Arztkosten, Selbstbehalte, Reparaturkosten, Neuanschaffungen oder ähnliches. Joëlle F. dotiert diese Position für die Zeit nach der Pensionierung sogar besser als für die Gegenwart. Das ist sinnvoll, denn der Blick in die Zukunft beruht immer auf Annahmen.

Monatliches Budget vor und nach der Pensionierung

Joëlle F., allein stehend, unterstützt ihren Sohn mit einem regelmässigen Betrag. Sie hat folgende Zahlen zusammengetragen:

	Aktuell	Mindestens nach Pensionierung	Höchstens nach Pensionierung
Einnahmen			
Nettoeinkommen / Kinderzulage (inkl. 13. Monatslohn)	6000		
Rente aus erster und zweiter Säule		4000	4500
Vermögensverzehr (aus Erbschaft)		1000	1500
Total Einnahmen	6000	5000	6000
Ausgaben			
Wohnkosten in Mietwohnung	1500	1500	1500
Energie / Kommunikation	100	100	100
Steuern	500	300	400
Versicherungen / Vorsorge / Krankenkasse	300	300	400
Öffentlicher Verkehr / Velo	80	0	80
Auto / Motorrad	320	320	320
Haushalt	1100	900	1200
Persönliche Auslagen	200	300	500
Rückstellungen inkl. Reisen	200	200	400
Kinderunterstützung	500	0	500
Diverses	100	200	300
Total Ausgaben	4900	4120	5700
Total Überschuss / fehlender Betrag	+1100	+880	+300

Joëlle F. hat aufgrund der Budgetzahlen keinen Anlass, sich um die Zeit nach der Pensionierung zu sorgen. Die Zahlen machen aber auch klar, dass sie nur dank der Vermögensentnahme aus einer Erbschaft problemlos über die Runden kommt.

Tipp *Machen Sie aus Ihrem Budget kein Geheimnis, tauschen Sie die Zahlen mit Freunden und Bekannten Ihres Vertrauens aus. Vielleicht kommen Sie so auf neue Ideen oder werden auf Lücken aufmerksam, was vor unliebsamen Überraschungen schützen kann.*

Kinder in Ausbildung

Eltern in den Vierzigern mit Kleinkindern sind heute häufig anzutreffen – immer mehr Frauen haben immer später Kinder. Nicht selten dürfte der Nachwuchs just dann in einer teuren Ausbildung stecken, wenn die Pensionierung aktuell wird.

Eltern sind gesetzlich verpflichtet, ihren Kindern eine angemessene Erstausbildung zu bezahlen. Diese Zahlungspflicht endet erst, wenn die geplante Ausbildung abgeschlossen ist. Dafür dürfen Mama und Papa vom Nachwuchs verlangen, dass die Ausbildung – meist ein Studium – zügig vorangetrieben wird und die Kosten gering gehalten werden, etwa indem die Studentin zu Hause wohnt.

Kinder können vor Gericht gehen, wenn Papa oder Mama nicht spuren. Dass Ihr Sprössling Ihnen bis zum Sankt-Nimmerleins-Tag auf der Tasche liegt und ein Bummelstudium absolviert – das hingegen müssen Sie nicht akzeptieren.

Tipps *Setzen Sie sich mit Ihrer Tochter oder Ihrem Sohn zusammen und erstellen Sie ein Budget für die Ausbildungsphase. Entscheidend wird dabei die Wohnsituation sein; gegebenenfalls macht eine Wohnung zusammen mit der auswärtigen Verpflegung den Löwenanteil aus. Legen Sie dann den Betrag fest, den Sie übernehmen. Vereinbaren Sie eine Zeitdauer für Ihre finanzielle Unterstützung.*

Sind die Finanzen knapp, gibt es verschiedene Möglichkeiten. Neben staatlichen Stipendien kommen schulspezifische Unterstützungsformen oder solche von allgemeinen Stiftungen in Frage. In jüngerer Zeit sind auch Kredite und Ausbildungsdarlehen vermehrt im Spiel.

Das künftige Einkommen berechnen

«Von jetzt an werde ich nur so viel ausgeben, wie ich einnehme – und wenn ich mir Geld dafür borgen muss!» Diesem guten Vorsatz von Mark Twain werden Sie im Ruhestand hoffentlich nachleben – wenigstens bis zur Hälfte! Das kann allerdings dann knifflig werden, wenn die Einnahmen geringer ausfallen als das Erwerbseinkommen. Welche Renten und Vermögenserträge aus den drei Säulen bilden das künftige Einkommen? In den Kapiteln 2 bis 4 wurden die Grundzüge der drei Säulen der schweizerischen Altersvorsorge umrissen. Gehen Sie über das Pensionierungsalter hinaus einem (Teilzeit-)Erwerb nach, erhöht sich Ihr Einkommen um den erzielten Lohn.

Budgetieren Sie die Renteneinnahmen vorsichtig – mindestens mit einem vollständigen Ausgleich der Teuerung über die Jahre hinweg sollten Sie nicht rechnen (siehe Seite 136). Zurückhaltung empfiehlt sich bei der Annahme voraussichtlicher Vermögenserträge. Wer sich von Traumtänzerrenditen der Aktienmärkte verwirren lässt, landet hart auf dem Boden der Realität, wenn die Börsen den Rückwärtsgang einschalten – was erfahrungsgemäss alle paar Jahre teils heftig geschieht. Realistisch sind über einen längeren Zeitraum hinweg sieben bis neun Prozent Rendite für reine Aktienanlagen. Die Erträge gemischter Anlagen liegen tiefer, reine Obligationeninvestments rentieren ebenfalls über längere Zeit hinweg durchschnittlich mit nur zwei bis drei Prozent.

Ihr AHV-Anspruch

Wenn Sie, wie auf Seite 32 empfohlen, regelmässig Einblick in Ihr individuelles Konto genommen haben, werden Sie die Rentenhöhe einigermassen einschätzen können – je näher Sie an der Pensionierung dran sind, umso genauer wird diese Schätzung ausfallen. Setzen Sie den ungefähren Betrag in Ihr Budget ein.

Wie die AHV-Rente berechnet wird, lesen Sie auf Seite 28 im Kapitel «Staatliche Vorsorge – die AHV» nach. Dort finden Sie auch alle wichtigen Angaben zu folgenden Situationen: Sie beziehen die AHV-Rente früher oder schieben sie auf; Ihre Ehe wurde geschieden; ein Ehepartner arbeitet noch, während der andere bereits eine Rente bezieht.

Ihre Pensionskassenrente

Ihr Rentenanspruch aus der zweiten Säule dürfte sich in den letzten Jahren vor dem Rückzug aus dem Erwerbsleben relativ genau beziffern lassen – er lässt sich dem Versicherungsausweis entnehmen, den Sie jedes Jahr erhalten (siehe Anhang).

Wenn Sie bei einer Kasse mit Beitragsprimat versichert sind, werden Änderungen in den Einkommensverhältnissen in den letzten Jahren vor der Pensionierung nicht mehr allzu viel an der voraussichtlichen Rente ändern. Denn der berechnete Rentenanspruch beruht auf allen Einzahlungen in die Pensionskasse während der ganzen versicherten Erwerbszeit.

Bei einer Kasse mit Leistungsprimat – es gibt sie nur noch vereinzelt – ist der zuletzt verdiente Lohn für die Rente massgebend. Hier können sich sowohl eine Lohneinbusse als auch eine positive Lohnentwicklung in den Jahren vor der Pensionierung massiv auswirken.

Wenn Ihre Pensionierung naht, wird die Vorsorgeeinrichtung Ihnen auf die Meldung über Ihren bevorstehenden Austritt hin eine Mitteilung zu den zu erwartenden monatlichen Leistungen zukommen lassen. Die angezeigte Rente sollte Ihren Annahmen aufgrund der Angaben in den letzten Versicherungsausweisen entsprechen. Ist der Betrag plausibel, können Sie davon ausgehen, dass die Berechnung fehlerfrei erfolgt ist. Unsicherheiten sollten Sie im Kontakt mit der Pensionskasse auszuräumen versuchen. Auch vermutete Fehler oder Unverständlichkeiten klären Sie in erster Linie mit den Kassenverantwortlichen.

Hinweis *Wenn Sie sich für den Kapitalbezug statt für eine Rente entschieden haben, gelten fürs Budget die gleichen Aussagen wie für Guthaben der Säule 3a (siehe unten).*

Gelder der Säule 3a

Die gebundenen Gelder der Säule 3a gelangen erst in den Jahren rund um die Pensionierung zur Auszahlung (siehe Kapitel «Private Vorsorge – dritte Säule», Seite 71). Frühester Bezugstermin: Fünf Jahre vor der ordentlichen Pensionierung. Für Ihr Budget von Belang ist die Frage, wie Sie dieses Vermögen einzusetzen gedenken.

So gehen Sie vor, wenn die Säule 3a ausbezahlt wird	
1. Schritt	Geld auf Konto bei der Hausbank überweisen lassen – am besten eröffnen Sie ein separates neues Konto.
2. Schritt	Den Betrag für die damit verbundenen Steuern abzweigen, ebenso einen Notbatzen für Unvorhergesehenes gemäss Budget (zum Beispiel drei Monatslöhne oder Fr. 20 000.–).
3. Schritt	Erstellen einer Vermögensplanung (siehe Kapitel 9, Seite 193) für die Zeit nach der Pensionierung.
4. Schritt	Verteilen des Geldes auf Konten oder in Anlageformen gemäss der erfolgten Vermögensplanung.

Wie fliessen nun diese Gelder in Ihr Budget ein? Dafür gibt es verschiedene Varianten:

Variante 1: Sie verbrauchen das Guthaben (Vermögensverzehr). Dann setzen Sie den Betrag, den Sie monatlich beziehen, ein. Wie Sie den Vermögensverzehr etappenweise am besten planen, steht auf Seite 193.

Variante 2: Sie legen das Geld an und verbrauchen lediglich die Erträge. Setzen Sie in Ihr Budget einen realistischen Wert ein.

Variante 3: Sie brauchen dieses Geld nicht, legen es an und reinvestieren die Erträge. In diesem Fall setzen Sie in Ihrem Budget nichts ein.

Achtung *Lassen Sie sich keinesfalls unter Druck zu neuen, langfristigen Engagements, etwa zum Kauf einer Leibrente, verleiten! Lieber das Geld eine Weile auf einem einfachen Bankkonto ruhen lassen; das ist besser als eine unüberlegte Geldanlage mit langjährigen Konsequenzen.*

Gelder der Säule 3b

Möglicherweise sind Sie zum Zeitpunkt der Pensionierung nicht das erste Mal mit Geldzuflüssen aus anderen Quellen als der Erwerbsarbeit konfrontiert. Umso besser für Sie! Auf den Erfahrungen, die Sie sich dadurch in Anlagefragen angeeignet haben, können Sie nun aufbauen. Wie fliessen solche Guthaben in Ihr Budget ein?

Erträge
Der einfachste Fall ergibt sich aus einem fixen Zinsertrag für eine bereits getätigte Geldanlage. Falls Sie ihn nicht reinvestieren, setzen Sie diesen Betrag umgerechnet auf einen Monat in Ihr Budget ein.

Erträge aus Aktienanlagen lassen sich in der Regel schwer abschätzen. Neben den Dividenden, die jährlich zur Auszahlung gelangen, spielen hier vor allem die Kurssteigerungen eine vermögenswirksame Rolle. Diese sind allerdings unberechenbar. Selbst wenn sich ein Aktienengagement über einen langen Zeitraum hinweg als ertragreich und zuverlässig gezeigt hat, muss dies nicht für die weitere Zukunft gelten. Auf die Erträge Ihrer Aktienanlagen sollten Sie daher nicht angewiesen ist und sie folglich auch nichts ins Budget aufnehmen.

Liegenschaften, die Sie nicht selber bewohnen, bringen relativ sichere und im Voraus berechenbare Einkünfte. Setzen Sie diese, nach Abzug aller regelmässig anfallenden Kosten und umgerechnet auf einen Monat, als Einkommen in Ihr Budget ein.

Vermögensverzehr
Das im Laufe der Erwerbsjahre angesparte (oder geerbte) Vermögen wohldosiert aufbrauchen – das ist Vermögensverzehr. In der Regel werden bestimmte Vermögensteile für bestimmte Lebensabschnitte reserviert, wie dies im Kapitel «Das Vermögen gezielt verbrauchen» (Seite 191) detailliert beschrieben wird. So kann beispielsweise die Kapitalauszahlung der Säule 3a dazu dienen, eine vorzeitige Pensionierung zu finanzieren.

Beachten Sie, dass man im Allgemeinen von abnehmenden Bedürfnissen im Alter ausgeht; wer im siebten Lebensjahrzehnt noch ausgedehnte Reisen plant, wird in den folgenden Jahren zurückhaltender werden. Andererseits ist es sinnvoll, für den Fall der Pflegebedürftigkeit Reserven vorzusehen.

Die zentralen Fragen im Zusammenhang mit dem Vermögensverzehr sind: Wie lange lebe ich noch? Und wie viel Ertrag bringt mein Vermögen in dieser Zeit? Leider – oder zum Glück – lässt sich keine dieser Fragen definitiv beantworten! Immerhin bekannt ist die durchschnittliche Lebenserwartung zur Zeit der Pensionierung: Sie beträgt für einen 65-jährigen Mann rund 18, für eine 64-jährige Frau rund

20 Jahre. Stellen Sie daher mehrere Rechnungen an, und berücksichtigen Sie jene, die Ihnen für Ihre persönliche Situation am plausibelsten erscheint. Drei Beispiele mit unterschiedlich angenommenen Zinssätzen finden Sie im Kasten unten.

Zur Verfügung stehendes Kapital	50 000			200 000			500 000		
Angenommene jährliche Verzinsung	2 %	4 %	6 %	2 %	4 %	6 %	2 %	4 %	6 %
Jährlich entnommener Betrag, wenn das Kapital 25 Jahre reichen soll	2550	3200	3900	10 200	12 800	15 600	25 000	32 000	39 000

Einen guten Anhaltspunkt geben die Pensionskassen: Sie gehen von einer mittleren Lebenserwartung der Versicherten aus und haben errechnet, dass sie unter Einbezug der Verzinsung des verbleibenden Kapitals jährlich rund sieben Prozent des Vermögens als Rente ausbezahlen können. Dieser Satz wird jetzt allerdings schrittweise nach unten korrigiert. Trotzdem: Wer von seinem Vermögen jährlich rund 6,8 Prozent verbraucht, kann mit einer Verfügbarkeit des errechneten Betrags bis ungefähr zum 82. Altersjahr rechnen. Vielleicht entscheiden Sie sich aber, aus Überlegungen der Sicherheit einen geringeren Prozentsatz zu verwenden. Oder aber Sie geben nur Teile des Vermögens zum vollständigen Verzehr frei, zahlen Ihren Kindern den Rest als Erbvorbezug aus oder reservieren ihn für ein Leben über das Durchschnittsalter hinaus und für eine mögliche Pflegebedürftigkeit.

Vorsicht Inflation

Die schleichende Entwertung des Geldes ist eine historische Erfahrungstatsache. Die ständige Veränderung des wirtschaftlichen Angebots, technischer Wandel sowie die volkswirtschaftlichen Wachstumsprozesse gelten als hauptverantwortlich dafür. Für Ihre Renten bedeutet das, dass Sie damit heute andere Kaufmöglichkeiten haben als mit dem gleichen Betrag in zehn oder 20 Jahren. Rechnet man nur schon mit zwei Prozent Teuerung im Jahresdurchschnitt, so halbiert sich die Kaufkraft einer nicht angepassten Rente innert 35 Jahren! Zwar ist bei der ersten Säule ein Teuerungsausgleich vorgesehen (siehe Seite 29); aber die zweite Säule kennt diese automatische Anpassung nicht, und die Vermögenswerte der dritten Säule sind der Geldentwertung nahezu schutzlos ausgeliefert. In letzterem Fall sind es Aktienanlagen, die am ehesten gegen die Inflation immun sind. Denn Unternehmenswerte verteuern sich in Zeiten der Inflation ebenfalls – wobei ein solcher Prozess durch gegenteilige Entwicklungen wie etwa schlechtere konjunkturelle Aussichten zumindest zeitweise wieder zunichte gemacht wird. Aufgrund dieser Überlegungen darf die Geldentwertung bei langfristigen Budgetüberlegungen nicht ausser Acht gelassen werden.

Tipp *Wie mehrfach erwähnt, nehmen die Bedürfnisse im Allgemeinen im Alter ab. Wenn Sie langfristig budgetieren, können Sie auf diese Annahme verzichten – so ergibt sich ein ungefährer Ausgleich zur schleichenden Geldentwertung. Gehen Sie also davon aus, dass Sie auch in späten Jahren noch den gleichen Betrag für Ihre dannzumaligen Bedürfnisse aufwenden müssen.*

Die künftigen Ausgaben berechnen

Nicht nur die Einnahmen verändern sich mit der Pensionierung, auch bei den Ausgaben können sich Verschiebungen ergeben. Das betrifft insbesondere die drei grössten Posten in den Budgets von Herrn und Frau Schweizer, nämlich Wohnen, Versicherungen, Steuern.

Wohnen: Wenn Sie einen Umzug planen, werden die Wohnkosten ändern. Wer beispielsweise aufs Alter vom Land in die Stadt ziehen möchte, wird selbst bei der Wahl einer kleineren Wohnung mit höherem Aufwand rechnen müssen. Wenn Sie dagegen von einem Haus in eine kleinere Wohnung ziehen, ist das meist kostengünstiger.

Steuern: Mit einem Wohnortswechsel und einem reduzierten Einkommen wird sich auch die steuerliche Belastung ändern.

Versicherungen: Besteht eine Lebensversicherung, so wird der Prämienaufwand bei deren Auslaufen wegfallen, dafür stehen eventuell zusätzliche Einnahmen nach deren Auszahlung zur Verfügung.

Gehen Sie Ihr gesamtes Budget durch und versuchen Sie Klarheit darüber zu erlangen, welche Posten ändern werden. Berücksichtigen Sie diese Überlegungen beim Budgetentwurf für die Zeit nach der Pensionierung.

Einnahmen und Ausgaben abgleichen

Sie haben alle Eventualitäten durchgerechnet, Ihr provisorisches Budget für nach der Pensionierung erstellt und mit Freuden festgestellt, dass Ihre Einnahmen Ihre Ausgaben in Zukunft übersteigen werden? Dann ist Ihr Fall hier schnell abgehandelt: Sie brauchen keine weiteren Massnahmen zu ergreifen.

Resultiert unter dem Strich ein Defizit, gilt es nochmals über die Bücher zu gehen und zu versuchen, diese Lücke zu stopfen. Im Folgenden ein Überblick über die verschiedenen Möglichkeiten, die Ihnen zur Verfügung stehen.

Einnahmen erhöhen: Noch mehr sparen

Je nachdem, wie viele Jahre Sie noch im Erwerbsleben stehen, können letzte Sparanstrengungen durchaus noch eine Verbesserung bringen. Anhand der Tabelle im Kasten auf Seite 139 können Sie ausrechnen, wie viel Geld Sie sparen müssten, um die Lücke in Ihrem Budget zu schliessen. Gehen Sie vor wie folgt:

Schritt 1: Rechnen Sie die budgetierte monatliche Lücke auf ein Jahr hoch.

Schritt 2: Was denken Sie, wie viele Jahre Sie nach der Pensionierung noch leben werden? Die Lebenserwartung bei der Pensionierung im Alter 65 beträgt für einen Mann noch durchschnittlich 18 Jahre, für eine mit 64 Jahren pensionierte Frau rund 20 Jahre.

Schritt 3: Wie viel Zinsen wird Ihr Geld tragen? Hier müssen Sie ebenfalls eine Annahme treffen.

Schritt 4: Lesen Sie nun in der Tabelle unten den Faktor ab, mit dem Sie den in Schritt 1 errechneten Jahresbetrag multiplizieren müssen.

Den notwendigen Sparbetrag errechnen			
Angenommene Restlebensdauer in Jahren	Angenommene Verzinsung des Festkapitals		
	2 %	4 %	6 %
5	4,81	4,63	4,47
10	9,16	8,44	7,8
15	13,11	11,56	10,3
20	16,68	14,13	12,16
25	19,91	16,25	13,55
30	22,84	17,98	14,59

Lesebeispiel: Ihre Lücke beträgt 500 Franken im Monat, also 6000 Franken im Jahr. Sie rechnen damit, nach der Pensionierung noch 20 Jahre zu leben und auf Ihrem Geld einen Ertrag von vier Prozent zu erwirtschaften. Der Faktor, den Sie aus der Tabelle ablesen können, ist 14,13. Damit multiplizieren Sie die 6000 Franken, was einen Betrag von 84 780 Franken ergibt, den Sie bis zu Ihrer Pensionierung noch zur Seite legen müssen.

Ausgaben senken: Möglichkeiten prüfen

Wenn Sie – aus zeitlichen oder finanziellen Gründen – Ihre dereinstigen Einnahmen nicht mit zusätzlichen Sparanstrengungen aufbessern können, heisst das Pendant: bei den Ausgaben zurückfahren. Die aussichtsreichsten Posten dafür sind Wohnen, Steuern, Versicherungskosten, Auto und Ernährung.

Wohnen

Wenn Sie zur Miete wohnen, so lassen sich mit einer Verlegung des Wohnsitzes, eventuell auch mit einer kleineren Wohnung Kosten sparen. Die Steuerfolgen eines Umzugs können sich ebenfalls entlastend auf das Budget auswirken. Das Gleiche gilt für Eigenheimbesitzer. Überlegungen zum Umzug in eine altersgerechte(re) Bleibe finden Sie im Kapitel «Altersgerecht wohnen» (Seite 108).

Steuern

Mit steuergünstigen Anlageformen lässt sich einiges erreichen. Planung ist hier zudem besonders wichtig: Kapitalien aus zweiter und dritter Säule sollten Sie sich gestaffelt auszahlen lassen, damit die Progression gebrochen wird (mehr zu den Steuern ab Seite 147). Auch ein aufgeschobener AHV-Bezug kann die Steuern senken.

Versicherungen

Schweizerinnen und Schweizer sind Versicherungsweltmeister. Nehmen Sie Ihr Dossier unter die Lupe und prüfen Sie, ob es überhaupt Ihren Bedürfnissen entspricht. Gehen Sie folgenden Fragen nach:

- Entspricht Ihr Versicherungsschutz Ihrer Lebenslage? Oder haben Sie Risiken versichert, die in Ihrer Situation gar nicht relevant sind?
- Können Sie durch eine Änderung in Ihrem Verhalten oder durch andere Massnahmen gewisse Risiken einschränken oder gar vermeiden?
- Haben Sie Kleinstrisiken versichert, die Sie im Falle eines Falles auch aus dem eigenen Sack berappen könnten?
- Prüfen Sie Selbstbehalte und Wartefristen. Gibt es hier Prämiensparpotenzial?

Versicherungen sind eine komplexe Angelegenheit, Policen verschiedener Anbieter zu vergleichen ist oftmals schwierig. Falls Sie sich nicht selber durch das Dossier kämpfen und allenfalls Offerten einholen möchten, konsultieren Sie einen unabhängigen Versicherungsberater!

Ernährung

Planen Sie Ihre Einkäufe – damit lassen sich Spontanausgaben vermeiden. Restaurantbesuche gehen arg ins Geld. Legen Sie fest, wie viele Male im Monat ein Essen auswärts drinliegt und halten Sie sich an die Vorgaben. Eine gesunde Ernährung mit viel Bioprodukten hat mitunter auch ihren Preis – schätzen Sie ab, ob sich allfällige Mehrausgaben für Sie ganz persönlich lohnen.

Auto

Autos sind Kostentreiber ohne gleichen: Ein Mittelklassewagen schlägt monatlich mit 700 bis 1000 Franken zu Buche, wenn man Amortisation, Versicherungen und Garage seriös einrechnet. Allerdings darf die Mobilität auch etwas wert sein – gerade im so genannten Ruhestand. Prüfen Sie trotzdem:
- Ist ein kleinerer Wagen ein Thema?
- Käme Car-Sharing in Frage?
- Oder gar ein Umstieg auf den öffentlichen Verkehr – eventuell mit einem Generalabo?

Vielleicht gibt es in Ihrem Budget aber auch wenig schmerzhafte Sparmöglichkeiten, die Sie auf den ersten Blick gar nicht entdecken. Gönnen Sie sich eine Budgetberatung. Die Arbeitsgemeinschaft schweizerischer Budgetberatungsstellen (ASB, www.budgetberatung.ch) hat Niederlassungen in der ganzen Schweiz (Adresse siehe Anhang).

Wenn es trotzdem nicht reicht

Armut in der reichen Schweiz – das gibt es leider. Zwar geht es vielen Rentnern materiell gut; und doch kommen nicht alle über die Runden. Bezüger und Bezügerinnen von AHV- und IV-Renten haben in diesem Fall Anspruch auf staatliche Ergänzungsleistungen. Fast ein Drittel der berechtigten Bezügerinnen und Bezüger machen von den ihnen zustehenden Leistungen allerdings keinen Gebrauch, viele aus einem falschen Schamgefühl heraus. Ergänzungleistungen sind aber weder Almosen noch Fürsorgegelder – Sie haben unter bestimmten Voraussetzungen ein Recht darauf. Hilflosenentschädigungen sowie eventuell Sozialfonds früherer Arbeitgeber können ebenfalls weiterhelfen.

Wer hat Anspruch auf Ergänzungsleistungen?

Um festzustellen, ob jemand einen Anspruch auf Ergänzungsleistungen – kurz EL – hat, werden die gesamten Einkommens- und Vermögensverhältnisse überprüft. Für die Festsetzung der Ergänzungsleistungen werden die anrechenbaren Einnahmen (Renten, Einkommen, Vermögensertrag und Vermögensverzehr) den anerkannten Ausgaben (Betrag für den allgemeinen Lebensbedarf, Miete, Durchschnittsprämie für die Krankenkasse) gegenübergestellt. Ergibt sich bei dieser Rechnung ein Defizit, wird eine jährliche Ergänzungsleistung in der entsprechenden Höhe ausgerichtet.

Hinweis *Zögern Sie im Bedarfsfall die Anmeldung nicht hinaus. Denn der Anspruch auf Ergänzungsleistungen besteht grundsätzlich erst von dem Zeitpunkt an, zu dem Sie ein Gesuch gestellt haben.*

Der maximale Betrag der Ergänzungsleistungen für Personen, die zu Hause leben, beträgt 51 600 Franken pro Jahr. Für Personen, die dauernd in einem Heim oder Spital leben, betragen die Ergänzungsleistungen maximal 30 870 Franken pro Jahr (Stand 2006). Diese Höchstbeträge können um die kantonale Durchschnittsprämie für die Krankenkasse überschritten werden.

Tipp *Empfänger und Empfängerinnen von Ergänzungsleistungen können von der Gebührenpflicht für Radio- und Fernsehprogramme befreit werden. Dazu müssen Sie ein schriftliches Gesuch mit einer Kopie des Entscheides über die Gewährung von Ergänzungsleistungen (Verfügung) an die Billag AG in Freiburg richten.*

Wie wird Vermögen angerechnet?

Die weit verbreitete Vorstellung, Ergänzungsleistungen erhalte nur, wer kein Vermögen (mehr) besitze, ist falsch. Ein Teil des Vermögens wird aber angerechnet. Unberücksichtigt bleiben Vermögensteile bis 25 000 Franken bei Alleinstehenden und bis 40 000 Franken bei Ehepaaren. Steckt das Vermögen in einem Eigenheim, wird es erst ab einem Nettowert über 75 000 Franken angerechnet. Das über dieser Freigrenze liegende Nettovermögen wird anteilsmässig angerechnet.

Welcher Anteil des Vermögens über der Freigrenze in die EL-Berechnung einbezogen wird, hängt von der Lebenssituation ab:
- IV-Rentner und -Rentnerinnen: $1/15$

- Zu Hause wohnende AHV-Rentnerinnen und -Rentner: $1/10$
- Im Heim lebende Altersrentner in fast allen Kantonen: $1/5$

Vermögensteile zu verschenken bringt übrigens nichts; das kann im Gegenteil den Gang aufs Sozialamt notwendig machen. Denn das verschenkte Vermögen wird angerechnet, als ob es noch vorhanden wäre. Dabei spielt auch der Zeitpunkt der Schenkung keine (wesentliche) Rolle, da keine Verjährungsfrist für die Anrechnung von verschenktem Vermögen existiert. Der Betrag des verschenkten Vermögens wird aber je Kalenderjahr um 10 000 Franken reduziert, da auch vorhandenes Vermögen zum Lebensunterhalt verwendet und demnach sinken würde.

Ein Beispiel, wie Ergänzungsleistungen berechnet werden, finden Sie im Kasten unten.

Beispiel für die Berechnung von Ergänzungsleistungen

Walter U. ist allein stehend; er wohnt zur Miete und bezieht Ergänzungsleistungen. So sieht sein Budget aus:

Einnahmen

AHV-Rente	Fr. 12 900.–
Leistung der Pensionskasse	Fr. 3 600.–
Vermögensertrag	Fr. 1 000.–
Vermögensverzehr	Fr. 1 500.–
Total	Fr. 19 000.–

Ausgaben

allgemeiner Lebensbedarf	Fr. 17 640.–
Bruttomietzins	Fr. 11 760.–
Krankenkassenprämien [1]	Fr. 3 144.–
Total	Fr. 32 544.–

Berechnung Ergänzungsleistung

Ausgaben	Fr. 32 544.–
abzüglich Einnahmen	– Fr. 19 000.–
Jährliche Ergänzungsleistung	Fr. 13 544.–

[1] Beispiel aus dem Kanton Solothurn
Quelle: www.ahv.ch

Tipp *Wenn Sie berechnen möchten, ob Sie Anspruch auf Ergänzungsleistungen haben, können Sie dies anhand eines Selbstberechnungsblattes der EL-Behörden oder online bei Pro Senectute machen (www.prosenectute.ch). Auch www.ahv.ch bietet diese Möglichkeit.*

Extraleistungen für medizinische Behandlungen

Kosten für notwendige medizinische Behandlungen kann man sich zusätzlich zu den Ergänzungsleistungen rückerstatten lassen. Auch wenn kein Anspruch auf EL besteht, weil die Einnahmen die Ausgaben überschreiten, können diese Kosten unter Umständen rückvergütet werden: Dann nämlich, wenn durch diese Krankheits- oder Behinderungskosten die Einnahmen überschritten werden.

Jährlich können zusätzlich zur Ergänzungsleistung folgende Maximalbeträge vergütet werden:

- Für Alleinstehende: 25 000 Franken
- Für Ehepaare: 50 000 Franken
- Für Heimbewohner: 6000 Franken

Hinweis *Wenn Sie Leistungen für medizinische Behandlungen geltend machen wollen, muss der Vergütungsantrag innert 15 Monaten nach Rechnungsstellung eingereicht werden.*

So gehen Sie vor

Ergänzungsleistungen müssen Sie mit dem amtlichen Formular beantragen. Dieses erhalten Sie bei den zuständigen Behörden, den EL-Stellen. Auch für detaillierte Auskünfte und Fragen können Sie sich an diese Stellen wenden; die Beratung gehört von Gesetzes wegen zu deren Aufgaben. Die EL-Stellen befinden sich in der Regel bei der kantonalen Ausgleichskasse des Wohnkantons. Ausnahmen bilden die Kantone Basel-Stadt, Genf und Zürich (siehe Anhang).

Tipp *Einzelne Kantone und Gemeinden richten nebst den Ergänzungsleistungen weitere Zusatzleistungen oder Beihilfen aus. So sieht der Kanton Basel-Stadt monatliche Beihilfen für zu Hause wohnende Personen in der Höhe von 115 Franken für Alleinstehende und 173 Franken für Ehepaare vor. Der Kanton Zürich zahlt zusätzlich zu* den Ergänzungsleistungen Beihilfen von jährlich maximal 2420 Franken für Alleinstehende oder 3630 Franken für Ehepaare. Erkundigen Sie sich bei der EL-Stelle Ihres Wohnkantons und bei Ihrer Wohngemeinde, ob der Kanton und/oder die Gemeinde solche Zusatzleistungen oder Beihilfen erbringen.

Hilflosenentschädigung

AHV-Bezügerinnen und -Bezüger haben Anrecht auf eine Hilflosenentschädigung, wenn sie gemäss Gesetz in schwerem oder mittelschwerem Grad als hilflos gelten. Das ist im Allgemeinen gegeben, wenn Alltagsverrichtungen nicht mehr alleine bewältigt werden können, etwa Ankleiden, Essen, Körperpflege.

Die Höhe der Hilflosenentschädigung richtet sich nach der Minimalrente der AHV und erreicht bei schwerer Hilflosigkeit bis zu 80 Prozent derselben.

Sozialfonds des früheren Arbeitgebers

Verschiedene Unternehmen kennen aus der Zeit, als die berufliche Vorsorge noch nicht obligatorisch war, so genannte Sozialfonds. Sie werden meist durch eine spezielle Kommission verwaltet und dienen dazu, Härtefälle in sozialen Notlagen abzufedern. Erkundigen Sie sich bei der Pensionskasse Ihres Arbeitgebers, ob eine solche Institution in Ihrem ehemaligen Betrieb besteht.

Achtung *Gerade in Notsituationen gilt: Hände weg von Kleinkrediten! Eine Rückzahlung ist kaum zu bewältigen, wenn das Geld sowieso schon nicht reicht – die Schuldenspirale könnte damit erst so richtig in Gang kommen.*

7. Steueroptimiert vorsorgen

Es ist ganz einfach: Was Sie bei den Steuern sparen, können Sie bei Ihrem Vermögen dazulegen. Der Staat fördert die drei Säulen mit Steuervergünstigungen auf unterschiedliche Art und Weise. Auch der Vermögensaufbau und der Bezug der Vorsorgegeldern kann steuerschonend angegangen werden. In diesem Kapitel steht, wies geht.

Beschränkte Möglichkeiten bei der AHV

Die erste Säule versichert mit wenigen Ausnahmen alle in der Schweiz wohnhaften natürlichen Personen. Nicht nur Arbeitnehmer und Selbständigerwerbende, sondern auch Nichterwerbstätige sind beitragspflichtig (siehe Kapitel «Staatliche Vorsorge – die AHV», Seite 23).

Mit der AHV kann nur in geringem Mass steueroptimierte Vorsorge betrieben werden, da die Beiträge im Umlageverfahren zur Finanzierung der laufenden Renten verwendet werden und nicht wie bei der Pensionskasse ein Vorsorgekapital pro Beitragszahler bilden. Die Abzugsfähigkeit des AHV-Beitrages und die Auswirkungen des flexiblen Rentenbezugs auf die Steuerprogression bergen aber ein gewisses Sparpotenzial.

AHV und Steuerprogression

Im Schweizer Steuersystem kommen progressiv wirkende Steuersätze zur Anwendung: Personen mit höheren Einkommen und Vermögen werden entsprechend der wirtschaftlichen Leistungsfähigkeit stärker belastet. Oft beachten Steuerzahler nur den absoluten Steuersatz, nicht aber die Konsequenzen, die sich aus dessen Veränderung ergeben. Dabei können relativ kleine Veränderungen im Einkommen grosse Auswirkungen haben, wenn sie zu einer höheren Progressionsstufe führen.

Beispiel *Das in Rheinfelden AG lebende Ehepaar Fritz und Sonja M. verfügt über ein steuerbares Einkommen von 80 000 Franken. Die Steuerbelastung beträgt für Kanton und Gemeinde 8042 Franken, die Bundessteuer 1335 Franken. Das Steuertotal von 9377 Franken beansprucht somit rund 11,72 Prozent des steuerbaren Einkommens. Reduziert sich nun das steuerbare Einkommen um 1000 Franken, die das Paar zum Beispiel für AHV-Beiträge nach der Frühpensionierung aufwendet, sinkt die Steuerbelastung auf total 9151 Franken oder um 226 Franken. Die Steuerprogression, auch Grenzsteuersatz genannt, beträgt somit 22,6 Prozent! Dieser Effekt entsteht dadurch, dass bei einer Einkommensveränderung immer das gesamte Einkommen von der Steuersatzveränderung betroffen ist – ob es sich nun um eine Erhöhung oder um eine Reduktion handelt.*

Wenn es ums Steuersparen geht, ist also Ihr Grenzsteuersatz von zentraler Bedeutung. Kennen Sie diesen nicht, sollten Sie ihn berechnen. Die Frage lautet: Wie viel Franken mehr Steuern müssen Sie bezahlen, wenn Sie 1000 Franken mehr Einkommen haben? Die relevanten Tarife finden Sie in der Wegleitung zur Steuererklärung oder bei Ihrem Steueramt beziehungsweise auf dessen Internetseite. Berücksichtigen Sie Ihren Grenzsteuersatz bei künftigen Vorsorge- und Anlageentscheiden. Bedenken Sie, dass die Grenzsteuerbelastung bei Einkommensveränderungen sprunghaft ändern und bis zu 45 Prozent betragen kann!

Stichwort Steuerprogression

Steuerprogression, Grenzsteuersatz oder Marginalsatz sind drei verschiedene Begriffe für den gleichen Sachverhalt. Sie zeigen die Veränderung der Steuerbelastung im Verhältnis zur Einkommensveränderung.

AHV-Beiträge Nichterwerbstätiger

Nichterwerbstätige sollten darauf achten, ihrer Beitragspflicht jährlich nachzukommen – damit vermeiden sie Lücken (siehe Seite 26). Ein zusätzliches Plus: Die Beiträge lassen sich vom steuerbaren Einkommen in Abzug bringen. Damit beeinflussen Sie Ihre Steuerprogression.

Beispiel *Peter und Karin W. haben sich beide mit 60 frühpensionieren lassen. Peter W. erhält eine Pensionskassenrente von 35 000 Franken, seine Ehefrau 15 000 Franken. Das steuerbare Vermögen der beiden beträgt 250 000 Franken, die Guthaben aus der Säule 3a je 80 000 Franken.*

Weil Peter und Karin W. das ordentliche Rentenalter noch nicht erreicht haben, müssen sie Beiträge als Nichterwerbstätige zahlen. Diese berechnen sich aufgrund des steuerbaren Vermögens sowie des mit dem Faktor 20 multiplizierten Renteneinkommens. Die AHV stellt folgende Beitragsberechnung an:

Beitragspflichtiges Einkommen: 20 x Fr. 50 000.–   Fr. 1 000 000.–
Beitragspflichtiges Vermögen: Fr.   250 000.–

Total   Fr. 1 250 000.–

AHV-Beitrag Peter und Karin W. total   Fr.   2 424.–

Entscheidet sich nun das Ehepaar W. zum Zeitpunkt der Frühpensionierung für einen sofortigen Bezug der Säule-3a-Guthaben (total 160 000 Franken), so erhöht sich das steuerbare Vermögen nach der Auszahlungsbesteuerung der Vorsorgeguthaben um rund 150 000 Franken.

Die AHV stellt in diesem Fall folgende Beitragsberechnung an:

Beitragspflichtiges Einkommen:	*20 x Fr. 50 000.–*	*Fr. 1 000 000.–*
Beitragspflichtiges Vermögen		*Fr. 400 000.–*
Total		*Fr. 1 400 000.–*
AHV-Beitrag Peter und Karin W. total		*Fr. 2 727.–*
Beitragserhöhung (12,5%)		*Fr. 303.–*

Wie das Beispiel zeigt, gilt es einen frühen Bezug vorhandener Freizügigkeits- oder Säule-3a-Guthaben nach Möglichkeit zu vermeiden, da diese sowohl das steuerbare Vermögen, dessen Ertrag wie auch die AHV-Nichterwerbstätigenbeiträge erhöhen.

Flexibler Rentenbezug

Die AHV ermöglicht Männern und Frauen wahlweise den Vorbezug der Altersrente um ein oder zwei Jahre oder den Aufschub um ein bis fünf Jahre. Je nach persönlicher Ausgangslage (Finanzbedarf, Gesundheit etc.) stellt das flexible Rentenalter eine weitere Möglichkeit dar, das steuerbare Einkommen zu beeinflussen.

Beispiel *Die selbständig erwerbende Lore P. möchte sich im Jahr 2006 mit 63 Jahren aus dem Erwerbsleben zurückziehen. Dem AHV-Merkblatt 3.04 entnimmt sie, dass sie ihre AHV-Rente mit einer Einbusse von 3,4 Prozent pro Jahr vorbeziehen kann. Anstatt der errechneten AHV-Rente von 25 800 Franken jährlich reduziert sich diese auf 24 922 Franken 80. Lore P. stellt folgende (vereinfachte) Rechnung an:*

Durch den Vorbezug zusätzlich erhaltene Renten	*Fr.*	*24 922.80*
Renteneinbusse lebenslang pro Jahr	*Fr.*	*877.20*
Summe der Renteneinbussen nach 28 Jahren	*Fr.*	*24 561.60*

Für Lore P. lohnt sich der beabsichtigte Vorbezug der AHV um ein Jahr, bis sie 91 Jahre alt ist. Denn erst nach 28 Jahren, wenn sie ebendieses Alter erreicht, wird die vorbezogene Rentensumme von der Summe der Renteneinbusse «überholt». Dass Lore P. weniger Steuern zahlt, weil durch die gekürzte Rente auch das Einkommen kleiner ist, blieb hier unberücksichtigt. Ebenso die Zinsen, die sie möglicherweise für die früher zur Verfügung stehenden Renten erhält!

Steuern sparen mit der Pensionskasse

Obwohl die zweite Säule für viele Schweizerinnen und Schweizer den grössten Vermögensbestandteil darstellt, wird die Pensionskasse selten in die persönliche Vermögensübersicht miteinbezogen. Dadurch werden Chancen zur Optimierung der eigenen Vorsorge- und Steuersituation vertan. Der jährlich zugestellte Vorsorgeausweis gibt Auskunft über die Rentenarten und das per Stichtag vorhandene Altersguthaben. Eine Nachfrage bei der Pensionskasse schafft Klarheit, ob das maximale Alterskapital bereits angespart wurde oder ob Einkaufsmöglichkeiten bestehen. Je nach Vorsorgeeinrichtung bestehen verschiedene Vorsorgepläne mit unterschiedlich hohen Sparbeiträgen des Versicherten.

Einkauf in die Pensionskasse

Laufende Beiträge an die Vorsorgeeinrichtung werden bereits auf dem Lohnausweis vom Bruttoeinkommen in Abzug gebracht und reduzieren somit das steuerbare Einkommen. Zusätzliche Einkäufe zur Deckung vorhandener Vorsorgelücken können Sie unter Beachtung der steuerrechtlichen Vorschriften ebenfalls vom steuerbaren Einkommen abziehen (mehr dazu siehe Seite 50).

Da die steuerliche Begünstigung der zweiten Säule wiederholt zu Missbräuchen führte, ist die Gesetzgebung mit der ersten BVG-Revision verschärft worden. So dürfen beispielsweise ab dem 1. Januar 2006 Einkäufe in die Pensionskasse erst geleistet werden, wenn allfällige Vorbezüge für Wohneigentum zurückbezahlt wurden. Einkäufe innerhalb dreier Jahre vor der Pensionierung mit anschliessendem Kapitalbezug können zudem nicht von den Steuern abgesetzt werden. Von dieser Regelung nicht betroffen sind Einkäufe, wenn die Altersleistung als Rente bezogen wird. Denn Renten sind voll einkommenssteuerpflichtig, während eine Kapitalauszahlung einmalig zu einem reduzierten Satz besteuert wird.

Beispiel *Adrian und Marianne Z. sind beide 50-jährig und wohnen in der Stadt Basel. Auf ihrem Bankkonto haben sie 50 000 Franken angespart. Diesen Betrag können sie bis zur geplanten Pensionierung in zehn Jahren entbehren. Ihr Wunsch: Das Guthaben soll eine höhere Rendite als auf dem Konto abwerfen, aber möglichst geringen Risiken ausgesetzt werden. Zudem möchten sie die Steuerprogression brechen; sie beträgt in Basel-Stadt auf ihrem Einkommen von 100 000 Franken rund 30 Prozent. Das Ehepaar informiert sich über einen Einkauf in die Pensionskasse. Mit einem einmaligen Einkauf würde sich das Einkommen im Einkaufsjahr um 50 000 Franken reduzieren, die Steuerrechnung um 13 899 Franken. Als noch cleverer erweist sich ein Einkauf verteilt auf fünf jährliche Tranchen à 10 000 Franken. In diesem Fall beträgt die Steuereinsparung sogar 15 230 Franken!*

Wenn Sie bei der Pensionierung Ihr Pensionskassenguthaben nicht als Kapital beziehen, so erhöht ein Einkauf Ihre zukünftige Rente. Das bedeutet aber auch höhere Steuern – und Auswirkungen auf den Grenzsteuersatz. Die beim Einkauf erzielte Steuerreduktion stellt deshalb in diesem Fall lediglich einen Steueraufschub dar.

Einkäufe in die Pensionskasse bringen gewichtige Vorteile, aber auch einige nicht zu vernachlässigende Nachteile mit sich (siehe auch Seite 51). Es empfiehlt sich, Ihre persönliche Situation, Ihre Wünsche und Ziele vorgängig zu klären und mit einer unabhängigen Fachperson zu besprechen. Vielleicht können Sie Ihr Anliegen auch anders umsetzen. Prüfen Sie insbesondere auch die Nettorenditen von Anlagealternativen.

Rente oder Kapital? Steuerliche Auswirkungen

Kein Vermögensentscheid sollte aus rein steuerlichen Motiven getroffen werden, aber ebensowenig sollten die steuerlichen Folgen ganz ausser Acht gelassen werden. Das trifft auch auf den wichtigen Entscheid

Rente oder Kapital bei der Pensionskasse zu, den Sie rechtzeitig vor der Pensionierung treffen müssen.

Wer sich für den Rentenbezug entscheidet, erhält lebenslang eine nominal garantierte Rente, die vollumfänglich als Einkommen steuerbar ist. Ein regelmässiger Ausgleich der Teuerung ist gesetzlich nicht vorgeschrieben, ausserdem kann man mit einer fixen Rente nicht auf wechselnde Einkommensbedürfnisse eingehen. In der Praxis lässt sich oft feststellen, dass die Ansprüche mit zunehmendem Lebensalter abnehmen. Wenn dann aus dem voll besteuerten Renteneinkommen erneut Ersparnisse gebildet werden, ist das steuerlich sehr nachteilig.

Tipp *Mit einer Kombination aus Kapitalbezug und Rente haben Sie den Fünfer und das Weggli – so können Sie im Rentenalter einen schwankenden Einkommensbedarf durch den Verzehr des bezogenen Kapitals ausgleichen.*

Wenn Sie sich für den teilweisen oder je nach Reglement vollumfänglichen Bezug des Pensionskassenkapitals entscheiden, beziehen Sie die einmalig fällig werdenden Steuern in Ihre Pläne ein. Der Bund besteuert Kapitalleistungen aus Vorsorge getrennt vom übrigen Einkommen zu einem Fünftel des Einkommenssteuertarifes. Die Kantone kennen unterschiedliche Besteuerungsansätze, jedoch erfolgt die Besteuerung immer getrennt vom übrigen Einkommen. Die Höhe der Steuerbelastung hängt vom Auszahlungsbetrag und teilweise vom Alter (Rentensatzbesteuerung) ab.

Hinweise *Wenn Sie mit einem Kapitalbezug liebäugeln, lassen Sie sich die mutmassliche Steuerbelastung vor dem definitiven Entscheid berechnen. Die kantonalen Unterschiede sind beträchtlich; die Steuer kann im teuersten Kanton doppelt so hoch sein wie im billigsten!*

Vermeiden Sie Auszahlungen von zweiter Säule und Säule 3a im selben Jahr. Diese Bezüge werden steuerlich zusammengerechnet, was die Progression natürlich erheblich beeinflusst.

Weil sich im Bereich der Säulen 2 und 3a immer mehr Kapital ansammelt, wächst die Begierde des Fiskus auf eine höhere Besteuerung der Kapitalauszahlungen. Behalten Sie diese Entwicklung im Auge.

Das nach der Besteuerung verbleibende Kapital stellt steuerbares Vermögen dar und wird wiederum kantonal verschieden besteuert. Der Bund kennt keine Vermögenssteuer.

Kapitalbezug für Wohneigentum

Mit dem gesetzlich geregelten «Zwangssparen» im Bereich der ersten und zweiten Säule baut sich zwar ein solides Vermögen fürs Alter auf. Dafür bleibt vielen Erwerbstätigen wenig bis gar kein Geld für frei verfügbare Ersparnisse. Das kann zum Problem werden, wenn Sie Wohneigentum kaufen möchten und ein Teil der geforderten Eigenmittel fehlen. Dem hat der Gesetzgeber Abhilfe geschaffen und den Bezug von Geldern der beruflichen Vorsorge für den Erwerb von selbstgenutztem Wohneigentum sowie zur Rückzahlung von Hypothekardarlehen erlaubt (siehe auch Seite 110).

Das Kapital, das Sie für Wohneigentum beziehen, wird besteuert – wie oben beschrieben separat vom übrigen Einkommen zu einem reduzierten Steuersatz. Zahlen Sie die Kapitalbezüge später zurück, können Sie die entrichtete Steuer gegen Zahlungsnachweis von der Steuerverwaltung zurückfordern – jedoch ohne Zins. Die Steuer darf nicht mit dem Kapitalbezug verrechnet werden, sondern muss aus freien Mitteln beglichen werden können. Bevor Sie wieder Einkäufe in die Pensionskasse vornehmen und damit Steuern sparen können, müssen Sie zuerst den Vorbezug zurückzahlen.

Wollen beide Ehegatten Kapital aus der Pensionskasse beziehen, müssen auch beide Eigentümer der Liegenschaft zu gesamter Hand sein. Bei Konkubinatspartnern ist Miteigentum zwingend.

Vorsorgegelder können Sie nur für selbst genutztes Wohneigentum beziehen; ein Feriendomizil wird nicht finanziert. Entfällt die Selbstnutzung, weil Sie Ihr Heim beispielsweise verkaufen, müssen Sie den Kapitalbezug zurückerstatten. Das gilt auch, wenn bei Ihrem Ableben keine Leistungen seitens der Pensionskasse fällig werden. Sind Sie beispielsweise allein stehend und finanzieren Ihre Eigentumswohnung mit einem Pensionskassenbezug, so müssen Ihre Erben dieses Kapital zurückerstatten – es sei denn, sie erhielten Vorsorgeleistungen der Pensionskasse.

Zuletzt ein Wort der Warnung: Überlegen Sie sich einen Vorbezug gut. Wenn Sie ein Haus oder eine Wohnung nur mittels Vorbezug aus der Pensionskasse erwerben können und das Budget für die Verzinsung der Hypothek und den Unterhalt der Liegenschaft schon so stark belastet ist, dass eine Rückzahlung wenig aussichtsreich ist, schieben Sie den Kauf besser auf. Bedenken Sie auch, dass Sie mit einem Eigenheim stark an einen Ort gebunden sind, was der heute geforderten Arbeitsplatzflexibilität entgegensteht. Und wie schätzen Sie mögliche Veränderungen im Bereich der Zinsen, des Arbeitsplatzes und privat ein? Könnten Sie Ihr Haus, Ihre Wohnung halten, wenn die Zinsen stark ansteigen oder Sie sich scheiden lassen würden? Es lohnt sich, solche Überlegungen sorgfältig anzustellen – andernfalls könnte der Traum vom Eigenheim zum Albtraum werden, verbunden mit einer reduzierten Altersvorsorge!

Tipp *Fehlt es nur an Eigenkapital, aber nicht am Einkommen, empfiehlt sich die Verpfändung des Vorsorgeguthabens. Die Bank belehnt in diesem Fall das verpfändete Pensionskassenkapital. Der Vorsorgeschutz bleibt erhalten (siehe Seite 113).*

Eine weitere Variante zum Steuersparen: Beziehen Sie einen Teil des Pensionskassenkapitals, um damit Hypothekardarlehen zurückzuzahlen. Tun Sie dies gestaffelt, so profitieren Sie von einer reduzierten Steuerprogression bei der Besteuerung der bezogenen Gelder. Die damit verbundene Renteneinbusse reduziert zusätzlich das steuerbare Einkommen nach der Pensionierung.

Steuervorteile der Säule 3a

Seit 1985 profitieren anerkannte Vorsorgeformen wie die Säule 3a von zahlreichen Steuervorteilen. Einlagen in Einrichtungen der Säule 3a sind vom steuerbaren Einkommen absetzbar; das gebildete Vorsorgevermögen unterliegt bis zur Auszahlung nicht der Vermögenssteuer, die Erträge daraus nicht der Einkommenssteuer. Die mit der Einlage verbundene Steuerersparnis steigt mit zunehmender Steuerprogression und macht das Säule-3a-Sparen sehr attraktiv. Auszahlungen aus der Säule 3a an den Vorsorgenehmer werden gleich besteuert wie Kapitalauszahlungen aus der zweiten Säule.

Beispiel *Martina K.s Steuerprogression beträgt 30 Prozent. Bisher hat sie keine Beiträge an die Säule 3a geleistet. Als sie realisiert, dass sich ihre Steuerrechnung mit einer Einlage von 3000 Franken um satte 900 Franken reduzieren würde, zahlt sie diese Summe jährlich ein.*

Obwohl die Säule 3a stark mit den Steuervorteilen beworben wird, stellt sie vor allem ein sehr sicheres und einfaches Mittel zur Schliessung einer zukünftigen Einkommenslücke dar – diese nimmt bekanntlich mit steigendem Einkommen zu (siehe Seite 72).

Tipp *Besonders bei tiefer Steuerprogression sollten Sie auf die Zinsdifferenz zwischen der Hypothekarschuld und dem Säule-3a-Guthaben achten. Rechnen Sie durch, wie viel die Hypothekarzinsen unter Berücksichtigung der Progression netto betragen und wie viel Zinsen Sie auf dem Säule-3a-Guthaben erhalten. Lösen Sie gegebenenfalls einen Teil der Hypothek mit Geldern aus der Säule 3a ab.*

Betragen beispielsweise die Hypothekarschuld und das Guthaben auf dem Konto 3a je 100 000 Franken, die Progression 30 Prozent, die Hypozinsen 3 Prozent und jene des Kontos 3a 1,5 Prozent, so ergibt sich folgende Rechnung: Nettohypozins 2,1 Prozent, also 2100 Franken, Zinseinnahmen auf dem Konto 3a 1500 Franken. Die Differenz beträgt 600 Franken; sie zahlen also viel mehr Zinsen, als Sie einnehmen. Gehen nun vom Säule-3a-Konto 50 000 Franken weg, um die Hypothekarschuld zu verkleinern, so betragen die Hypozinsen noch ungefähr 1050 Franken, die Zinseinnahmen 750 Franken. Die Differenz verkleinert sich auf rund 300 Franken.

Die Möglichkeiten der Säule 3b

Auch im Rahmen der freien Vermögensbildung gibt es Möglichkeiten der Steueroptimierung, hauptsächlich im Versicherungsbereich.

Lebensversicherungen

Kapitalbildende, so genannt gemischte Lebensversicherungen, welche sowohl im Erlebens- als auch im Todesfall eine Kapitalzahlung vorsehen, müssen während der Laufzeit mit dem Rückkaufswert im Vermögensverzeichnis deklariert werden. Die Jahresprämien sind zwar im Rahmen des allgemeinen Versicherungsabzuges abzugsfähig, jedoch wird dieser heute bereits durch die Krankenkassenprämien ausgeschöpft. Die Auszahlung der Versicherungssumme inklusive aller darin enthaltener Erträge sowie möglicher Überschüsse an den Versicherungsnehmer ist im Erlebensfall vollumfänglich steuerfrei, da es sich lediglich um eine Vermögensumschichtung handelt.

Im Wettlauf um Rendite haben die Lebensversicherer die Fondspolice entwickelt; deren Sparteil wird in Anlagefonds investiert (siehe Seite 79). Bei fondsgebundenen Kapitalversicherungen mit periodischer Prämienzahlung ist eine vertragliche Laufzeit von zehn Jahren einzuhalten – nur dann gilt Steuerfreiheit bei der Auszahlung im Erlebensfall.

Tipps *Da Kapitalgewinne für Privatanleger in der Schweiz steuerfrei sind, macht es wenig Sinn, Aktienfonds unter einem Lebensversicherungsmantel zu halten. Trennen Sie Vorsorge und Anlage! Sollten Sie sich trotzdem für eine Fondspolice entscheiden, wählen Sie hauptsächlich Obligationenfonds, welche ansonsten steuerbare Erträge abwerfen würden. Prüfen Sie die Kosten, welche beim Fondskauf, -tausch und -verkauf sowie für die Verwaltung anfallen – vor Vertragsabschluss! Diese Gebühren sind zum Teil sehr hoch und schmälern die mögliche Rendite stark.*

Welche allgemeinen Vor- und Nachteile kapitalbildende Lebensversicherungen mit sich bringen, lesen Sie ab Seite 81.

Einmalprämienversicherungen

Nebst den mit periodischen Prämien finanzierten Kapitalversicherungen werden auch Einmalprämienversicherungen offeriert (siehe Seite 82). Auszahlungen an den Versicherungsnehmer sind steuerfrei, wenn er bei der Auszahlung älter als 60 Jahre ist und die Laufzeit der Versicherung länger als fünf Jahre (Fondspolicen: zehn Jahre) dauerte. Abschlüsse sind bis zum 66. Altersjahr möglich. Einmalprämien unterliegen der Stempelsteuer von 2,5 Prozent, was bei kurzen Laufzeiten die Rendite stark schmälert.

Leibrenten

Anstelle einer Lebensversicherung mit Kapitalauszahlung kann auch eine solche mit Rentenzahlung abgeschlossen werden (siehe Seite 84). Diese Leibrentenversicherungen werden stark mit dem Steuervorteil beworben; der Rückkaufswert einer laufenden Rente muss in vielen Kantonen nicht mehr als Vermögen versteuert werden, und die Renten fallen «nur» zu 40 Prozent unter die Einkommenssteuer. Dass letzteres ein Steuergeschenk sei, ist jedoch Augenwischerei: Schliesslich sind die Renten zum grossen Teil nichts anderes als eine ratenweise Rückzahlung des von Ihnen einbezahlten Vermögens – mit geringen Erträgen!

Reine Risikoversicherungen

Je nach Lebenssituation gilt es mit einer Versicherung vielleicht lediglich Erwerbsunfähigkeits- oder Todesfallrisiken abzudecken. Reine Risikoversicherungen sind relativ günstig, weil kein Kapital gebildet wird. Da die laufenden Prämien für diesen Risikoschutz im Rahmen der Säule 3b steuerlich nicht abzugsfähig sind, ist der Abschluss im Rahmen der Säule 3a prüfenswert. Dann können Sie die Prämien vom steuerbaren Einkommen abziehen. Sollten Sie weder erwerbsunfähig werden noch vorzeitig versterben, erfolgt keine Leistung – und damit auch keine Besteuerung!

Hinweis *Fragen Sie sich vor jedem Versicherungsabschluss, welchen Schutz Sie wirklich brauchen. Klären Sie die versicherungstechnischen und möglicherweise steuerlichen Folgen einer vorzeitigen Vertragsauflösung ab und vergleichen Sie immer Produkte verschiedener Anbieter.*

Wohneigentum

Die vier eigenen Wände sind der Traum vieler Schweizerinnen und Schweizer. Anhaltende Tiefzinsphasen sowie ein wachsendes Angebot an preiswertem Stockwerkeigentum lassen die Realisierung in greifbare Nähe rücken. Behalten Sie dennoch einen kühlen Kopf, denn die langfristigen Konsequenzen fürs Budget und die Tragbarkeit bei veränderten Verhältnissen wollen sorgfältig geprüft werden.

Vermögensrendite und Hypozinsbelastung

In der Schweiz legen die Steuerbehörden für jede selbst genutzte Wohnliegenschaft einen Eigenmietwert fest. Dieser muss laut bundesgerichtlicher Rechtsprechung mindestens 60 Prozent der mit diesem Objekt erzielbaren Marktmiete entsprechen. Der Eigenmietwert wird zum steuerbaren Einkommen addiert; im Gegenzug dürfen Hypothekarzinsen und Liegenschaftsunterhalt abgezogen werden. Viele Immobilienbesitzer versuchen, die Steuerbelastung zu minimieren, indem sie die Verschuldung möglichst hoch halten. Das macht nur Sinn, wenn die Erträge des Vermögens in Ihrem Depot höher sind als die Schuldzinsen. Ist der Schuldzins nach Steuern höher als die Rendite des vorhandenen Vermögens nach Steuern, so sind die Vermögenswerte aus steuerlicher Sicht besser zur Schuldentilgung zu verwenden.

Beispiel *Rolf und Karin M. verfügen über ein Vermögen von 500 000 Franken, welches bei ihrer Hausbank in einer 50:50-Strategie in Aktien und Obligationen angelegt ist. Zusätzlich sind nicht angelegte Barmittel in der Höhe von 120 000 Franken vorhanden. Nun steht der Erwerb eines Eigenheimes bevor, Kostenpunkt: 600 000 Franken. Rolf und Karin M. stellen sich die Frage, wie sie es steuerlich optimal finanzieren sollen. Nachdem sie verschiedene Möglichkeiten – siehe Seite 160 – durchgerechnet haben, entschliessen sie sich für die Variante eins. Denn sie wollen sich auch weiterhin die Möglichkeit, steuerfreie Kapitalgewinne zu erzielen, nicht entgehen lassen.*

Ausgangslage:
Kaufpreis Liegenschaft: 600 000 Franken
Verkehrswert Depot: 500 000 Franken
Bargeld: 120 000 Franken
Steuerbare Erträge: 1,5 Prozent
Bisher erzielte Kapitalgewinne pro Jahr: 3 Prozent
Hypothekarzins variabel 1. Hypothek: 3 Prozent
Grenzsteuersatz: 30 %

Variante	1	2	3	4
Gesamtinvestition	600 000	600 000	600 000	600 000
Barmittel	120 000	120 000	120 000	120 000
verbleibende Investition	480 000	480 000	480 000	480 000
Höhe 1. Hypothek	390 000	250 000	150 000	0
Bezug aus Depot	90 000	230 000	330 000	480 000
Total	480 000	480 000	480 000	480 000
Hypothekarzinsbelastung	11 700	7 500	4 500	0
Ertragsverlust Depot (1,5 %)	1 350	3 450	4 950	7 200
Total	13 050	10 950	9 450	7 200
Steuerreduktion	−3 915	−3 285	−2 835	−2 160
Nettokosten nach Steuern ohne Berücksichtigung der entgangenen steuerfreien Kapitalgewinne	9 135	7 665	6 615	5 040
Entgangene Kapitalgewinne 3 %	2 700	6 900	9 900	14 400
Nettokosten nach Steuern mit Berücksichtigung der entgangenen Kapitalgewinne	11 835	14 565	16 515	19 440

Achtung: Eigenmietwert und Liegenschaftsunterhalt wurden nicht berücksichtigt, da diese jede Berechnung im gleichen Mass beeinflussen.

Nach der Erwerbsaufgabe

Schön wärs, wenn mit dem Ende des Arbeitslebens auch gleich die Steuerpflicht wegfallen würde. Das ist natürlich nicht der Fall. Immerhin reduziert sich aber das steuerbare Einkommen und damit die Steuerbelastung, wenn das Arbeitseinkommen wegfällt. Ob und wie viel Steuern Sie jetzt sparen, das können Sie durch die Gestaltung der Einnahmenseite stark beeinflussen. Wer etwa anstelle der Pensionskassenrente den Kapitalbezug wählt, der einmalig bei Auszahlung besteuert wird, verfügt anschliessend über Vermögen, das er entsprechend seinen Bedürfnissen anlegen und für seine Lebenskosten verwenden kann.

Hinweis *Befassen Sie sich sorgfältig mit den Vor- und Nachteilen des unwiderruflichen Entscheids für oder wider den Kapitalbezug (siehe Checkliste Seite 59). Beziehen Sie nie nur aus steuerlichen Überlegungen das Kapital. Lassen Sie sich durch eine Fachperson beraten, wenn Sie unsicher sind.*

Eine steuerschonende Vermögensstruktur wählen

Nicht nur mit der Gestaltung der Renteneinkünfte kann die persönliche Steuerbelastung beeinflusst werden. Auch bei der Vermögensanlage bestehen Möglichkeiten, die oft nicht oder zu wenig genutzt werden.

Benötigen Sie Ihren ganzen Vermögensertrag zur Deckung Ihrer Lebenskosten? Wenn nicht, so achten Sie bei der Anlage auf die Ausrichtung steuerfreier Kapitalgewinne. Vergessen Sie jedoch nie, dass ein steuerbarer Ertrag besser ist als ein steuerfreier Verlust!

Seien Sie im Pensionsalter auch bereit, Ihr während des Erwerbslebens angespartes Kapital etappenweise zu verzehren. Wie Sie dies am besten angehen, lesen Sie ab Seite 193.

Erträge aus nicht selbst bewohnten Liegenschaften

Erzielen Sie Erträge aus Liegenschaften, die in steuerlich unattraktiven Kantonen liegen? Überlegen Sie sich den Verkauf der Liegenschaft und allenfalls eine indirekte Immobilienanlage über Beteiligungsgesellschaften oder Fonds.

Liegenschaftsbesitz führt im Übrigen oftmals auch zu unerwarteten Folgen bei der Erbschaftssteuer. Diese werden anteilig durch den Liegenschaftskanton erhoben. Es kann daher sein, dass die Nachkommen zur Kasse gebeten werden – auch wenn der Besitzer in einem Kanton wohnte, der keine Erbschaftssteuern für Nachkommen mehr kennt!

Vermögenssteuern beeinflussen

Der Bund kennt keine Vermögenssteuer. Diese wird von den Kantonen erhoben und fällt deshalb sehr unterschiedlich aus. Grundsätzlich hat die Besteuerung des Vermögens laut Steuerharmonisierungsgesetz zu Verkehrswerten zu erfolgen. Jedoch werden die Verkehrswerte nicht nur bei Liegenschaften unterschiedlich bemessen. Die Kantone Basel-Stadt und Basel-Landschaft zum Beispiel berücksichtigen bei der Bewertung der Wertschriften auch deren Ertrag. Rein kapitalgewinnorientierte Anlagen ohne Ertrag führen zu einer beachtlichen Steuerreduktion!

Erbvorbezüge auszahlen

Mit dem Erreichen des Pensionsalters sind unweigerlich Gedanken an den Tod und die Vermögensvererbung verbunden. Weil die Lebenserwartung stetig steigt, sind die Erben oftmals auch bereits im Rentenalter und so weit etabliert, dass sie das frei werdende Haus und das Vermögen nicht mehr brauchen, während sie in jüngeren Jahren vielleicht froh darum gewesen wären. Überlegen Sie deshalb, ob eine teilweise Weitergabe Ihres Vermögens an Ihre Nachkommen schon jetzt sinnvoll wäre. Solche Zuwendungen zu Lebzeiten reduzieren Ihre Vermögenssteuern und verhelfen der Erbengeneration zu einer Verbesserung ihrer Lebenssituation, sei es durch ein Eigenheim oder durch eine zusätzliche Ausbildung etc. (Mehr zur Nachlassplanung ab Seite 199.)

Achtung *Verschenken Sie nie Vermögen aus rein steuerlichen Gründen oder aus Angst vor einem teuren Pflegeheim. Sie verlieren dadurch die finanzielle Unabhängigkeit, die Sie sich während Ihrer aktiven Lebensphase geschaffen haben.*

8. Besondere Lebenssituationen

Ob verheiratet, liiert, Single oder geschieden: Die Vielfalt heutiger Lebensentwürfe im Privaten wie im Beruf wirft zahlreiche Fragen zur Vorsorge auf. Möglichkeiten, Hinweise und Tipps für verschiedene Lebenssituationen erhalten Sie in diesem Kapitel.

Verheiratete Paare – die Norm

Der Bund fürs Leben ist eine besonders gute Form der Vorsorge – auch wenn das vielleicht der unromantischste Grund von allen für die Ehe ist. Tatsache bleibt: Verheiratete und ihre Kinder sind abgesichert, auch ohne besondere Vorkehrungen.

Das gilt vor allem für den Todesfall. Hier eine Übersicht, wie Hinterbliebene von den drei Säulen profitieren:

AHV: Wenn Kinder der Verstorbenen da sind, erhalten Witwer 80 Prozent der Altersrente, bis die Kinder 18 Jahre alt sind. Witwen erhalten diese Rente ebenfalls, und zwar auch dann, wenn keine Kinder (mehr) im gleichen Haushalt leben, sie aber älter als 45 sind und mindestens fünf Jahre verheiratet waren.

Halbwaisen erhalten 40 Prozent der Altersrente, Vollwaisen das Doppelte. Das gilt bis 18 oder bis 25, wenn die Kinder in der Ausbildung sind.

Pensionskasse: Witwen und Witwer erhalten 60 Prozent der Invalidenrente (bzw. der Altersrente, wenn ein Rentenbezüger stirbt), Waisen 20 Prozent (bis sie 18 sind, oder, wenn sie in Ausbildung sind, bis 25). Das sind die BVG-Mindestleistungen, das Reglement kann bessere Leistungen vorsehen.

Die Begünstigten bei Geldern auf Freizügigkeitskonten oder -policen sind in erster Priorität gemäss Gesetz ebenfalls hinterlassene Ehegatten und Kinder. Dieser Kreis kann jedoch zu deren Lasten um weitere massgeblich unterstützte Personen erweitert werden (mehr dazu Seite 219).

Gebundene Selbstvorsorge (Säule 3a): Hier wird in erster Linie der Ehegatte allein begünstigt. In zweiter Position folgen Kinder zusammen mit weiteren Personen, die vom Verstorbenen massgeblich unterstützt wurden (mehr dazu Seite 169).

Freies Vermögen: Ehegatten und Kinder werden gemäss Erbrecht begünstigt und sind wie die Eltern pflichtteilsgeschützt. Bei Versicherungslösungen (Todesfallrisiko-Versicherung, gemischte Versicherungen, Leibrenten mit Rückgewähr) darf der Versicherte die begünstigte Person selber bezeichnen. Dabei dürfen keine Pflichtteile verletzt werden (mehr zur Nachlassplanung ab Seite 199).

Singles – für sich selber (vor)sorgen

Sind Sie aus freien Stücken Single und geniessen das ungebundene Dasein ohne Einschränkung? Das ist gut so, denn die Kehrseite der Medaille sind höhere Lebenskosten. Rechtzeitig ein Auge auf die Vorsorge zu haben ist in dieser Situation ein Muss.

AHV, Pensionskasse, Steuern

Alleinstehenden steht eine volle AHV-Maximalrente zu, sofern sie lückenlos Beiträge bezahlt und den erforderlichen Durchschnittslohn erreicht haben. Bei zusammenlebenden Ehepaaren dagegen wird die Maximalrente auf 150 Prozent plafoniert; anders als Singles können sie viele hohe Kosten teilen.

Zur AHV-Rente kommt die Pensionskassenrente. Hier tut der Zivilstand nichts zur Sache – Ihnen steht die ganze Rente aus dem Altersguthaben, das Sie geäufnet haben, zu.

Alleinstehende werden zwar in einigen Kantonen bei den Steuern gelegentlich noch bevorteilt, sie tragen aber die gesamten Lebenskosten allein. Das wird auch über die Pensionierung hinaus gelten und besonders aktuell werden, wenn jemand im Alter Unterstützung bei alltäglichen Verrichtungen braucht oder gar pflegebedürftig wird. Alleinstehende, die nicht mehr waschen, putzen, kochen usw. können, brauchen Hilfe von Dritten – je nachdem mit massiven Kostenfolgen.

Nützliche Massnahmen

Es mag zynisch klingen, gerade den während der Erwerbszeit schon mit höheren Kosten belasteten Alleinstehenden den Tipp zu geben, auch noch im Hinblick auf das Alter zusätzlich zu sparen. Trotzdem: Das ist die einzige taugliche Empfehlung. Daneben gibt es eine Reihe anderer Massnahmen, die Singles beherzigen sollten:

AHV. Wie für alle Beitragszahler gilt: Lücken vermeiden!

Versicherungen. Wer keinen Partner und keine Kinder abzusichern hat, kann auf kostspielige Todesfallrisikoversicherungen verzichten. Dagegen kann eine Erwerbsunfähigkeitsversicherung angezeigt sein.

Pensionskasse. Beachten Sie, dass Sie mit hohen Einkaufssummen immer auch den Risikoschutz im Todesfall erhöhen. Das braucht es nicht, wenn Sie niemanden abzusichern haben. Suchen Sie im Rahmen der dritten Säule nach Alternativen für Ihren Sparbatzen.

Freies Sparen. Damit erhalten Sie sich die grösstmögliche Flexibilität – nicht nur beim Sparziel, sondern auch bei der Verwendung des Sparkapitals. Gerade wenn Sie allein stehend sind, ist es wichtig, so früh wie möglich mit Sparen anzufangen, damit der Zinseszinseffekt voll zum Tragen kommt.

Hinweis *Wer nach einer Scheidung allein ist, hat beim Ableben des Ex-Partners in vielen Fällen Leistungen der AHV zu gut. Guthaben bei der Pensionskasse und auf Säule-3a-Konten, welche während der Ehe geäufnet wurden, werden bei Auflösung des Güterstandes geteilt (weitere Informationen dazu ab Seite 181).*

Vorsorge im Konkubinat

Kein Zweifel: Das Konkubinat ist heute gesellschaftlich etabliert. In der Gesetzgebung hat dies jedoch bei weitem nicht zu einer vollständigen Gleichstellung mit der Ehe geführt. Immerhin sind Ansätze vorhanden – etwa in der zweiten Säule.

Hinweis *In diesem Buch geht es nur um Fragen der Vorsorge im Rahmen eines Konkubinats. Alle Informationen, die für diese Lebensform sonst noch wichtig sind, finden Sie im Ratgeber «Zusammen leben, zusammen wohnen – Was Paare ohne Trauschein wissen müssen», Beobachter-Buchverlag, Zürich 2004, www.beobachter.ch/buchshop.*

Wer ohne Trauschein zusammenlebt, profitiert von Kostenvorteilen einerseits, kann sich anderseits aber gegenseitig nur bedingt begünstigen. Rentnerpaare, die im Konkubinat leben, fahren bezüglich AHV besser als Eheleute, da sie zwei unplafonierte Renten erhalten – wie wenn sie allein stehend wären. Damit sind die Privilegien aber auch schon abschliessend benannt. Für eine solide Absicherung Ihrer Konkubinatspartnerin, Ihres Konkubinatspartners braucht es eine Reihe von Massnahmen – meist vertragliche –, die Sie aktiv umsetzen müssen. Das gilt besonders für Paare, bei denen die eine Seite die Erwerbstätigkeit aufgegeben hat – sie könnte beim Zerbrechen der Partnerschaft mit leeren Händen dastehen. So beugen Sie vor:

- Hat die Partnerin in gemeinsamer Absprache die Erwerbstätigkeit reduziert oder aufgegeben, beispielsweise um Kinder zu betreuen, halten Sie in einem Konkubinatsvertrag fest, wie sie am Vermögenszuwachs beteiligt werden soll – insbesondere bei Auflösung der Wohn- und Lebensgemeinschaft durch Trennung.
- Soll eine Seite im Fall einer Trennung eine persönliche Entschädigung in Rentenform oder als einmaliges Kapital erhalten? Falls ja, regeln Sie dies ebenfalls schriftlich.
- Wie Sie Ihren Partner, Ihre Partnerin über den Tod hinaus begünstigen können, steht ausführlich im Kapitel «Für den Konkubinatspartner vorsorgen» (Seite 217).
- Lassen Sie sich gegebenenfalls bei einer Anwältin oder einem Anwalt beraten, wie Sie diese Punkte am besten regeln.

Tipps für die AHV

Wenn in Ihrem Konkubinat eine Person erwerbstätig ist, die andere den Haushalt führt und eventuell Kinder betreut, so ist letztere potenziell benachteiligt, weil es bei der Rentenberechnung nicht zu einem Splitting der Einkommen kommt wie bei verheirateten Paaren. Wer kein oder nur ein sehr niedriges Einkommen hat, wird eine entsprechend tiefere Rente erhalten. Dem können Sie mit zwei Massnahmen gegensteuern:

- Unbedingt lückenlos die AHV-Beiträge als Nichterwerbstätige bezahlen.
- Wenn Kinder vorhanden sind, die Erziehungsgutschriften voll auf das Konto des nichterwerbstätigen Partners buchen lassen. Dazu braucht es bei gemeinsamem Sorgerecht eine schriftliche Vereinbarung, weil die AHV sonst diese Gutschriften je hälftig auf die Konten von Vater und Mutter verteilt.

Im Todesfall gehen Konkubinatspartner leer aus – eine Hinterbliebenenrente ist bei der AHV nicht vorgesehen. Kinder haben jedoch eine

AHV-Waisenrente zugut, wenn ein Kindsverhältnis zum Verstorbenen bestand.

Berufliche Vorsorge

Konkubinatspartner führen ihre berufliche Vorsorge getrennt, ob nun beide einer Pensionskasse angeschlossen sind oder nur einer. Wird die Verbindung aufgelöst, kommt es nicht zu einer Teilung des angesparten Guthabens, wie dies bei einer Ehescheidung der Fall ist.

Pensionskassen können seit dem 1. Januar 2005 im Reglement vorsehen, dass auch im obligatorischen Bereich Leistungen an Konkubinatspartnerinnen und -partner ausgerichtet werden. Im überobligatorischen Bereich war das schon vorher möglich. Allerdings: Verpflichtet sind die Kassen zu nichts – es handelt sich um eine reine Kann-Regelung. Klären Sie anhand des Reglements ab, wie dies Ihre eigene Kasse und diejenige Ihres Partners handhabt.

Wenn Sie im Konkubinat leben und von der Kasse Ihres früheren Ehe- oder Lebenspartners Leistungen beziehen, haben Sie keinen Anspruch auf Leistungen der Kasse Ihres aktuellen Partners.

Hinweise *Wenn Ihre Pensionskasse Leistungen an die Konkubinatspartnerin vorsieht, erkundigen Sie sich, welche Unterlagen Sie einreichen müssen, damit allfällige Leistungen schnell ausbezahlt werden können. Das kann zum Beispiel eine Kopie Ihres Konkubinatsvertrags sein.*

Manche Kassen, die grundsätzlich Leistungen an Konkubinatspartnerinnen ausrichten, stellen Bedingungen, zum Beispiel dass die Partnerschaft vor der Pensionierung oder vor einem bestimmten Altersjahr (zum Beispiel 60) eingegangen wurde. Ist dies nicht der Fall, gibts keine Leistungen. Das ist erlaubt – auch wenn Paare, die in vorgerücktem Alter heiraten, meist besser wegkommen. Doch sogar sie müssen bei gewissen Kassen mit Einschränkungen rechnen.

Dritte Säule

Konkubinatspartner haben keinen Anspruch auf Gelder, die der erwerbstätige Partner – nur Erwerbstätige dürfen einzahlen – auf ein

Konto oder eine Police der gebundenen Säule 3a überwiesen hat. Im Falle einer Trennung bleibt dieses Guthaben vollumfänglich beim Eigner des Kontos beziehungsweise der Police.

Im Todesfall unterliegt das angesparte Kapital auf einem 3a-Konto den Regeln des ehelichen Güter- und des Erbrechts. Es wird gemäss der gesetzlich geregelten Begünstigtenordnung wie folgt ausbezahlt:

1. Witwer / Witwe
2. Waisen zusammen mit massgeblich Unterstützten bzw. Konkubinatspartnern (nach fünfjähriger Lebensgemeinschaft oder bei gemeinsamen Kindern)
3. Eltern
4. Geschwister
5. übrige Erben.

Sind keine Ehepartner oder Kinder vorhanden, eignet sich die Säule 3a sehr gut als Vorsorgeinstrument für Konkubinatspartner. Denn hier lässt sich die Begünstigtenordnung anpassen. Erkundigen Sie sich bei Ihrer Bank oder Versicherung und ändern Sie die Begünstigtenordnung zugunsten Ihres Lebenspartners.

Säule 3b

Bei der freien Vorsorge (Säule 3b) richten sich die Ansprüche bei Nichtverheirateten einzig und allein nach dem Erbrecht (Ausnahme: gewisse Versicherungslösungen; mehr dazu Seite 220). Unverheiratete Partner und Partnerinnen gehen grundsätzlich leer aus. Wer im Konkubinat lebt, tut deshalb gut daran, ein Testament zu verfassen. Sind Kinder aus früheren Beziehungen da, mit denen man sich gut versteht, ist ein Erbvertrag eine sinnvolle Sache – vorausgesetzt, die Kinder sind volljährig. Mit einem Testament kann dem Lebenspartner die frei verfügbare Quote zugewiesen werden, mit einem Erbvertrag sogar mehr. Der Haken beim Erbvertrag: Alle müssen zustimmen, auch Erben – zum Beispiel erwachsene Kinder –, die ohne eine solche Vereinbarung mehr erhalten würden.

Versicherungsformen der Säule 3b bieten auch für Konkubinatspaare gewisse Vorteile: Bei Todesfallrisikoversicherungen, gemischten Lebensversicherungen und Leibrenten mit Rückgewähr dürfen Sie die begünstigte Person frei wählen – im Todesfall wird einzig der Rückkaufswert in den Nachlass eingerechnet. Und die Begünstigung können Sie jederzeit wieder abändern.

Checkliste Konkubinat

- Erstellen Sie einen Konkubinatsvertrag und ergänzen Sie ihn mit einem Vermögensinventar. Überprüfen und aktualisieren Sie den Vertrag jährlich.
- Treffen Sie im Vertrag eine Vereinbarung, ob und wie der nichterwerbstätige Partner entschädigt wird, wenn die Wohn- und Lebensgemeinschaft endet. Denn grundsätzlich gilt: Ohne Vertrag kein Anspruch.
- Klären Sie vor einem gemeinsamen Liegenschaftserwerb ab, ob beide Partner alleine in der Lage wären, die Liegenschaft zu halten. Vereinbaren Sie bei einem gemeinsam finanzierten Liegenschaftskauf unbedingt eine anwaltlich überprüfte vertragliche Regelung. Oder einer der Partner kauft und finanziert die Liegenschaft vollumfänglich aus eigenen Mitteln und der andere bezahlt ihm Miete. Schliessen Sie diesfalls einen schriftlichen Mietvertrag untereinander ab.
- Setzen Sie sich vor der gemeinsamen Wohnsitzwahl über die Steuersituation im Bereich der Erbschaftssteuern sowie der Besteuerung von Vorsorgeleistungen (Säule 2 und 3a/3b) ins Bild.
- Informieren Sie sowohl Ihre Pensionskasse als auch Ihren Vertragspartner im Bereich der Säule 3a (Bank/Versicherung) schriftlich über Ihr Konkubinatsverhältnis und getroffene Begünstigungen. Gleiches gilt, wenn die Lebensgemeinschaft in Brüche geht.
- Sobald auch gemeinsame Kinder vorhanden sind: Wer erhält das Sorgerecht, wenn ein Lebenspartner stirbt? Bei einer entsprechenden Regelung kann Ihnen die zuständige Vormundschaftsbehörde weiterhelfen.
- Behalten Sie Verbesserungsmöglichkeiten im Bereich der Nachlassbegünstigung im Auge, beispielsweise beim Ableben der eigenen Eltern (mehr dazu Seite 215).
- Treffen Sie Regelungen für den Krankheitsfall (Auskunftsvollmacht, Patientenverfügung). So stellen Sie sicher, dass Ihr Partner, Ihre Partnerin Sie im Ernstfall besuchen darf und Auskunft erhält.
- Prüfen Sie mit zunehmender Dauer der Partnerschaft immer mal wieder den Gedanken der Eheschliessung. Denn die Ehe offeriert wesentlich mehr Absicherungsmöglichkeiten!

Achtung Erteilen Sie Ihrer Konkubinatspartnerin, Ihrem Konkubinatspartner eine Auskunftsvollmacht. Im Todesfall könnten Behörden und Banken sonst die Kooperation verweigern.

Wenn Sie mehr darüber wissen wollen, wie Sie für den Todesfall vorsorgen und dabei Ihre Nächsten absichern können, finden Sie Informationen und viele Vorlagen im Beobachter-Ratgeber «Im Reinen mit den letzten Dingen – Ratgeber für den Todesfall», Beobachter-Buchverlag, Zürich 2004, www.beobachter.ch/buchshop.

Vorsorgen für die Ausbildung der Kinder

Eltern müssen ihren Kindern die Erstausbildung finanzieren – ob sie nun schon pensioniert sind oder nicht (siehe Seite 131). Wer im Ruhestand noch Söhne und Töchter in der Ausbildung hat, ist häufig mit teuren Studiengängen konfrontiert. Die beste Vorsorge im Hinblick auf solche Bedürfnisse ist ein spezielles Sparguthaben, das in früheren Jahren kontinuierlich geäufnet wurde. Zwar gibt es diesbezüglich spezielle Bank- und Versicherungsangebote. Genau so zweckmässig ist aber ein separates Sparkonto, das mit einem Dauerauftrag möglichst von Geburt des Kindes an regelmässig bedient wird. Selbst wenn monatlich nur kleine Beträge für solche Zwecke aufzubringen sind – der Zinseszins wird sich auch hier segensreich auswirken (siehe Tabelle Seite 66). Falls Sie das Konto auf den Namen des Kindes einrichten, bedenken Sie, dass das entsprechende Guthaben Kindsvermögen darstellt und dem Sohn oder der Tochter bei Erreichen der Volljährigkeit zur freien Verfügung steht.

Wenn Sie keinen eigenen Sparplan für die Kinder haben und die Ausbildung aus Ihren Ersparnissen bezahlen, ist die Ausscheidung eines bestimmten Betrags schon zu Beginn der Ausbildung auf ein separates Konto sinnvoll. Überweisen Sie Ihrem Sprössling gemäss den getroffenen Vereinbarungen jeden Monat einen bestimmten Betrag.

Bildungskonto äufnen

Selbst wenn mit einem minimalen Zins von zwei Prozent gerechnet wird, wächst das Kapital bei monatlichen Einzahlungen von 50, 100 oder 200 Franken während bis zu 20 Jahren beachtlich an:

Laufzeit	Monatlich einbezahlter Betrag in Franken		
	50	100	200
5 Jahre	3 154	6 307	12 615
10 Jahre	6 636	13 271	26 542
15 Jahre	10 480	20 960	41 919
20 Jahre	14 724	29 448	58 897

Lesebeispiel: Bei einer monatlichen Einlage von 100 Franken über 15 Jahre hinweg kommen 20 960 Franken zusammen.

Tipp *Rechnen Sie für die Ausbildung eines Kindes mit dem Schulgeld sowie mit Lebenshaltungskosten, die dem Existenzminimum entsprechen. Junge Leute können sich mit diesem auf eine durchaus menschenwürdige Art arrangieren.*

Vorsorge für Selbständigerwerbende

Selbständigerwerbende müssen AHV zahlen wie jede andere in der Schweiz wohnhafte und / oder arbeitende Person – das ist aber auch schon alles. Ob und wie Sie darüber hinaus fürs Alter vorsorgen, ist Ihnen überlassen. Vernachlässigen sollten Sie den Gedanken an den Ruhestand aber auf keinen Fall.

Selbständig im Sinne der AHV?

Die AHV spielt insofern eine wichtige Rolle, als es von ihr abhängt, ob Sie als selbständigerwerbend anerkannt werden oder nicht. Für die Anerkennung sind eine Reihe von Voraussetzungen zu erfüllen. Primär müssen Sie ein eigenes wirtschaftliches Risiko tragen, also auf eigenen

Namen und eigene Rechnung handeln, Kapital einsetzen, Kosten und Verluste selbst tragen, nicht an Weisungen Dritter gebunden sein usw. Ihre Selbständigkeit müssen Sie mit Unterlagen belegen können, zum Beispiel mit einem Mietvertrag für Geschäftsräume, Offerten an künftige Kunden, Rechnungen für bereits erledigte Aufträge etc. Massgeblich ist die tatsächliche Ausgestaltung des Geschäfts – ob Sie sich selbst als selbständig bezeichnen oder nicht, ist für die AHV irrelevant. Sogar wenn Sie für die Steuerbehörde als Selbständiger gelten, kann die AHV zum gegenteiligen Schluss kommen.

Achtung *Klären Sie unbedingt frühzeitig bei der Ausgleichskasse ab, ob Sie als selbständigerwerbend anerkannt werden. Denn an deren Entscheid orientieren sich auch andere Sozialversicherungen (die Pensionskasse, die obligatorische Unfallversicherung, die Krankenversicherung).*

Als Neuunternehmer müssen Sie sich bzw. Ihre Firma bei der kantonalen Ausgleichskasse oder bei der Ausgleichskasse Ihres Branchenverbandes anmelden. Gehören Sie einem Berufsverband an, der eine eigene Ausgleichskasse betreibt, so werden Sie dieser angeschlossen. Nehmen Sie frühzeitig mit einer Ausgleichskasse Kontakt auf, um alle Modalitäten zu klären.

AHV-Beiträge als Selbständigerwerbender

Die Beiträge für Selbständige machen zwischen 5,116 und 9,5 Prozent des Einkommen aus (siehe Seite 26). Während den Abzügen bei Arbeitnehmern das Bruttoeinkommen zugrunde liegt, werden sie bei Selbständigerwerbenden auf dem steuerbaren Erwerbseinkommen erhoben.

Oberstes Gebot für Selbständigerwerbende wie für alle AHV-Beitragszahler ist das lückenlose Einzahlen der Beiträge. Das ist umso wichtiger, als alle anderen Vorsorgeformen freiwillig sind und je nach Geschäftsgang vielleicht nur unzureichend genutzt werden. Die Tendenz vieler Selbständigerwerbender, ihr Einkommen aus steuerlichen Gründen zu minimieren, hat dann Folgen für die Höhe der AHV-Rente, wenn es unter die Obergrenze von 77 400 Franken sinkt (Stand 2006). Denn nur wer stets auf einem Durchschnittseinkommen in dieser Höhe Beiträge gezahlt hat, erhält im Alter die Maximalrente.

Tipp *Halten Sie sich stets auf dem Laufenden, wie hoch das massgebliche Durchschnittseinkommen ist. So vermeiden Sie, dass sich Ihre Steuerersparnis im Rentenalter als Bumerang erweist und eine empfindlich tiefere AHV-Rente zur Auszahlung gelangt.*

Kein Muss: Zweite Säule

Wenn Sie im Sinne der AHV als selbständigerwerbend gelten und mehr als 19 350 Franken im Jahr verdienen (Stand 2006), dann können Sie sich einer Vorsorgeeinrichtung der zweiten Säule anschliessen – wenn Sie das möchten, denn verpflichtet sind Sie dazu nicht. Die Möglichkeiten: Sie schliessen sich der Personalvorsorgeeinrichtung Ihres Betriebs an, wenn deren Reglement dies erlaubt. Oder aber Sie lassen sich als Mitglied eines Berufsverbands mit eigener Vorsorgeeinrichtung bei dieser versichern. Als dritte Möglichkeit bietet sich der Beitritt zur Stiftung Auffangeinrichtung BVG an – hier lässt sich allerdings nur das Obligatorium versichern.

Sie zahlen bei einem Beitritt sowohl die Arbeitnehmer- wie auch die Arbeitgeberbeiträge.

Hinweis *Stehen Sie als selbständig erwerbstätige Person einem Betrieb vor, so können Sie durch die Wahl der Rechtsform des Betriebs dafür sorgen, dass Sie angestellt werden, beispielsweise als Geschäftsführerin. Damit finden Sie automatisch auch in die Pensionskasse der Angestellten Aufnahme. Das gilt etwa bei der Gründung einer GmbH oder einer Aktiengesellschaft.*

Ein Beitritt zu einer Pensionskasse bringt den Vorteil des Risikoschutzes (Tod, Invalidität) mit sich. Unverheiratete ohne Kinder zahlen aber mit ihren Beiträgen für Leistungen, die sie nie benötigen werden (Renten für Hinterlassene im Todesfall). Für sie kann die Vorsorge über die dritte Säule sinnvoller sein.

Pensionskassenguthaben

Wenn Sie aus einer unselbständigen Erwerbstätigkeit ein Pensionskassenguthaben besitzen, können Sie sich dieses bei Aufnahme einer selbständigen Erwerbstätigkeit bar auszahlen lassen und es als Startkapital einsetzen. Dafür brauchen Sie die schriftliche Einwilligung Ihres Ehepartners, Ihrer Ehepartnerin.

Erkundigen Sie sich rechtzeitig bei Ihrer Pensionskasse, wie hoch das Freizügigkeitsguthaben ist, verlangen Sie eine schriftliche Auskunft. Die Einrichtung ist verpflichtet, diese Berechnung auf Anfrage vorzunehmen. Klären Sie auch ab, wie lange Sie mit dem Bezug zuwarten können, wenn Sie das Guthaben nicht gleich beim Start in die Selbständigkeit brauchen. Fragen Sie bei der Steuerbehörde nach, wie viel Steuern Sie bei Auszahlung abliefern müssen.

Beachten Sie Folgendes, wenn Sie mit dem Bezug Ihres Freizügigkeitsguthabens liebäugeln:

- Ein Bezug ist für ältere Jungunternehmer kritisch, weil vielleicht nicht mehr genügend Zeit bleibt, um erneut eine gute Altersvorsorge aufzubauen. Reüssieren Sie nicht mit Ihrem Geschäft, ist Ihr Altersguthaben unwiderruflich verloren.
- Wer nicht mehr bei einer Pensionskasse versichert ist, verliert auch deren Schutz bei Tod und Invalidität. Schliessen Sie eine entsprechende Risikoversicherung ab. Ein Muss, wenn Sie verheiratet sind und / oder Kinder haben!

Volle Flexibilität mit der Säule 3a

Die Säule 3a erweist sich als Königsweg für viele Selbständigerwerbende – sie bietet maximale Flexibilität bei beachtlichen steuerlichen Vorteilen (siehe Seite 73). Wenn man keiner Pensionskasse angeschlossen ist, darf man jährlich bis 20 Prozent des Einkommens einzahlen, höchstens aber 30 960 Franken (Stand 2006). Es gilt: Je kräftiger Sie Ihr steuerbares Einkommen mit Abzügen reduzieren, desto weniger dürfen Sie eventuell in die dritte Säule einzahlen. Wägen Sie ab!

Hinweise *Beim Start in die Selbständigkeit dürfen Sie die Guthaben bisheriger Säule-3a-Konten bar beziehen. Sie können nachher wieder ein gleiches Konto eröffnen.*

Wenn Sie die Gelder liegen lassen und dennoch weiter in die Säule 3a einzahlen wollen, eröffnen Sie ein zweites Konto. Damit schaf-

fen Sie eine saubere Trennung zwischen Ihren Beiträgen als Arbeitnehmer und als Selbständigerwerbender und können Diskussionen mit Banken und Steuerbehörden aus dem Weg gehen.

Alles zu seiner Zeit

Dass es ab einem gewissen Alter möglicherweise zu riskant ist, das Freizügigkeitskapital der zweiten Säule in ein Neuunternehmen einzubringen, wurde oben bereits angetönt. Es gibt noch ein paar andere Punkte zu beachten:

In der Startphase: Es macht wenig Sinn, teure Startkredite aufzunehmen und gleichzeitig grössere Beträge fürs Alter auf die hohe Kante zu legen. Sichern Sie sich in der Startphase für die wichtigen Risiken (Tod, Invalidität) ab, und zwar mit einer auf Ihre Situation zugeschnittenen Versicherung. Zahlen Sie Ihre AHV-Beiträge. Das grosse Sparen verschieben Sie auf später – ohne das Ziel einer soliden Altersvorsorge aus den Augen zu verlieren.

Wenn das Unternehmen läuft: An einer erfreulichen Entwicklung Ihrer Firma wird auch der Fiskus seine Freude haben und entsprechend zugreifen. Jetzt ist der Zeitpunkt gekommen, steuergünstige Vorsorgemöglichkeiten auszuschöpfen. Wenn die Einlage ins Säule-3a-Konto keine ausreichende Steuerentlastung mehr bringt, schliessen Sie sich einer Vorsorgeeinrichtung an und kaufen Sie sich ein (siehe Seite 50). Die Beträge können Sie vom Einkommen abziehen, was sich angenehm auf Ihre Steuerrechnung auswirken wird.

Tipp *Als Unternehmer haben Sie die Möglichkeit, sich im Rahmen einer Kaderversicherung Ihres Kaders zu versichern – ohne gleichzeitig der Basisversicherung nach BVG angehören zu müssen. Prüfen Sie die Vorteile dieser Lösung.*

Bauen Sie als selbständigerwerbende Person bei allen Bausteinen der Vorsorge Reservepuffer ein. Das geschieht am sinnvollsten durch ergänzende Sparschritte im Rahmen des ganz normalen Banksparens. Und lassen Sie sich nicht durch die Fülle des Angebots zu einer Überversicherung verführen – das ist hinausgeworfenes Geld.

Für eine sorgfältige Planung empfiehlt sich eine frühzeitige Beratung bei einer Fachperson. Mit ihr können Sie klären, wie Sie Ihre Vorsorge am besten aufbauen und gleichzeitig Ihre Steuern optimieren.

Frühpensionierung

Endlich Zeit haben, noch einmal ausgedehnte Reisen unternehmen, ein geliebtes Hobby intensiv betreiben, sich einen lang gehegten Ausbildungswunsch erfüllen oder einfach ohne Druck und Agenda das Leben geniessen: Manch einer möchte seine Träume für die Zeit nach der Pensionierung lieber früher als später umsetzen. Frühpensionierungen sind im Trend, aber leider nach wie vor teuer. Gerade Menschen in anstrengenden körperlichen oder belastenden Berufen würden häufig gern früher in Pension gehen – und müssen vielleicht feststellen, dass sie es sich nicht oder nur knapp leisten können. Andere wiederum müssen gezwungenermassen abtreten, bevor sie für diesen Schritt bereit sind. Für die wenigsten steht der goldene Fallschirm bereit, der den Abgang aus der Arbeitswelt wenigstens materiell abfedert. Ob freiwillig oder unfreiwillig: Bevor Sie sich entmutigen lassen, rechnen Sie Ihre Situation kühl durch und machen Sie sich mit dem Gedanken vertraut, dass Sie sich gegebenenfalls nach der Decke strecken müssen. Und wenn Sie sich freiwillig früher pensionieren lassen wollen, planen Sie rechtzeitig. Das heisst in diesem Fall: mehrere Jahre im Voraus.

Die Kosten berechnen

Wenn Sie in Erwägung ziehen, sich vor dem ordentlichen Rentenalter aus dem Erwerbsleben zurückzuziehen, sollten Sie zunächst einmal berechnen, was Sie dieser Schritt kosten würde. Zu berücksichtigen sind einerseits die fehlenden Einnahmen (Lohn), andererseits gekürzte Renten. Ein Lichtblick: Die Steuern werden dank tieferem Einkommen sinken.

Hinweis *Erstellen Sie ein Budget mit allen relevanten Posten (siehe Kapitel «Das habe ich, das brauche ich», Seite 127). Einen solchen Überblick brauchen Sie, um abschätzen zu können, ob eine Frühpen-*

sionierung im Bereich der Möglichkeiten liegt oder Wunschtraum bleiben muss.

Fehlende Einnahmen

Wie lässt sich die Lücke, die durch den Lohnausfall entstehen wird, überbrücken? Vielleicht haben Sie Vermögen, das Sie dosiert verzehren können; Männer können beispielsweise ab 60 Jahren auch Gelder der Säule-3a-Konten beziehen, Frauen schon ab 59. Ein solcher Vermögensverzehr hat den Vorteil, dass sich Rentenkürzungen vermeiden lassen. Allerdings muss Ihr Guthaben substanziell sein, wenn Sie davon mehrere Jahre leben wollen.

Beispiel *Henriette B., Jahrgang 1943, lässt sich mit 62 Jahren vorzeitig pensionieren. Sie verdiente 84 000 Franken jährlich und erhält ab sofort Rentenzahlungen von insgesamt 4200 Franken monatlich. Eine Rentenkürzung wird sowohl bei der AHV fällig (3,4 Prozent pro Jahr) wie auch bei der Pensionskasse. Henriette B. kann sich diese Rentenkürzungen aber leisten, da ihr Vermögen von einer halben Million Franken einen monatlichen Zustupf von rund 3000 Franken erlaubt. Diesen Betrag hat sie mit dem Umwandlungssatz errechnet, den die Pensionskassen zurzeit im obligatorischen Bereich anwenden: rund sieben Prozent.*

Falls Sie Liegenschaftenbesitz haben, können Sie eine Erhöhung der Hypothek in Erwägung ziehen. Bedenken Sie aber, dass damit die Zinslast steigt. Und: Nicht alle Banken machen gern mit (siehe Kapitel «Hypotheken aufnehmen», Seite 109).

Gekürzte Renten

Wer nicht so wohlhabend ist, dass er dank seiner Reserven ein paar Jahre über die Runden kommt, dem bleibt nichts anderes übrig, als frühzeitig Renten zu beziehen.

AHV. Die Renten können zwei Jahre vor dem ordentlichen Pensionierungsalter bezogen werden – mit einer entsprechenden Kürzung (siehe Seite 33). Zu beachten: Die Beitragspflicht als Nichterwerbstätiger bleibt bis zum Erreichen des ordentlichen Rentenalters bestehen!

Sind Sie vermögend, kann das ins Geld gehen. Befreit von dieser Beitragspflicht sind Sie, wenn Ihr Ehepartner, Ihre Ehepartnerin nach wie vor erwerbstätig und noch nicht im AHV-Alter ist und auf dieser Grundlage AHV-Beiträge in einer bestimmten Höhe abliefert (siehe Seite 24).

Berufliche Vorsorge. Bei den allermeisten Vorsorgeeinrichtungen ist im Reglement eine frühzeitige Pensionierung vorgesehen. Eine solche hat Konsequenzen auf mehreren Ebenen:

- In den letzten Jahren leisten Sie und Ihr Arbeitgeber prozentual am meisten Beiträge. Diese fehlen Ihnen – Ihr Alterskapital fällt entsprechend tiefer aus.
- Da das Altersguthaben länger reichen muss, ist der Umwandlungssatz bei vorzeitigem Rentenbezug tiefer – wie viel tiefer, ist gesetzlich nicht geregelt. Man geht aber davon aus, dass Ihre Rente lebenslang um etwa sechs bis sieben Prozent pro Vorbezugsjahr gekürzt wird.
- Wenn Sie eine Überbrückungsrente der Pensionskasse beziehen, die Sie selbst finanzieren, schmälert diese Ihr Altersguthaben zusätzlich.

Wenn Sie bereits mehrere Jahre im Voraus wissen, dass Sie sich frühpensionieren lassen wollen, können Sie je nach Reglement höhere Beiträge in die Pensionskasse einzahlen, um den vorzeitigen Rentenbezug zu

Frühpensionierung: Auswirkungen auf AHV und PK

Vorsorgesäule	Auswirkungen	Bemerkungen
AHV	*Mann:* pro Jahr vorzeitige Berufsaufgabe: minus 6,8%, gültig für die 63- und 64-Jährigen *Frau:* pro Jahr vorzeitige Berufsaufgabe: minus 3,4% für Frauen der Jahrgänge 1942–47 (bis 2009); für alle anderen wie bei Männern	Trotz einer Frühpensionierung sind weiterhin Beiträge bis zum ordentlichen AHV-Alter zu entrichten. Sie bemessen sich nach dem jährlichem Renteneinkommen (ohne AHV) und Vermögen.
Zweite Säule	Je nach Art der Pensionskasse unterschiedlich; das Reglement gibt Auskunft.	Hier entfallen Beiträge ab dem Zeitpunkt der vorzeitigen Pensionierung.

finanzieren. Damit sparen Sie gleichzeitig Steuern, da die Einlagen abzugsfähig sind.

Überbrückungsrenten und Abfindungen

Wenn Ihr Arbeitgeber beziehungsweise Ihre Pensionskasse bei der Finanzierung der Frühpension mit einer Überbrückungsrente hilft – umso besser. Das könnte beim Abwägen ein gewichtiges Argument auf der Pro-Seite sein. Vielleicht kommt dieser Entscheid aber ohnehin unfreiwillig, und Sie räumen Ihren Arbeitsplatz gezwungenermassen. Dann gibt es in der Regel im Rahmen eines Sozialplans Abgangsentschädigungen oder Überbrückungsrenten, die vom Arbeitgeber finanziert werden. Ist dies nicht der Fall, sollten Sie nicht in Versuchung geraten, die Überbrückungsrente aus Ihrem Pensionskassenguthaben selbst zu finanzieren. Denn damit schmälern Sie Ihren rechtmässigen Anspruch auf Arbeitslosengelder (siehe Seite 57)!

Achtung *Kassieren Sie eine Abfindung, bevor Sie 55 Jahre alt sind, so anerkennen der Bund und viele Kantone deren Vorsorgecharakter nicht an. Das hat böse steuerliche Folgen: Die Summe wird zum regulären Einkommen addiert – teilweise unter Berücksichtigung der Anzahl Jahre, für die die Ersatzleistung gewährt wird. Das kann Sie im ungünstigsten Fall aufgrund der Progression zwischen einem Drittel und fast der Hälfte der Abfindung kosten. Erkundigen Sie sich also rechtzeitig bei der Steuerbehörde, wie Ihre Abfindung besteuert wird! Fragen Sie gegebenenfalls bei der Pensionskasse Ihres (alten) Arbeitgebers nach, ob Sie die Summe als Einkauf einbringen können. Wenn Sie sich dieses Vorgehen leisten können, erwischen Sie zwei Fliegen auf einen Schlag: Der Einkauf lässt sich steuerlich voll absetzen, und Ihr Alterskapital wächst sprunghaft an.*

Wenn Frühpensionierte wieder arbeiten

Sie haben den Sprung in die Frühpensionierung geschafft – und auf einmal viel zu viel Zeit? Wenn Sie in der glücklichen Lage sind, sich einen neuen Job angeln zu können, gelten für Sie ein paar Sonderbedingungen:

- Wenn Ihre AHV-Beiträge auf dem neuen Einkommen einen bestimmten Betrag übersteigen, brauchen Sie keine Beiträge als Nichterwerbstätige mehr zu bezahlen.
- Wenn Sie mehr verdienen als 19 350 Franken (Stand 2006), fallen Sie erneut unter das BVG-Obligatorium, aber nur bis zum ordentlichen Rentenalter. Das heisst, dass Sie Beiträge an die Pensionskasse Ihres neuen Arbeitgebers abliefern müssen – auch wenn Sie von Ihrer alten Kasse bereits eine Rente beziehen. Sie brauchen sich aber in die neue Kasse nicht einzukaufen. Später erhalten Sie von dieser eine bescheidene Rente, oder Sie können sich, je nach Reglement, das Kapital als Ganzes auszahlen lassen.

Scheiden tut weh

Geld hat einen hohen Symbolwert und gehört zu den Themen, die in Ehen am häufigsten zu Meinungsverschiedenheiten führen. Im Fall einer drohenden Scheidung verschärfen sich diese Auseinandersetzungen. Denn das Zerbrechen einer Ehe ist nicht nur eine stark emotionale Angelegenheit, es ist in einer Wechselwirkung sondergleichen auch mit finanziellen Folgen verbunden. Zwar ist es kurz vor oder nach der Pensionierung selten der Fall, dass Mann oder Frau zu Alleinerziehenden werden und damit ein besonders grosses Armutsrisiko zu tragen haben. Doch die Trennung eines Haushalts und dessen Aufteilung auf zwei Einheiten ist mit Mehrkosten verbunden – die umso eher ins Gewicht fallen, wenn gleichzeitig das verfügbare Einkommen aufgrund der Aufgabe der Erwerbstätigkeit sinkt.

Dass in einer solchen Situation der Budgetierung ein hoher Stellenwert zukommt, muss kaum ausführlich erläutert werden. Die Überlegungen zum Budget unterscheiden sich aber nicht von jenen, die im Hinblick auf eine Pensionierung ohnehin anzustellen sind (siehe Seite 128). Weil die Ungewissheit bezüglich wichtiger einzelner Faktoren vielfach höher ist als im Normalfall, wird mit entsprechend grösseren Reserven zu rechnen sein.

Die Checkliste auf Seite 182 hilft, im Scheidungsfall die besonders mit der Pensionierung verbundenen Fragen zu klären.

> **Checkliste: Scheidung und die finanziellen Folgen**
>
> Wenn Sie in einer Scheidung stecken oder eine solche erwägen, stellen Sie sich in Ergänzung zu allen Budgetabklärungen folgende Fragen:
> - Welche Auswirkung hat die Scheidung auf die Ansprüche im Rahmen der AHV und der Pensionskasse?
> - Inwieweit können vorhandene Absicherungen durch Versicherungslösungen nach der Scheidung erhalten bleiben?
> - Welche ergänzenden Sparmöglichkeiten ergeben sich für die beiden Partner, um Vorsorgelücken nach der Scheidung zu stopfen?
> - Unter welchen Umständen ist es möglich, vorhandenes Wohneigentum zu halten und für die Eigennutzung des einen Partners vorzusehen?

Vorsorgeausgleich – so funktioniert es

Die während der Ehe erwirtschafteten Ersparnisse werden aufgeteilt – das gilt grundsätzlich auch für Vorsorgegelder. Die Einzelheiten unterscheiden sich von Säule zu Säule.

AHV

Ist das Scheidungsurteil rechtsgültig, können Sie – am besten gemeinsam – bei der zuständigen AHV-Ausgleichskasse einen Antrag auf Splitting stellen. Die erforderlichen Formulare und Merkblätter erhalten Sie bei der zuständigen Ausgleichskasse.

Gesplittet werden alle Beiträge, die während der Ehe einbezahlt wurden. Ausgenommen sind die Jahre der Eheschliessung und der Scheidung. Ihre Ehe muss also mindestens ein volles Kalenderjahr gedauert haben, damit es überhaupt etwas zu splitten gibt.

Nach Abschluss des Verfahrens erhalten Sie einen neuen AHV-Ausweis sowie eine Kontenübersicht. Letzterer können Sie entnehmen, welche Einkommen für die spätere Rentenberechnung berücksichtigt werden.

Hinweis *Sind Sie bereits pensioniert und beziehen als Ehepaar eine maximale AHV-Rente, so wird diese in zwei maximale Einzelrenten aufgeteilt – effektiv wird dann also eine höhere Summe ausbezahlt.*

Zweite Säule

Während sich die Eheleute bei der AHV nicht um die Berechnung des Splittings kümmern müssen, ist die Ausgangslage in der zweiten Säule anders: Es gibt keine Amtsstelle, die über sämtliche Guthaben der Versicherten Buch führt, und keine Behörde, die die Teilung berechnet. Die Eheleute müssen den Ausgleich bei der Scheidung auf gemeinsames Begehren in der Scheidungskonvention regeln. Und das ist relativ schwierig, gilt es doch verschiedenste Bestandteile zu berücksichtigen (Austrittsleistungen in verschiedenen Pensionskassen, in- und ausländische Guthaben, Freizügigkeitsguthaben, Vorbezüge von Kapitalien für den Erwerb von Wohneigentum, Barauszahlungen für die Aufnahme einer selbständigen Tätigkeit, Renten, Kapitalleistungen).

Grundsätzlich wird bei der Pensionskasse die für die Ehedauer ermittelte Austrittsleistung hälftig aufgeteilt – wenn beide Partner einer Vorsorgeeinrichtung angehören, wird der Differenzbeitrag geteilt. So schreibt es das Gesetz vor. Was einfach tönt, führt oft zu komplizierten Berechnungen. Fragen Sie als erstes bei der Pensionskasse um einen aktuellen Versicherungsausweis nach. Dort ist die Austrittsleistung aufgeführt. Diese ist massgebend, nicht das tiefere BVG-Guthaben! Der Zeitpunkt, auf den hin abgerechnet wird, muss möglichst nahe beim Urteilsdatum liegen, sonst können falsche Berechnungen – zu Ungunsten der finanziell schwächeren Partei – die Folge sein. Sind von früheren Arbeitsverhältnissen her noch Freizügigkeitskonti oder -policen vorhanden, müssen diese ebenfalls berücksichtigt werden.

Hinweis *Sie haben keinen Anspruch darauf, von der Vorsorgeeinrichtung Ihres Partners oder Ihrer Partnerin direkt Auskünfte zu erhalten. Verlangen Sie vom Gericht, dass es die nötigen Informationen beschafft.*

Vom Guthaben zum Zeitpunkt der Scheidung werden die Austrittsleistungen im Zeitpunkt der Heirat in Abzug gebracht. Seit 1995 müssen die Kassen diese Leistung bei einer Eheschliessung feststellen und beim Übertritt in eine andere Kasse weitermelden. Haben Sie früher geheiratet und möglicherweise mehrere Male die Stelle gewechselt, könnte es schwierig werden, das Guthaben zum Zeitpunkt der Heirat zu ermitteln. Ziehen Sie gegebenenfalls einen Versicherungsspezialisten oder eine spezialisierte Anwältin bei. Diese wird auch darauf achten, dass das voreheliche Guthaben korrekt aufgezinst wird.

In die Berechnung einfliessen werden auch Vorbezüge für Wohneigentum – sie werden zur Austrittsleistung hinzugezählt. Aussen vor bleiben jedoch Barauszahlungen der Freizügigkeitsguthaben, etwa wenn sich jemand selbständig macht. Dieses Guthaben wird zu Vermögen des Versicherten und steht für die Teilung im Rahmen des Vorsorgeausgleichs nicht mehr zur Verfügung (allenfalls aber im Rahmen des Ehegüterrechts). Der andere Partner kann dafür jedoch eine Entschädigung verlangen.

Steht schliesslich fest, wie viel Geld fliessen muss und von wem zu wem, so wird die Übertragung auf Anweisung des Scheidungsgerichts vorgenommen. Da die Gelder für die Vorsorge gebunden sind, gibt es keine Barauszahlung, sondern eine Überweisung entweder an die eigene Pensionskasse oder auf ein Freizügigkeitskonto bzw. eine -police.

Die so entstehende Lücke kann man mit Einkäufen wieder schliessen – sicher ein ratsames Vorgehen, wenn man dazu finanziell in der Lage ist. Der Einkauf darf auch ratenweise erfolgen, was sich steuerlich angenehm auf die Progression auswirkt.

Ausnahmen von der hälftigen Teilung

Wenn ein Ehepartner die Altersvorsorge auf andere Weise gesichert hat, kann er in der Scheidungsvereinbarung auf seinen Anspruch verzichten. Ausserdem kann das Gericht die Teilung verweigern, wenn sie aufgrund der güterrechtlichen Auseinandersetzung oder der wirtschaftlichen Verhältnisse nach der Scheidung offensichtlich unbillig wäre.

Beispiel *Das Ehepaar Elsa und Frieder T. lässt sich nach 20 Jahren Ehe scheiden. Die Rollenteilung während der Ehe war klassisch: Frieder war erwerbstätig, Elsa zog die Kinder gross. Frieders Freizügigkeitsguthaben beträgt wegen seines anhaltend tiefen Lohnes allerdings nur 250 000 Franken. Kurz vor der Scheidung erhält Elsa unerwartet eine Millionenerbschaft von einem reichen Onkel. Das Freizügigkeitsguthaben wird unter diesen Umständen nicht geteilt, denn die Erbschaft deckt Elsas Altersvorsorge zur Genüge ab.*

Wenn Sie vor einer Scheidung stehen, informieren Sie sich gründlich und gegebenenfalls unter Beizug eines spezialisierten Anwalts über Ihre Ansprüche. Denn die Studie «Evaluation Vorsorgeausgleich», die im Rahmen des Nationalen Forschungsprojektes 45 «Probleme des Sozialstaates» durchgeführt wurde (www.sozialstaat.ch), brachte Beunruhigendes an den Tag: Gerichte lassen Abweichungen von der Teilungsvorschrift keineswegs nur in Ausnahmefällen zu – und die Handhabung der an sich zwingenden Vorschrift ist oft lasch und fehlerhaft. Besonders betrüblich: In den allermeisten Fällen wird sie zu Ungunsten des finanziell schwächeren Partners abgeändert. Das sind nach wie vor meistens die Frauen. In vielen Fällen verzichten diese mit dem Segen des Gerichts sogar auf ihren Anspruch – aus Gründen, die gar nicht zugelassen werden dürften. Informieren Sie sich deshalb rechtzeitig und verzichten Sie nicht auf Gelder, die Ihnen zustehen!

Es ist bereits ein Vorsorgefall eingetreten

Ein Ausgleich ist nicht mehr möglich, wenn ein Ehepartner invalid geworden oder pensioniert ist. Dann bekommt er eine Rente seiner Vorsorgeeinrichtung und hat keine Austrittsleistung mehr zugut. In solchen Fällen wird eine «angemessene Entschädigung» festgelegt. Diese wird dem berechtigten Partner in Form eines Kapitals oder einer Rente ausbezahlt. Die Höhe der «angemessenen Entschädigung» liegt im Ermessen des Gerichts.

Hinweis *Auch geschiedene Witwen, die bei der Scheidung einen Ausgleich erhalten haben, können unter Umständen eine Witwenrente der Pensionskasse ihres Ex beziehen. Voraussetzungen sind eine mindestens zehnjährige Ehedauer und lebenslängliche Unterhaltsleistungen im Scheidungsurteil. Diese Witwenrente wird allerdings tiefer ausfallen, weil das Alterskapital ja um den Betrag des Ausgleichs reduziert wurde. Hat sich der Ex-Partner nachträglich wieder in die Pensionskasse eingekauft, erhöht sich auch die Witwenrente wieder.*

Guthaben der dritten Säule

Guthaben der Säule 3a, die während der Ehe aus Arbeitsverdienst angespart wurden, werden – sofern die Ehegatten keine Gütertrennung gewählt haben – hälftig geteilt beziehungsweise angerechnet. Dabei spielt es keine Rolle, ob das Geld auf einem Konto liegt oder in Form einer Police bei der Versicherung. Die Übertragung muss in der Scheidungsvereinbarung festgehalten werden.

Arbeitslos: Die Vorsorge aufrechterhalten

Was vor wenigen Jahrzehnten noch kaum vorkam, passiert heute auch bestqualifizierten Arbeitnehmerinnen und Arbeitnehmer: Sie verlieren ihre Stelle und werden arbeitslos. Die meisten haben während einer bestimmten Dauer Anspruch auf Arbeitslosengeld. Danach kommt die Aussteuerung – jetzt bestimmen anderweitige Unterstützung oder das Anzapfen eigener Reserven den Geldzufluss.

Dass es in Zeiten der Arbeitslosigkeit schwierig sein dürfte, Vorsorge zu betreiben, ist einleuchtend. Einige minimale Vorkehrungen sollten Sie aber treffen, um wenigstens das bisher Erreichte zu sichern.

Sie erhalten Arbeitslosengeld

Die Versicherung bei der AHV bleibt bestehen, wenn Sie Taggelder der Arbeitslosenversicherung beziehen. Eine Minderung des späteren AHV-Anspruchs kann allerdings vor allem bei zuvor schon tiefem Einkommen und bei länger anhaltender Arbeitslosigkeit nicht ausgeschlossen werden. Denn die Taggelder betragen nur noch 70 oder 80 Prozent des zuvor erzielten Erwerbseinkommens; das für eine Maximalrente erforderliche Durchschnittseinkommen wird möglicherweise nicht mehr erreicht.

Anders sieht es bei der zweiten Säule aus. Arbeitslose sind erst ab einem Mindesttaggeld (19 350 Franken pro Jahr oder 74 Franken 30 pro Tag, Stand 2006) obligatorisch weiter gegen die Risiken Tod und Invalidität versichert. Zuständig für die Vorsorge ist die Auffangeinrichtung.

Weil das Alterssparen nicht weitergeführt wird, geht die Freizügigkeitsleistung auf ein von Ihnen bezeichnetes Konto bei einer Bank.

Holen Sie mehrere Offerten von verschiedenen Banken ein, da die Zinsen variieren. Sie liegen über den gängigen Sparzinsen und sind erst noch steuerbefreit – dafür gilt weiterhin, dass ein Zugriff auf dieses Geld und die Erträge vor der Pensionierung nicht möglich ist.

Für die Risiken Tod und Invalidität bleibt bei der früheren Pensionskasse eine so genannte Nachdeckung erhalten. Sie besteht aber nur während eines Monats nach Beendigung des Arbeitsverhältnisses. Während dieser Periode muss der oder die Versicherte keine Beiträge mehr an die Pensionskasse entrichten.

Tipp *Fragen Sie die Pensionskasse Ihres bisherigen Arbeitgebers an, ob ein Verbleib in der Kasse trotz Arbeitslosigkeit möglich ist. Vor allem für ältere Arbeitnehmerinnen und Arbeitnehmer bieten die Vorsorgeeinrichtungen gelegentlich eine solche Möglichkeit, obwohl sie von Gesetzes wegen dazu nicht verpflichtet sind. Achtung: Mit dieser Lösung wählen Sie einen teuren Weg, denn Sie bezahlen sowohl die Arbeitnehmer- wie die Arbeitgeberbeiträge.*

In die gebundene dritte Säule, die an und für sich Erwerbstätigen vorbehalten ist, dürfen Sie weiterhin einzahlen, solange Sie Taggelder beziehen; diese werden als Ersatzeinkommen gesehen.

Ausgesteuert: Vorsorge ade?

In der Regel nach dem Bezug von 400 Taggeldern (Stand 2006) erlischt der Anspruch auf Arbeitslosenunterstützung. Ab der so genannten Aussteuerung wird eine erwerbslose Person mit noch weniger Geld auskommen müssen. Da bleibt in den wenigsten Fällen noch eine Sparmöglichkeit. Es gibt trotzdem ein paar Punkte, die Sie beachten sollten.

AHV zahlen: ein Muss!

Selbst wenn Sie den Gang aufs Sozialamt antreten müssen, Sie bleiben AHV-pflichtig und müssen Beiträge als Nichterwerbstätiger bezahlen. Sonst kommt es zu Beitragslücken, die sich nachteilig auf die spätere Rentenberechnung auswirken und somit lebenslange Konsequenzen mit sich bringen (siehe Seite 27).

Tipp *Sind trotz aller Vorsichtsmassnahmen Lücken entstanden, können Sie diese innerhalb von fünf Jahren nach Entstehung nachträglich schliessen.*

Pensionskassengelder

Auch während der Phase des Ausgesteuertseins wäre der Erhalt der Absicherung im Rahmen einer Pensionskasse wünschbar, möglich ist er aus finanziellen Gründen aber wohl nur in den seltensten Fällen. Gehören Sie zu diesen, können Sie die obligatorische Versicherung gemäss BVG bei der Auffangeinrichtung wie schon während des Taggeldbezugs fortsetzen. Allerdings müssen Sie ab jetzt die ganzen Beiträge selbst entrichten (Arbeitnehmer- und Arbeitgeberanteile).

Achtung *Wenn Sie sich selbständig machen, können Sie gebundene Guthaben der zweiten und dritten Säule beziehen. Wenn immer möglich sollten Sie aber Vorsorgegelder nicht antasten. Vor dem Abbau der Vorsorge – beispielsweise im Rahmen einer fingierten Selbständigkeit – sei eindringlich gewarnt. Er ist kaum mehr wettzumachen.*

Selbst wenn Sie Sozialhilfe beziehen, dürfen gebundene Gelder der Altersvorsorge nicht einfach freigegeben und verkauft werden. Setzen Sie sich gegen ein entsprechendes Ansinnen Ihres Sozialamtes zur Wehr (siehe Seite 42).

Gelder der Säule 3a

Ausgesteuerte Personen bekommen die Nachteile der unflexiblen Absicherung im Falle von Versicherungslösungen besonders deutlich zu spüren. Nichterwerbstätige dürfen in gebundene Formen der Vorsorge nicht mehr einzahlen; sie sind gezwungen, die Police entweder «zurückzukaufen» und das Geld auf ein 3a-Bankkonto zu überweisen oder sie in eine prämienfreie Police mit reduzierten Leistungen umzuwandeln. Eine solche Sistierung der Versicherung ist immer mit Verlusten verbunden.

Wenn auch eine Bankenlösung keinen unmittelbaren Zugriff auf die im Rahmen einer Säule 3a angesparten Mittel erlaubt, so lässt sich der Sparprozess immerhin ohne Verluste unterbrechen – einer der grossen Vorteile dieser Vorsorgeform.

9. Finanzen nach der Pensionierung

Geschafft: Sie können zurücklehnen, den Ruhestand geniessen. Doch mit den finanziellen Ressourcen klug zu wirtschaften ist eine lebenslange Aufgabe. Die Perspektiven ändern mit dem Austritt aus der Arbeitswelt und schliessen auch die Nachlassplanung mit ein. In diesem Kapitel sind Hintergrundwissen, Tipps und Anregungen vereint.

Geld anlegen nach der Pensionierung

Die Lebensumstände verändern sich für die meisten Menschen nach der Pensionierung. Laut einer Untersuchung des Bundesamtes für Sozialversicherungen (BSV) sinken etwa die Konsumausgaben sowie Versicherungs- und Steuerabgaben bei Personen ab 65 Jahren massiv. Zum einen nimmt meist die Haushaltsgrösse ab und die Vorsorgebeiträge an AHV und Arbeitslosenversicherung entfallen; zum anderen gehen die Konsumausgaben zum Beispiel für den Verkehr zurück, weil der Arbeitsweg nicht mehr bewältigt werden muss. In der Beratungspraxis zeigt sich, dass es vielen Berufstätigen erst nach der Pensionierung gelingt, in grösserem Umfang frei verfügbare Ersparnisse zu bilden. Denn jetzt sind sie vom gesetzlich geregelten Sparen im Rahmen der ersten und zweiten Säule entbunden. Dieser späte Sparprozess wird dadurch begünstigt, dass viele Pensionierte noch rund 10 bis 15 Jahre nach der Pensionierung fit und gesund sind und Altersgebresten, die ins Geld gehen, erst danach stark zunehmen. Auch nach der Erwerbsaufgabe ist also eine gezielte Vermögensplanung ratsam, wenn die eigenen finanziellen Bedürfnisse bis zum Lebensende gedeckt sein und vielleicht sogar die Erben beglückt werden sollen.

Noch einmal: Standortbestimmung mit Budget

In Kapitel 6, «Das habe ich, das brauche ich – Ihre Finanzen im Überblick» (Seite 127), steht detailliert, wie Sie beim Erstellen eines Budgets am besten vorgehen. Ein solches braucht es auch nach der Pensionierung, wenn Sie sich fundiert mit Ihrer Finanzlage auseinander setzen wollen. Denn ein Budget zeigt, ob und wo Handlungsbedarf besteht und wird auch Ihre Anlagestrategie beeinflussen: Bei einem Überschuss werden Sie kaum zusätzliche steuerbare Erträge erwirtschaften, bei einem Defizit Ihre Bereitschaft zum Eingehen von Kursverlustrisiken begrenzen wollen.

Der Staat darf sich verschulden – für Private ist das kein gangbarer Weg. Es gibt aber andere Massnahmen bei einem Budgetdefizit. Auf Seite 139 finden Sie Tipps, wie Sie Ihre Ausgaben unter die Lupe nehmen und reduzieren können. Auf der Einkommensseite stellt sich die Frage, ob im Rentenalter eine Nebenerwerbstätigkeit denkbar wäre. Andere Möglichkeit: eine Steigerung der Vermögenserträge durch eine kluge Anlagestrategie.

Was ist anders als zu Berufszeiten?

Viel Hintergrundwissen im Zusammenhang mit Vermögensanlagen haben Sie bereits im Kapitel «Diese Grundlagen sollten Sie kennen» erworben (Seite 86). Was für die Aufbauphase galt, behält auch in der Verzehrphase seine Gültigkeit: Für jedes Vermögen braucht es eine situationsgerechte Anlagestrategie, die konsequent umgesetzt wird. Dabei ist das Vermögen möglichst diversifiziert, das heisst breit gestreut, auf die verschiedenen Anlageklassen zu verteilen. Die Gewichtung der Anlagen ist gleichzeitig ein laufender Prozess, der den wechselnden Bedürfnissen und dem Marktumfeld Rechnung tragen soll. Besonders mit der Erwerbsaufgabe verändern sich einige Parameter, was eine Überprüfung und Neuausrichtung der Anlagestrategie nahelegt. Zu bedenken ist Folgendes:

- Die Erwerbsaufgabe ist oft mit einer Einkommenseinbusse verbunden, weil die Renten aus der ersten und zweiten Säule den wegfallenden Lohn nur teilweise ersetzen. Damit sinkt auch die Steuerprogression. Das erlaubt, die bisher aus steuerlichen Gründen bescheiden gehaltenen Erträge zu erhöhen und so die Einkommenslücke wenigstens teilweise zu füllen.
- Leicht liquidierbare Anlagen gewinnen an Bedeutung, weil mit ihnen wechselnde Bedürfnisse aufgefangen werden können. Zugleich soll das Vermögen möglichst bis ans Lebensende reichen.
- Die Bereitschaft, Risiken einzugehen, wird tendenziell sinken, da Vermögensverluste nicht durch ein höheres Einkommen und grössere Sparanstrengungen wettgemacht werden können.
- Der Anlagehorizont, das heisst der für Anlagen nötige Zeitraum, wird kleiner.

Das Vermögen gezielt verbrauchen

Obwohl viele Pensionierte durch den Wegfall familien- oder berufsbedingter Auslagen über mehr Einkommen und Vermögen als zu Zeiten der Erwerbstätigkeit verfügen, sind existenzielle Ängste weit verbreitet. Sogar ältere Menschen, die weit mehr Geld haben, als sie bis ans Ende ihrer Tage zum Leben benötigen, sind überraschend risikoscheu. Defensive Anlagestrategien sind die Folge. Und weil Risiko und Rendite untrennbar zusammengehören, reduzieren sich damit auch die erzielbaren Renditen.

Tipp *Eine Vermögensberatung, in der die vorhandenen Mittel und Möglichkeiten aufgezeigt werden, hilft Existenzängste abbauen. Aufgrund einer Vermögensübersicht und eines Budgets kann die individuelle Risikofähigkeit, das heisst die Fähigkeit, Vermögensschwankungen beziehungsweise -verluste zu tragen, geprüft werden. Um nicht zu sehr dem Sicherheitsdenken zu verfallen und damit auf Anlagechancen zu verzichten, sollten Sie sich in einem ersten Schritt Gewissheit darüber verschaffen, wie lange Ihr Vermögen bei konstantem Bezug eines Budgetfehlbetrags und verschiedenen Renditeannahmen ausreichen würde.*

Beispiel *Peter K., 65, allein stehend, hat sein Pensionskassenkapital bar bezogen und verfügt nun zusammen mit seinem bisherigen Vermögen über ein Anlagekapital von 500 000 Franken. Nach seinen Berechnungen benötigt er nebst seiner AHV von rund 25 000 Franken jährlich zusätzlich 24 000 Franken pro Jahr. Er rechnet aus, wie lange die 500 000 Franken bei konstantem Bezug und unterschiedlichen Renditeannahmen ausreichen würden:*

Betrag pro Jahr In Fr.	Rendite	Verbrauchsdauer
24 000.–	1%	24 Jahre
24 000.–	2%	27 Jahre
24 000.–	3%	32 Jahre
24 000.–	4%	42 Jahre

Auch bei einer Rendite von lediglich einem Prozent dürfte Peter K. also 89 Jahre alt werden, bis er mittellos wäre!

Die Annahme, dass ein Kapital wie das von Peter K. bei einer Anlagedauer von 24 Jahren mit nur einem Prozent rentiert, ist in Anbetracht der historisch erzielten Renditen über längere Anlagezeiträume unrealistisch pessimistisch. Ist der Anlagehorizont zehn Jahre und länger, darf man von einer Rendite von vier bis sieben Prozent je nach Zusammensetzung der Anlagen ausgehen.

Etappenplanung

Mit obigem Wissen können Sie Ihr Vermögen nun in verschiedene Tranchen aufteilen und unterschiedlich lange, entsprechend Ihren Liquiditäts- und Kapitalverzehrbedürfnissen, anlegen. Am häufigsten wird eine Zweiteilung in eine Verzehr- und eine Wachstumsrate vorgeschlagen. Wichtig bei einer solchen Planung: Gehen Sie von vorsichtigen Renditeerwartungen und realistischen Bezügen aus, damit Sie Ihre Etappen sicher und unbesorgt durchlaufen können. Beziehen Sie auch mögliche Änderungen Ihrer Auslagen wie höhere Bedürfnisse, Teuerung etc. in Ihre Überlegungen ein. Halten Sie Ihren Plan strikt ein!

Beispiel *Peter K. hat eine Etappenplanung aufgestellt. Er wünscht statt der Zweiteilung des Vermögens eine Dreiteilung, um den Renditedruck möglichst gering zu halten. Ebenso ist ihm eine eiserne Reserve für Unvorhergesehenes in der Höhe von 50 000 Franken wichtig. Somit bleiben dreimal 150 000 Franken zum Anlegen:*

__Tranche 1__ soll zum Verzehr bereitgestellt werden. Dies bedeutet, dass das Kapital – und nicht nur die Erträge – durch einen regelmässigen Bezug für die Deckung der Lebenskosten verbraucht wird. Bei einer Verzinsung von einem Prozent des monatlich um 2000 Franken abnehmenden Kapitals wird diese Tranche nach 78 Monaten aufgebraucht sein.

__Tranche 2__ kann folglich 78 Monate angelegt werden, bis das Kapital zur Verfügung stehen muss. Rechnet man bei einer defensiven Anlage mit einer jährlichen Rendite von drei Prozent, so erhöht sich das Kapital dieser Tranche auf gut 180 000 Franken, bis es benötigt wird. Die angenommene Rendite von drei Prozent kann zum Beispiel mit einem Mix aus Obligationen, indirekten Immobilienanlagen und einem geringen Aktienanteil erreicht werden. Anschliessend stellt dieses Guthaben bei einer wiederum angenommenen Rendite von nur einem Prozent für 94 Monate den Verzehr sicher.

Tranche 3 – *das letzte Vermögensdrittel* – *wird entsprechend obiger Planung 172 Monate oder gut 14 Jahre nicht benötigt und kann somit beispielsweise in weltweit gestreute Aktienanlagen investiert werden. Bei einer angenommenen Rendite von fünf Prozent stehen Peter K. im Alter von 79 Jahren damit rund 300 000 Franken für die Anschlussplanung zur Verfügung.*

Jetzt noch Versicherungen abschliessen?

Der Spielraum bei der Vermögensbildung und -anlage mit Versicherungsprodukten wird mit zunehmendem Alter gesetzlich eingeschränkt. So entfällt mit der Erwerbsaufgabe die Möglichzeit, Einzahlungen in die Säule 3a vorzunehmen, und mit dem Erreichen des AHV-Alters erfolgt zwingend die Besteuerung dieses Vorsorgekapitals.

Einmalprämienversicherungen geniessen keine Steuerfreiheit mehr, wenn sie nach dem 66. Geburtstag abgeschlossen wurden (siehe Seite 82). Falls Sie also Einmalprämienversicherungen in Ihre Anlagestrategie einbauen wollen, schliessen Sie diese rechtzeitig ab und staffeln Sie die Fälligkeiten!

Neben diesen gesetzlichen Hürden mindern auch steigende Risikoprämien für das steigende Sterblichkeitsrisiko die Attraktivität kapitalbildender Versicherungsprodukte.

Mit zunehmendem Lebensalter gewinnen dagegen Leibrentenversicherungen an Attraktivität, denn aufgrund der abnehmenden Restlebenserwartung werden steigende Renten offeriert. Bei dieser Versicherungsform garantiert die Versicherungsgesellschaft gegen die Zahlung eines Kapitals eine lebenslange, jährliche Rente (siehe Seite 84). Die Unkalkulierbarkeit des Zeitpunktes des eigenen Ablebens, das so genannte Langlebigkeitsrisiko, trägt die Versicherung – was sich in entsprechend vorsichtig berechneten Renten niederschlägt.

Tipp *Rentenversicherungen werden meistens erst im Alter von 75 bis 80 Jahren interessant. Sie können dann anstelle des Kapitalverzehrs in der letzten Lebensphase eingesetzt werden. Prüfen Sie die Vor- und Nachteile der Leibrentenversicherung für Ihre eigene Situation, holen Sie vor dem Abschluss Vergleichsofferten ein. Lassen Sie sich nicht mit*

Steuervorteilen locken – die angeblich milde 40-prozentige Besteuerung der Rente ist trügerisch, verzehren Sie doch, nebst einem bescheidenen Ertrag, Ihr eigenes Kapital!

Vorsorgen für den Pflegefall

Viele Betagte werden von der Angst geplagt, einmal pflegebedürftig zu werden und das angesparte Vermögen inklusive des möglicherweise vorhandenen Eigenheimes für die Bezahlung des Pflegeaufwandes verwenden zu müssen. Diese Befürchtungen sind nicht unbegründet. Zwar sind die medizinischen Leistungen eigentlich in der Grundversicherung bei der Krankenkasse gemäss Krankenversicherungsgesetz (KVG) mitversichert, doch erbringen die Kassen immer weniger Leistungen. Ebenso gehen Grundbetreuung, Verpflegung und Unterkunft in einem Pflegeheim zulasten der Patienten – da können je nach Standard ohne weiteres Kosten von bis zu 10 000 Franken monatlich zusammenkommen. Solche Beträge lassen auch ansehnliche Vermögen rasch schwinden.

Im Ringen mit den stetig steigenden Krankenkassenprämien wird zuweilen über eine separate Pflegeversicherung für über 50-Jährige diskutiert, die jüngere Versicherte entlasten würde. Der Deckungsumfang einer solchen Versicherung wäre allerdings keineswegs leicht zu definieren, benötigen doch Langzeitpflegebedürftige nebst medizinischer Behandlung auch eine Grundbetreuung.

Bis eine Lösung gefunden wird, dürften noch einige Jahre ins Land gehen. Vorläufig bleiben Kosten, die nicht von der Grundversicherung oder einer allfälligen Zusatzversicherungen übernommen werden, an den Pflegebedürftigen hängen. Die Versicherungsgesellschaften haben zwar Pflegeversicherungen im Angebot, doch diese sind teuer – und häufig ungenügend (siehe Seite 196).

Vermögen verschenken?

Es ist verständlich, dass viele Menschen angesichts dieser Sachverhalte ihr Vermögen ins Trockene retten möchten. Deshalb wird vielerorts die frühe Vermögensübergabe an die Nachkommen und anschliessend der Bezug von Ergänzungleistungen (siehe Seite 143) empfohlen. Dabei geht gern vergessen, dass Vermögensabtretungen je nach kantonaler Praxis aufgerechnet werden. Dies bedeutet, dass verschenktes Vermögen für eine gewisse Dauer als noch vorhanden betrachtet wird. Entsprechend reduziert fallen die Ergänzungsleistungen aus! Ebenso besteht – nebst der moralischen – eine gesetzliche Unterstützungspflicht zwischen Nachkommen in guten wirtschaftlichen Verhältnissen und Eltern.

Tipp *Verschenken Sie nie Vermögen aus Angst, dieses im Fall einer Pflegebedürftigkeit einsetzen und aufbrauchen zu müssen. Zum einen werden Sie vielleicht nie pflegebedürftig, zum andern schränken Sie dadurch Ihre finanzielle Selbständigkeit, die Sie sich über die Jahre hinweg aufgebaut haben, massiv ein. Fragen wie: In welchem Heim möchte ich betreut werden? Verbleibe ich im Eigenheim und leiste ich mir eine persönliche Betreuung? usw. setzen einen gewissen Entscheidungsspielraum voraus, den Sie sich nicht vergeben sollten. Vermeiden Sie auch Abhängigkeiten innerhalb der Familie; Sie haben Ihr Vermögen gebildet, um im Alter unabhängig zu bleiben und nicht um möglichst viel davon an Ihre Nachkommen zu übergeben. Liegt Ihnen sehr daran, die eigene Liegenschaft der Familie zu erhalten, so prüfen Sie beispielsweise einen Verkauf verbunden mit einem Wohnrecht (mehr dazu Seite 118).*

Pflegeversicherungen

Die Kosten eines möglichen Pflegeheimaufenthaltes können bereits heute versichert werden. Solche privaten Versicherungen des Langzeitpflegerisikos sind aber teuer und an viele Bedingungen geknüpft. Ebenso sind die zu tragenden Pflegekosten schwer abzuschätzen. Falls Sie eine solche Versicherung für sich in Erwägung ziehen, schenken Sie folgenden Punkten Beachtung:

- Was passiert mit dem einbezahlten Kapital, wenn Sie nicht pflegebedürftig werden?
- Was ist finanziell vorteilhafter: eine Einmalprämie oder periodische Einzahlungen?
- Ab welchem Alter wird eine Pflegerente / werden Taggelder ausbezahlt?
- Sind die Leistungen zeitlich befristet?

- Sind die vorgesehenen Wartefristen sinnvoll? Oder könnte die Pflegebedürftigkeit mit dem Tod enden, bevor Sie Leistungen beziehen können – zum Beispiel, wenn die Wartefrist zwei Jahre beträgt?
- Erhalten Sie Leistungen nur im Pflegeheim oder auch, wenn Sie sich zuhause pflegen lassen – zum Beispiel von Angehörigen?
- Müssen Heime oder Spitexorganisationen vom Versicherer anerkannt sein, damit er Leistungen erbringt?
- Welche Leistungseinschränkungen bezüglich Gesundheitszustand müssen Sie hinnehmen?

Tipp *Warten Sie ab, wie sich die gesetzliche Krankenversicherung entwickelt und ob die immer wieder zur Diskussion stehende staatliche Pflegeversicherung eingeführt wird. Diese wäre wesentlich günstiger, da das Risiko breiter verteilt werden könnte. Seien Sie unabhängig von einer möglichen Pflegebedürftigkeit bereit, Ihr für das Alter angespartes Vermögen für Ihren Lebensunterhalt zu verbrauchen! Ziel Ihrer Vermögensbildung war ja kaum die Schaffung eines möglichst beachtlichen Erbes, sondern grösstmögliche finanzielle Unabhängigkeit bis ans Lebensende.*

Externe Vermögensverwaltung

Ob Sie Ihr Vermögen selber managen oder diese Aufgabe mittels Verwaltungsvollmacht einem professionellen Vermögensverwalter überantworten, ist ein höchst persönlicher Entscheid. Wer bereit ist, sich mit Anlage-, Steuer- und Vorsorgefragen auseinander zu setzen und die Entwicklung des Vermögens regelmässig zu überwachen, kümmert sich selbst darum und holt bei Bedarf fachkundigen Rat ein. Depotbanken sind den Kundinnen und Kunden jederzeit mit Anlagestudien, Produkteinformationen oder auch mit telefonischen Auskünften behilflich. Aktuellste Informationen lassen sich zudem in Wirtschaftszeitungen, Wochenmagazinen und im Internet finden.

Haben Sie keinen Spass an dieser Aufgabe oder ist Ihnen die Zeit dafür zu schade, so liegt ein Verwaltungsmandat nahe. Meist ist das erst ab einem Vermögen von mindestens 100 000 Franken möglich. Die Strategie wird der Verwalter gemeinsam mit Ihnen festlegen. Er übernimmt deren Umsetzung sowie die kontinuierliche Überwachung der Anlagen, Chancen und Risiken bleiben aber bei Ihnen als Anleger!

Bei der Auswahl Ihres Vermögensverwalters – ob dies nun eine Bank, eine Treuhandgesellschaft oder eine Vermögensverwaltungsgesellschaft sei – hilft Ihnen die Checkliste unten. Prüfen Sie unbedingt auch die Möglichkeit einer bankunabhängigen Vermögensverwaltung. Sie werden in der Regel weniger produkte- und eher lösungsorientiert beraten.

Basis der Vermögensverwaltung ist nebst einem klaren Vertrag das Vertrauen. Dieses baut sich im Laufe der Zusammenarbeit auf. Wechseln Sie Ihren Verwalter nicht kurzfristig, wenn die Anlageresultate enttäuschend sind. Das lohnt sich kaum, da beim Anlageergebnis, der so genannten Performance, immer auch eine Portion Glück mitspielt!

Checkliste zur Auswahl des Vermögensverwalters

- Bestehen professionelle Strukturen (Räumlichkeiten, Informationstechnologie, Stellvertretung etc.)?
- Welchen Aussbildungsstand hat der Vermögensverwalter? Besitzt er einen anerkannten Berufsabschluss wie eidg. dipl. Vermögensverwalter, Finanzplaner mit Fachausweis usw.?
- Wirkt Ihr Gegenüber vertrauenerweckend, stimmt Ihr «Bauchgefühl»?
- Geht der Vermögensverwalter auf Ihre Anliegen ein?
- Sind die Argumente logisch und in Ihrer Sprache formuliert?
- Wird die Anlagestrategie gemeinsam mit Ihnen definiert oder schematisch festgelegt? Ist Ihnen diese plausibel? Besteht ein langfristiger, systematischer Ansatz?
- Wird Ihre Risikofähigkeit und Risikobereitschaft abgeklärt?
- Besteht Transparenz bei den Gebühren?
- Wird steuerlichen und eventuell erbrechtlichen Aspekten Rechnung getragen?
- Wird in die besten oder vorwiegend in hauseigene Produkte investiert?
- Wie oft werden Depots umgeschichtet? Stimmt dabei der Erfolg für den Anleger – oder geht es nur darum, Gebühren zu kassieren?
- Falls es sich um einen unabhängigen Vermögensverwalter handelt, ist dieser Mitglied im Verband Schweizerischer Vermögensverwalter (VSV)?

Achtung *Hohe Renditeversprechen bei garantierter Sicherheit der Anlage und empfohlene Geldtransfers auf Konten Dritter sind absolute Warnzeichen für unseriöses Geschäftsgebaren. Auch wenn die Argumente noch so überzeugend klingen, hier gibt es nur eins: Hände weg!*

Verwaltetes Fondsportefeuille
Immer mehr Banken und Vermögensverwalter bieten Vermögensverwaltung als Dienstleistung auch für so genannte Kleinanleger an. Dies sind je nach Institut Kundinnen und Kunden mit einem Vermögen von 50 000 Franken bis 250 000 Franken. Da bei diesen Beträgen eine breit abgestützte Anlage in einzelnen Titeln kaum möglich ist, wird das Vermögen in Anlagefonds investiert. Diese werden vom Verwalter ausgewählt, überwacht und bewirtschaftet. Ob dabei eher auf langfristiges Kapitalwachstum oder laufende Erträge gesetzt wird, hängt von Ihren Bedürfnissen und Ihrer Anlagestrategie ab.

Blick auf die letzten Dinge: Nachlassplanung

Vielleicht sind im Umfeld der Pensionierung auch Gedanken an die eigene Sterblichkeit wach geworden. Kaum jemand denkt gern über den Tod nach, und doch lohnt es sich, Klarheit zu schaffen in Bezug auf die materiellen Dinge. Denn mit einer klugen Nachlassplanung erleichtert man den Hinterbliebenen die vielen schwierigen Entscheide, die nach einem Todesfall zu treffen sind.

Überlegungen zu Testament und Erbe gewinnen zusätzlich an Bedeutung, wenn Sie anstelle der Pensionskassenrente das Kapital bezogen haben, welches nach der Auszahlung Vermögen darstellt und den güter- und erbrechtlichen Vorschriften unterliegt. Anders als bei der Rente, die dem überlebenden Ehegatten und in Form von Waisenrenten auch minderjährigen Kindern zusteht, erhalten in diesem Fall unter Umständen auch die übrigen gesetzlichen Erben einen Anteil an diesem Vermögen.

In diesem Kapitel geht es um zwei Fragen:

- Was passiert mit meinem Vermögen, wenn ich nichts vorkehre (gesetzliches Güter- und Erbrecht)?
- Welchen Spielraum habe ich, wenn ich den Nachlass anders regeln will, als es das Gesetz vorsieht?

Hinweis *Im diesem Kapitel sind die Grundlagen des Güter- und des Erbrechts dargestellt. Ausführlichere Informationen finden Sie in den Beobachter-Ratgebern «Testament, Erbschaft» und «Eherecht». Im Ratgeber «Im Reinen mit den letzten Dingen» (ebenfalls Beobachter-Buchverlag) steht zudem alles, was Sie rund um einen Todesfall wissen müssen (www.beobachter.ch/buchshop).*

Grundlagen des Güterrechts

Sind Sie verheiratet? Dann kommt im Todesfall als erstes das Güterrecht zum Zug, das die vermögensrechtlichen Ansprüche der Ehegatten untereinander regelt. Wenn Sie keinen Ehevertrag abgeschlossen haben, gilt der ordentliche Güterstand der Errungenschaftsbeteiligung. Dabei setzt sich das eheliche Vermögen aus dem Eigengut und der Errungenschaft jedes Ehegatten zusammen. Eigengüter sind zum Beispiel in die Ehe eingebrachte Vermögenswerte, während der Ehe unentgeltlich erhaltenes

Was ist Eigengut, was Errungenschaft?	
Eigengut	**Errungenschaft**
Persönliche Gegenstände wie Kleider, Schmuck	Ersparnisse aus Einkommen wie Arbeitserwerb, Renten, Vermögensertrag
Alles, was einem schon vor der Ehe gehörte	Entschädigung wegen Arbeitsunfähigkeit
Während der Ehe erhaltene Schenkungen, Erbschaften und Erbvorbezüge	Erträge des Eigenguts (zum Beispiel Bankzinsen)
Ersatzanschaffungen oder Investitionen mit Eigengut	Ersatzanschaffungen oder Investitionen mit Errungenschaft

Aus: von Flüe, Karin: Im Reinen mit den letzten Dingen. Beobachter-Buchverlag, Zürich 2006

Vermögen wie Erbschaften, Schenkungen sowie die persönlichen Effekten. Errungenschaft wird aus gespartem Erwerbseinkommen und dem Vermögensertrag gebildet (siehe Tabelle Seite 200). Jeder Ehegatte verwaltet sein Eigengut und seine Errungenschaft selbständig.

Bei der Auflösung der Ehe durch Tod (oder Scheidung) kommt es zunächst zur güterrechtlichen Auseinandersetzung, einer Aufteilung des ehelichen Vermögens unter den Ehegatten. In den Nachlass gehört das Eigengut des Verstorbenen sowie die Hälfte der Errungenschaft.

Beispiel *Beat und Anna K. haben im Lauf der Ehe 200 000 Franken angespart. Anna erhielt aus einer Erbschaft 50 000 Franken. Das eheliche Vermögen beträgt somit 250 000 Franken. Unerwartet stirbt Beat K. Da keine ehevertraglichen Vereinbarungen bestehen, läuft die güterrechtliche Auseinandersetzung wie folgt ab: Die 50 000 Franken, die Anna geerbt hat, sind Eigengut – sie verbleiben bei Anna. Dazu kommt die Hälfte der Errungenschaft, also 100 000 Franken. In den Nachlass von Beat fällt seine Errungenschaftshälfte von 100 000 Franken; davon erhält Anna den gesetzlichen Erbteil (siehe Seite 203). Da die Errungenschaft von Gesetzes wegen immer hälftig geteilt wird, spielt es keine Rolle, welcher der Ehegatten die höhere Errungenschaft erzielt hat.*

Erst nach Abwicklung der güterrechtlichen Auseinandersetzung steht der Nachlass, an dem der überlebende Ehegatte auch erbrechtlich teilhat, fest. Ehegatten kommen also bei der Verteilung des ehelichen Vermögens zweimal zum Zug. Mittels notariellem Ehevertrag können Sie die gesetzliche Aufteilung der Errungenschaft abändern oder den Güterstand Ihren Bedürfnissen entsprechend wechseln.

Die gesetzliche Erbfolge – das müssen Sie wissen

Das Erbrecht des Schweizerischen Zivilgesetzbuches (ZGB) basiert auf der Blutsverwandtschaft; die verstorbene Person wird Erblasser genannt. Es werden drei Stämme – so genannte Parentele – unterschieden:

- Zum ersten Stamm, dem Stamm des Erblassers, gehören alle Personen, welche von diesem abstammen (Kinder, Grosskinder etc.).

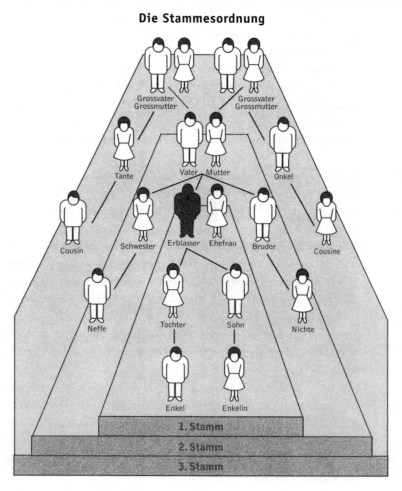

1. Stamm = Stamm des Erblassers: *Nachkommen* des Erblassers und alle Personen, die von diesen abstammen

2. Stamm = Stamm der Eltern: *Eltern* des Erblassers und alle Personen, die von diesen abstammen

3. Stamm = Stamm der Grosseltern: *Grosseltern* des Erblassers und alle Personen, die von diesen abstammen

Quelle: Messerli / Schneider: Recht haben – Recht bekommen.
© Sauerländer Verlage AG, Oberentfelden

- Der zweite Stamm ist der Stamm der Eltern. Hierzu zählen der Vater und die Mutter sowie deren Nachkommen (Geschwister, Neffen, Nichten etc.).
- Den dritten Stamm bilden die Grosseltern väterlicher- und mütterlicherseits sowie deren Abkömmlinge (Onkel, Tanten, Cousins etc.).

Innerhalb eines Stammes kommt jeweils nur die oberste Ebene zum Zug – also beispielsweise die Kinder. Alle Erben einer Ebene werden gleich behandelt. Durchbrochen wird diese Regel nur dann, wenn ein Erbe bereits verstorben ist, aber Nachkommen hat; dann treten diese an seine Stelle. Dies ist zum Beispiel der Fall, wenn ein Kind des Erblassers schon vor diesem gestorben ist. Dann kommen die Kinder dieses Kindes – also die Enkelkinder – an die Reihe. Sind auf einer Ebene keine Erben vorhanden, fällt die Erbberechtigung auf die darunterliegende Ebene – so lange, bis innerhalb der Parentele keine Erben mehr vorhanden sind. Erst dann geht der Nachlass an den nächsten Stamm über.

Wer erhält wie viel?

Das Gesetz legt nicht nur fest, wer erbt, sondern auch, wie viel. Dieser Anteil wird «gesetzlicher Erbteil» genannt. In der Tabelle auf Seite 204 steht, welche Erben in welcher Situation zum Zug kommen.

Tipp *Wie sieht die gesetzliche Erbfolge in Ihrem Fall aus? Und wer würde wie viel erhalten? Prüfen Sie dies, bevor Sie sich Gedanken über Gestaltungsmöglichkeiten machen. Ehegatten erben trotz fehlender Blutsverwandtschaft von Gesetzes wegen immer, Konkubinatspartner und -partnerinnen hingegen nicht!*

So können Sie Einfluss nehmen

Wenn die gesetzliche Erbfolge und die Anteile, die jeder erhalten würde, nicht Ihren Wünschen entsprechen, haben Sie folgende Gestaltungsmöglichkeiten:

- Sie können ein eigenhändiges Testament verfassen. Dieses muss vollständig von Hand geschrieben, datiert und unterschrieben werden.

- Sie können durch eine Urkundsperson ein öffentliches Testament errichten lassen. Dabei wirken zwei Zeugen mit, welche jedoch keine Kenntnis vom Inhalt erhalten.
- Sie können einen Erbvertrag abschliessen. Auch dieser wird notariell abgefasst.

Testamente sind einfach zu errichten. Sie können leicht angepasst oder wieder vernichtet werden. Stellen Sie sicher, dass das Schriftstück bei Ihrem Ableben auch wirklich gefunden wird und dass klar ist, welches die letzte Fassung ist. Vermeiden Sie unklare Formulierungen und anfechtbare Formfehler. Lassen Sie sich gegebenenfalls von einer Fachperson Ihres Vertrauens beraten. Ein Muster finden Sie im Anhang.

Wer erbt wie viel?		
Situation des Erblassers	*Gesetzliche Erben*	*Gesetzlicher Erbteil*
Verheiratet, mit Kindern	Ehegatte	1/2
	Kinder	1/2
Verheiratet, kinderlos	Ehegatte	3/4
	Vater, Mutter	je 1/8
	Nur ein Elternteil	1/4
	Ein Elternteil und Geschwister	je 1/8
Ledig, geschieden oder verwitwet, mit Kindern	Kinder, bei deren Fehlen Grosskinder	1/1
Ledig, geschieden oder verwitwet, kinderlos	Vater, Mutter	je 1/2
	Ein Elternteil und Geschwister	je 1/2
	Nur ein Elternteil	1/1
	Nur Geschwister	1/1
	Ein Onkel väterlicherseits, eine Tante mütterlicherseits	je 1/2

Ein Erbvertrag kann im Gegensatz zu einem Testament nur mit Zustimmung aller Beteiligten verfasst, abgeändert oder aufgehoben werden kann. Er muss im Beisein von zwei Zeugen notariell abgefasst werden. Sind sich beispielsweise Eltern und Nachkommen einig, dass die Nachkommen erst beim Ableben des zweiten Elternteiles erben sollen, können sich die Ehegatten erbvertraglich zu Alleinerben einsetzen und die Nachkommen auf ihren Pflichtteilsanspruch unwiderruflich verzichten.

Geschützt: Pflichtteile

Auch wenn Sie die gesetzlichen Erbteile abändern können, sind Sie dabei doch nicht gänzlich frei. Denn es gibt die so genannten Pflichtteile. Verletzen Sie diese in Ihrer Verfügung, so haben die betroffenen Erben die Möglichkeit, innerhalb eines Monats seit Testamentseröffnung Einsprache zu erheben. Das bedeutet, dass sie in einem eingeschriebenen Brief an die zuständige Behörde mitteilen, dass sie ihren Pflichtteil geltend machen. Falls diese Einrede nicht akzeptiert wird, können sie innerhalb eines Jahres seit Testamentseröffnung eine Herabsetzungsklage einreichen.

Pflichtteile sind im Vergleich zu den gesetzlichen Erbteilen reduziert, aber garantiert. Es ist nur in seltenen Ausnahmefällen möglich, einem pflichtteilsgeschützten Erben diesen Anteil zu entziehen, ihn also zu enterben.

Pflichtteilsgeschützt sind lediglich die Nachkommen, der Ehepartner und die Eltern. Kinder erhalten garantiert $3/4$, die Eltern und der Ehepartner $1/2$ ihres gesetzlichen Erbteils. Alle übrigen gesetzlichen Erben können durch eine entsprechende Verfügung von der Erbfolge ausgeschlossen werden. Auf Seite 206 finden Sie eine Tabelle, der Sie die so genannten frei verfügbaren Quoten entnehmen können. Über diesen Teil können Sie nach Gutdünken verfügen.

Beispiel *Der verwitwete Karl S. hat seit Jahren kaum mehr Kontakt zu seinem Sohn Kurt. Er möchte dessen Erbteil so klein wie möglich ausfallen lassen und dafür seine Tochter Monika begünstigen. Diese pflegt ihn schon jahrelang mit grossem Einsatz, so dass er trotz etlicher Beschwerden noch immer zuhause wohnen kann.*

Ohne Testament würde Kurt S. als Nachkomme die Hälfte des Nachlasses erben. Davon sind ³/₄ pflichtteilsgeschützt. In einem Testament hält Karl S. nun fest, dass Monika auch den verfügbaren Teil von Kurts Erbteil erhält. Sie wird dereinst also statt die Hälfte ⁵/₈ bekommen.

So wird die frei verfügbare Quote berechnet				
Hinterlassene	Gesetzliche Erbteile	Pflichtteile	Erbquote	Frei verfügbare Quote
Sohn und Tochter	¹/₂ und ¹/₂	³/₈ und ³/₈	³/₄	¹/₄
Ein Kind und Ehefrau/-mann	¹/₂ und ¹/₂	³/₈ und ²/₈	⁵/₈	³/₈
Mutter und Bruder	¹/₂ und ¹/₂	¹/₄ und 0	¹/₄	³/₄
Ehefrau und Mutter	³/₄ und ¹/₄	³/₈ und ¹/₈	¹/₂	¹/₂
Ehemann und Schwester	³/₄ und ¹/₄	³/₈ und 0	³/₈	⁵/₈
Bruder und Nichte	¹/₂ und ¹/₂	0 und 0	0	alles

Aus: von Flüe, Karin: Im Reinen mit den letzten Dingen. Beobachter-Buchverlag, Zürich 2006

Möglichkeiten der Nachlassgestaltung

Ausgerüstet mit dem oben geschilderten Grundwissen über das Güter- und Erbrecht sowie den Pflichtteilsschutz können Sie nun die eigene Nachlassplanung in Angriff nehmen. Eine Checkliste, die Sie auf alle relevanten Punkte aufmerksam macht, finden Sie auf Seite 210. Im Folgenden geht es um einige Möglichkeiten, wie Sie den Gestaltungsspielraum in Ihrer letztwilligen Verfügung erweitern können.

Erben und Vermächtnisnehmer

Erben treten im Gegensatz zu Vermächtnisnehmern in die Rechte und Pflichten des Erblassers ein. Das bedeutet, dass sie sowohl Guthaben wie auch Schulden übernehmen und somit Einblick in die privaten und finanziellen Verhältnisse des Verstorbenen erhalten. Für die Teilung des Nachlasses ist Einstimmigkeit unter den Erben nötig. Diese bilden eine Gemeinschaft, bis das Erbe geteilt ist. Kommt es zu Uneinigkeiten, kann das Jahre dauern.

Mit einem Testament können nicht nur die frei verfügbaren Erbquoten umhergeschoben werden. Man kann darin geliebten Menschen auch einzelne Gegenstände oder definierte Beträge zusprechen (Legate / Vermächtnisse). So begünstigte Personen werden Vermächtnisnehmer genannt. Ein Legat oder Vermächtnis kann etwa ein Schmuck- oder Möbelstück oder gar eine Liegenschaft sein. Die Formulierung im Testament lautet dann etwa: «Ich, Veronika Z., vermache dem Frauenverein in Hochdorf 10 000 Franken. Meine goldene Brosche ‹Schmetterling› erhält mein Gottenkind Bettina K. in Gettnau.» Dazu gehört das Datum und die Unterschrift.

Tipps

Halten Sie im Testament die Anzahl der Erben ohne Pflichtteilsschutz möglichst klein, um die Erbteilung nicht unnötig zu komplizieren.

Nutzen Sie das Instrument des Vermächtnisses, wenn Sie Ihnen nahe stehende Personen oder Institutionen begünstigen möchten.

Falls Sie selbst erben, so treten Sie die Erbschaft nur an, wenn eine Überschuldung ausgeschlossen werden kann. Verlangen Sie im Zweifelsfall bei der zuständigen Behörde ein öffentliches Inventar. Tun Sie dies nicht, haften Sie gegebenenfalls mit Ihrem persönlichen Vermögen für die Schulden des Verstorbenen.

Teilungsvorschriften

Oft legt der Erblasser in seiner letztwilligen Verfügung fest, wer welchen Vermögenswert erhalten soll. Solche Bestimmungen heissen Teilungsanordnung; man kann damit eine reibungslose Teilung des Erbes fördern. Falls sich die Erben auf eine andere Teilung einigen, dürfen sie sich über die Teilungsvorschrift hinwegsetzen.

Achten Sie beim Verfassen klar darauf, dass die Verfügung nicht als Vermächtnis und damit als zusätzliche Begünstigung eines Erben interpretiert werden kann. Mit der Formulierung «in Anrechnung an seinen Erbteil erhält...» schaffen Sie Klarheit.

Beispiel *Testament*

Ich, Josef A., verfüge letztwillig wie folgt:
Meine beiden Söhne Samuel und Tobias erhalten meinen Nachlass je zur Hälfte. Samuel hat das Recht, die Liegenschaft Nelkenweg 2 in M. zum Mittelwert von zwei unabhängigen Verkehrswertschatzungen in Anrechnung an seinen Erbteil zu übernehmen.

13. Februar 2006   Josef A.

Das Verteilen von Dingen, die einem ans Herz gewachsen sind, stellt oft ein Problem dar. Bezeichnen Sie die Gegenstände und die Begünstigten klar. Halten Sie auch fest, wie nicht speziell erwähnte Objekte verwertet werden sollen. Eine Anordnung zur Bewertung durch einen Fachmann kann Differenzen unter den Begünstigten vermeiden.

Tipp *Vermeiden Sie Sammelbegriffe wie «Hausrat» und «Mobiliar», um Missverständnissen vorzubeugen. Umschreiben Sie die vermachten Objekte klar und zweifelsfrei. Eine Beschriftung oder Markierung ist ebenfalls hilfreich.*

Willensvollstreckung

Wer meint, dass seine Erben weder fachlich in der Lage noch willens sind, den künftigen Nachlass einvernehmlich zu teilen und mögliche Anordnungen einzuhalten, kann einen Willensvollstrecker einsetzen. In Frage kommt etwa eine fachlich geeignete Privatperson, ein Anwalt, Notar oder eine Bank oder Treuhandgesellschaft. Der Willensvollstrecker setzt den letzten Willen des Verstorbenen durch und wickelt den Nachlass bis zur Teilung ab. Er hat weitreichende Kompetenzen und ist nicht an die Weisungen der Erben gebunden. Diesen gegenüber ist er jedoch rechenschaftspflichtig, und für den Abschluss der Erbteilung benötigt er deren Zustimmung.

Achtung *Willensvollstrecker können von den Erben nicht abgesetzt werden, da das Mandat durch den Erblasser erteilt wurde. Eine Amtsenthebung kann lediglich durch die zuständige Aufsichtsbehörde bei schweren Versäumnissen des Willensvollstreckers erfolgen.*

Das Honorar des Willensvollstreckers hat seiner Verantwortung und seinem Aufwand Rechnung zu tragen. In der Praxis jedoch werden noch häufig aufwandunabhängige Honorare von einem bis drei Prozent der Nachlassaktiven abgerechnet.

Überlegen Sie sich gut, ob Sie für die Nachlassabwicklung einen Willensvollstrecker benötigen. Verzichten Sie im Zweifelsfall auf eine Mandatserteilung. Die Erben können jederzeit im Einvernehmen eine fachlich geeignete Person mit der Nachlassabwicklung beauftragen und diesen Auftrag bei Unzufriedenheit auch widerrufen. Falls Sie trotzdem einen Willensvollstrecker einsetzen möchten, wählen Sie jemanden, der aufwandabhängig abrechnet oder schliessen Sie vorgängig eine Honorarvereinbarung ab.

Nutzniessung

Mit der Nutzniessung haben Sie ein Instrument zur Verfügung, das die zeitlich befristete Begünstigung ohne Übertragung der Eigentumsrechte erlaubt. Der Nutzniesser erhält das Recht, ein Vermögen zu nutzen; er muss es aber im Wert erhalten, darf es also nicht verbrauchen, verschenken oder belasten. Das Eigentum liegt bereits bei den Erben. Häufig kommt diese Form bei Liegenschaftenbesitz zur Anwendung (siehe Seite 118). Dann ist der Nutzniesser für den Unterhalt verantwortlich und muss auch die Hypothekarzinsen bezahlen.

Hinweis *Die Interessen von Eigentümern und Nutzniessern können völlig unterschiedlich sein, trotzdem sind sie miteinander verbunden. Dies führt im Alltag oft zu Problemen. Verwenden Sie die Nutzniessung deshalb nur, wenn anderweitig keine Möglichkeit der Begünstigung besteht.*

Versicherungsleistungen

Leistungen aus einem Versicherungsvertrag werden dem Begünstigten unabhängig vom Erbrecht und der Nachlassteilung ausbezahlt, nahen Verwandten sogar im Fall einer Ausschlagung der Erbschaft. Bei kapitalbildenden Lebensversicherungen wird der Rückkaufswert per Todestag für die Berechnung einer allfälligen Pflichtteilsverletzung berücksichtigt. Ein Herabsetzungsanspruch muss jedoch von den betreffenden Erben geltend gemacht werden (siehe auch Seite 205).

Schrittweises Vorgehen

Gehen Sie Ihre Nachlassregelung nach dem Schema unten strukturiert an. Lassen Sie Ihre selbst abgefasste letztwillige Verfügung von einer Fachperson auf Richtigkeit und Vollständigkeit sowie steuerliche Konsequenzen prüfen. Wünsche betreffend die Bestattung oder die medizinische Behandlung gehören nicht in ein Testament, da dieses erst nach dem Ableben den Erben eröffnet wird. Eine bei den privaten Dokumenten deponierte Bestattungsanordnung oder eine Patientenverfügung tragen diesen Anliegen Rechnung.

Checkliste zur Nachlassregelung

Diese Checkliste bietet Hinweise und Anregungen, welche Punkte in einer letztwilligen Verfügung geregelt werden können und woran Sie denken sollten. Holen Sie fachlichen Rat ein, wenn es um heikle Bereiche geht (zum Beispiel Punkte 7 und 8).

1. Wer sind meine Erben von Gesetzes wegen? Haben sie Pflichtteilsansprüche?
2. Was will ich regeln (zusätzliche Erben einsetzen, Legate, Teilungsvorschriften etc.)?
3. Sind meine Erben eventuell zu einer erbvertraglichen Lösung bereit?
4. Was sind die erbschaftssteuerlichen Folgen meiner Verfügung?
5. Bestehen bereits letztwillige Verfügungen, die eventuell im Widerspruch zu den neu zu erstellenden stehen oder bindend sind?
6. Soll ein Willensvollstrecker den Nachlass abwickeln?
7. Soll ich etwas vorkehren für den Fall, dass mein meistbegünstigter Ehegatte wieder heiratet?
8. Will ich auch regeln, was beim gleichzeitigen Ableben beider Ehegatten gelten soll? Was beim Zweitversterbenden?
9. Ist meine letztwillige Verfügung verständlich und vollständig?
10. Wo wird die letztwillige Verfügung sicher aufbewahrt?

Schenkungen zu Lebzeiten

Die stark steigende Lebenserwartung hat zur Folge, dass immer mehr Vermögen immer später vererbt wird. Die Erbengeneration ist oft auch bereits in oder kurz vor der Pensionierungsphase und nicht mehr auf Haus und Hausrat oder Geld angewiesen. Fällt der elterliche Nachlass überraschend gross aus, kommt unweigerlich die Frage auf, ob und wie man das eigene Leben anders gestaltet hätte im Wissen um dieses Familienvermögen oder bei einem möglichen Erbvorbezug. Solchen Überlegungen können Sie mit lebzeitigen Zuwendungen Rechnung tragen. Daneben kann auch Steueroptimierung ein Argument sein. Wiederholte Schenkungen an die gleiche Person werden kantonal unterschiedlich behandelt; rechnet beispielsweise Basel-Stadt für die Steuersatzbestimmung alle steuerbaren Zuwendungen – ungeachtet des Zeitpunkts, zu dem diese erfolgten – zusammen, berücksichtigt der Kanton Basel-Landschaft nur Zuwendungen innerhalb der letzten zehn Jahre.

Tipps
Falls Sie über Vermögen verfügen, das Sie aufgrund Ihrer Finanzplanung mit Sicherheit nicht benötigen, ist die Möglichkeit einer Schenkung beziehungsweise eines Erbvorbezugs prüfenswert. Mit lebzeitigen Zuwendungen ermöglichen Sie es den Begünstigten, ihr Leben zu gestalten, festigen die Beziehung und reduzieren erst noch Ihre Einkommens- und Vermögenssteuern. Überdies können Sie den Umgang der Beschenkten mit Ihrem Geld beobachten und allenfalls testamentarisch Weichen für Ihr übriges Vermögen stellen.

Klären Sie vor einer Schenkung die steuerlichen Konsequenzen ab! Mit Ausnahme von Liegenschaften sind Schenkungen immer am Wohnort des Schenkers steuerbar. Der Bund kennt im Übrigen weder Erbschafts- noch Schenkungssteuern.

Auch wenn Schenkungen zu Lebzeiten oder Erbvorbezüge in vielen Fällen Sinn machen: Dazu verpflichtet sind Sie nicht. Kinder haben kein Recht, Vorbezüge oder Schenkungen einzufordern. Auch verpflichtet Sie kein Gesetz, Ihre Kinder zu Lebzeiten gleich zu behandeln – ob und wem Sie etwas schenken oder einen Vorbezug gewähren, bestimmen allein Sie. Offenheit hilft aber, böses Blut unter Ihren Nachkommen zu vermeiden.

Ausgleichung

Das schweizerische Erbrecht geht von der Vermutung aus, dass Eltern keines ihrer Kinder bevorzugen. Erbvorbezüge und andere lebzeitige Zuwendungen an Nachkommen unterliegen deshalb bei der späteren

Erbteilung finanziell der Ausgleichung. Selbstverständlich gilt dies nicht für Gelegenheitsgeschenke, also für Geschenke, wie sie etwa zu Weihnachten und Geburtstagen üblich sind. Übrige gesetzliche wie auch eingesetzte Erben sind nur ausgleichspflichtig, wenn dies der Erblasser ausdrücklich anordnet.

Zur Vermeidung von Unstimmigkeiten unter den Nachkommen sollten Sie testamentarisch klar zum Ausdruck bringen, ob Schenkungen auszugleichen sind oder nicht. Gerechtigkeit stellen Sie am einfachsten her, indem Sie schriftlich festhalten, dass zu Lebzeiten verschenkte Vermögenswerte als Erbvorbezüge zu betrachten sind – diese müssen immer ausgeglichen werden.

Beispiel *Yvonne G. gibt ihrer Tochter Lisa Geld für ein teures Auto. Schriftlich hält sie fest: «Meine Tochter Lisa hat am 3. Februar 2006 einen Erbvorbezug über 70 000 Franken erhalten. Diese Summe hat sie nach meinem Tod gegenüber ihrer Schwester Simone auszugleichen.» Dazu setzt sie Datum und ihre Unterschrift.*

Verletzen Sie durch eine Schenkung den Pflichtteil eines andern Erben, kann dieser den Pflichtteil geltend machen oder, falls diese Einrede nicht akzeptiert wird, eine Herabsetzungsklage einreichen (siehe Seite 205). Werden anstelle von Barbeträgen Sachwerte wie zum Beispiel eine Liegenschaft verschenkt, so wird deren Wert für die Ausgleichung gemäss Gesetz per Todestag des Schenkers und nicht per Schenkungstag festlegt! Die korrekte Ermittlung dieses Wertes sowie die Berücksichtigung einer aufgrund von Investitionen erzielten Wertsteigerung führt in der Praxis oft zu Problemen.

Tipp *Lassen Sie sich vor dem Verschenken von grossen Sachwerten von einer Fachperson beraten. Versuchen Sie, die pflichtteilsgeschützten Erben bei heiklen Schenkungen allenfalls durch einen Erbvertrag miteinzubeziehen.*

Eine Liegenschaft verschenken

Liegenschaften werden am Lageort besteuert. Auch Schenkungssteuern fallen im Liegenschaftskanton an – unabhängig davon, wo Eigentümer und Beschenkte wohnen. Dieser Sachverhalt eröffnet steuerliche Optimierungsmöglichkeiten, sei es durch den Kauf einer Liegenschaft in einem steueroptimalen Kanton oder durch die Höhe der hypothekarischen Belastung der Liegenschaft, bevor diese schenkungsweise übertragen wird. Falls Sie die Möglichkeit in Erwägung ziehen, eine Liegenschaft zu verschenken, lassen Sie sich beraten, wie Sie am besten vorgehen.

Die Ehegattin optimal absichern

Art und Umfang der Begünstigung des Ehegatten hängen sowohl von der gesetzlichen Erbfolge wie auch von der Zusammensetzung des ehelichen Vermögens aus Errungenschaft und Eigengut ab. Ebenso ist die vorsorgerechtliche Situation zu berücksichtigen: Welche Rentenleistungen oder Todesfallkapitalien erhält der überlebende Ehegatte unabhängig von Güter- und Erbrecht?

Wer seine letzten Dinge anders regeln will, als es das Gesetz vorsieht, muss aktiv werden. Vielleicht möchten die Eltern, dass Kinder erst nach dem Tod beider Elternteile erben. Oder Mann und Frau möchten sich gegenseitig maximal begünstigen und die Kinder erst in zweiter Linie berücksichtigen. Solche weitergehenden Begünstigungen können auf der güterrechtlichen (Ehevertrag) oder erbrechtlichen Ebene erfolgen (Testament, Erbvertrag). Wer einen Erbvertrag vorzieht, braucht – sofern durch den Erbvertrag Pflichtteile verletzt werden – die Zustimmung aller am künftigen Nachlass beteiligten Erben – und der Vertrag kann nur im gegenseitigen Einvernehmen wieder abgeändert werden.

Die folgenden typischen Beispiele zeigen zunächst den gesetzlichen Sachverhalt und danach Möglichkeiten, wie die Ehegattin, der Ehegatte besser begünstigt werden kann.

Ehepaar mit Kindern

Beispiel *Die Ehegatten Hans und Ida S. haben aus der gemeinsamen Ehe den Sohn Max und die Tochter Franziska. Das Vermögen von 500 000 Franken wurde während der Ehe angespart und stellt somit ausschliesslich Errungenschaft dar. Was passiert beim Tod von Hans S.?*

Gesetzliche Lösung: Beim Versterben eines der beiden Ehegatten erhält der Überlebende die Hälfte der Errungenschaft. Ida bekommt güterrechtlich also 250 000 Franken. Die andere Hälfte stellt den Nachlass von Hans dar, welcher erbrechtlich je zur Hälfte der überlebenden Ehegattin und den Nachkommen zusteht. Ida erhält also gesamthaft 375 000 Franken, Max und Franziska je 62 500 Franken.

Variante: Hans und Ida können einen Ehevertrag abschliessen, in dem sie von der hälftigen Errungenschaftsteilung abweichen und dem überlebenden Ehegatten die ganze Errungenschaft zuweisen. Weil kein Eigengut vorhanden ist, erben die Nachkommen Max und Franziska dadurch erst beim Ableben des zweiten Elternteils.

Bei der Zuweisung der ganzen Errungenschaft an den überlebenden Ehegatten sollten Wiederverheiratungsklauseln zum Schutz der gemeinsamen Nachkommen geprüft werden. Ohne solche Vorkehrungen müssen die Kinder im Fall einer erneuten Heirat des überlebenden Elternteils dessen Nachlass mit dem zukünftigen Ehepartner teilen!

Kinderlose Paare

Für kinderlose Ehepaare, die sich maximal begünstigen wollen, stellt die Gütergemeinschaft eine ideale Möglichkeit dar. Dazu braucht es einen Ehevertrag. Beachten Sie, dass beim Ableben des zweiten Ehegatten nur dessen Blutsverwandte gesetzliche Erben sind. Sollen die gesetzlichen Erben des Erstverstorbenen (etwa Eltern, Geschwister) nicht leer ausgehen, sind entsprechende erbvertragliche oder testamentarische Verfügungen notwendig. Achten Sie dabei aber auch auf die Erbschaftssteuerfolgen: Die Begünstigung der gesetzlichen Erben des Erstversterbenden im Nachlass des Zweitversterbenden löst aufgrund fehlender Blutsverwandtschaft in den meisten Kantonen hohe Erbschaftssteuern aus!

Beispiel *Die Ehe von Heinz (55) und Caroline M. (52) blieb kinderlos. Aus einem Erbvorbezug von seinem Vater erhielt Heinz 300 000 Franken für den Erwerb des Eigenheimes, aus dem Arbeitserwerb der beiden Berufstätigen konnten mittlerweile 300 000 Franken angespart werden. Die Eltern von Heinz und Caroline M. leben noch. Wer erbt beim Tod von Heinz M.?*

Gesetzliche Lösung: Die überlebende Ehegattin Caroline erhält güterrechtlich die Hälfte der Errungenschaft, also 150 000 Franken. Der Nachlass von Heinz M. setzt sich zusammen aus der halben Errungenschaft (150 000 Franken) und seinem Erbvorbezug, der als Eigengut gilt (300 000 Franken). Zusammen sind das total 450 000 Franken. Der Nachlass fällt von Gesetzes wegen zu 3/4 an die überlebende Ehegattin (337 500 Franken) und zu 1/4 an den Vater und die Mutter des Erblassers (zusammen 112 500 Franken).

Variante 1: Die Eltern geniessen einen Pflichtteilsschutz, ihnen kann mittels Testament lediglich die Hälfte des gesetzlichen Erbteils – also 56 125 Franken – entzogen werden. Will Heinz seine Ehegattin maximal begünstigen, können die beiden mittels Ehevertrag vom gesetzlichen Güterstand der Errungenschaftsbeteiligung in den vertraglichen Güterstand der Gütergemeinschaft wechseln. In der Gütergemeinschaft wird das eheliche Vermögen unabhängig von dessen Entstehung zu einem Gesamtgut vereint. Dieses kann vertraglich ganz dem überlebenden Ehegatten zugewiesen werden – sofern wie im Beispiel keine Kinder vorhanden sind.

Variante 2: Die Eltern verzichten aus freien Stücken auf ihren Pflichtteil. Hieb- und stichfest wird dieser Verzicht mit einem Erbvertrag.

Variante 3: Heinz und Caroline vertrauen ihren Eltern voll und ganz; sie setzen sich testamentarisch gegenseitig zum Alleinerben ein. Diese Begünstigung wird rechtskräftig, wenn die Eltern nicht innerhalb eines Jahres ihren Pflichtteil geltend machen.

Patchwork-Familien

Etwas komplizierter wird die Nachlassplanung in einer Patchworkfamilie. Hier sind Ehe- oder Erbverträge oft sinnvoller als ein einfaches Testament, weil die Spielarten grösser sind. Lassen Sie sich gegebenenfalls von einer Fachperson beraten.

Beispiel Der verwitwete Stefan F. plant, sich mit der kinderlosen Irene Z. zu verheiraten. Dabei stellt sich für ihn die Frage, wie sein künftiger Nachlass einst zwischen seiner zweiten Frau Irene und seiner Tochter Sabine aus erster Ehe zu teilen sei. Sein in die zweite Ehe eingebrachtes Vermögen beträgt 500 000 Franken, Irene ist ohne Vermögen. Während der Ehe wird aus den laufenden Renten kein neues Vermögen mehr gebildet werden können.

Gesetzliche Lösung: Stefans in die Ehe eingebrachtes Vermögen von 500 000 Franken stellt Eigengut dar. Errungenschaft besteht keine. Der Nachlass beträgt somit 500 000 Franken und fällt von Gesetzes wegen hälftig an die Ehefrau Irene und die Tochter Sabine.

Variante 1: Will Stefan F. seiner Ehefrau möglichst viel Vermögen zu Eigentum hinterlassen, kann er sich mit seiner Gattin ehevertraglich dem Güterstand der Gütergemeinschaft unterstellen und ihr maximal $13/16$ des Gesamtgutes (406 250 Franken) zuweisen. Stirbt Stefan F. vor Irene, würde seine Tochter Sabine also lediglich $3/16$ (93 750 Franken) erben. Beim Tod von Irene wäre Sabine dann von Gesetzes wegen gar nicht mehr erbberechtigt. Eine Begünstigung könnte testamentarisch oder erbvertraglich geregelt werden, doch Vorsicht: Weil Sabine mit Irene nicht blutsverwandt ist, können die Erbschaftssteuern je nach Kanton beträchtlich sein!

Variante 2: Alternativ könnte Stefan F. seine Tochter testamentarisch für $3/8$ des Nachlasses (187 500 Franken) als Erbin einsetzen und seine Ehefrau lediglich als Vorerbin zu $5/8$ begünstigen (312 500 Franken). Mit Einverständnis der Ehefrau kann die Anordnung der Vorerbschaft auch deren Pflichtteil von $1/4$, der ihr eigentlich unbelastet zustehen würde, umfassen. Als Nacherbin beim Ableben von Irene wird Sabine eingesetzt. Ob die Vorerbschaft sicherstellungsfrei erfolgt oder ob sie verbraucht werden darf und die Nacherbin lediglich den Überrest erhält, ist explizit festzuhalten.

Vor- und Nacherbschaft stellen zwei Vermögensübergänge dar, einmal vom Erblasser auf den Vorerben und ein zweites Mal bei dessen Ableben auf den Nacherben. Beide können Erbschaftssteuern auslösen, jedoch besteuern einige Kantone den Vermögensübergang von der Vor- an die Nacherbin mit dem Erbschaftssteuersatz, der zwischen dem ersten Erblasser und dem Nacherben gilt. Dies aus der Überlegung heraus, dass das zu vererbende Vermögen ja tatsächlich vom ersten Erblasser stammt.

Im obigen Beispiel wäre der erste Vermögensübergang an die Vorerbin und Ehefrau in den meisten Kantonen erbsteuerfrei. In allen Kantonen, die für die Bestimmung des Verwandtschaftsgrades beim zweiten Vermögensübergang auf den ersten Erblasser abstützen, wäre beim zweiten Übergang von der Vor- auf die Nacherbin für das Vater-Kind-Verhältnis keine oder nur eine geringe Erbschaftssteuer geschuldet.

Achtung *Vor- und Nacherbschaftlösungen sind kompliziert und nicht für alle Vermögensverhältnisse geeignet. Treffen Sie keine derartigen Verfügungen ohne Beizug eines Spezialisten (Notar, Treuhänder etc.) und lassen Sie sich auch über die steuerlichen Konsequenzen ausführlich informieren.*

Zugriff auf Bankkonten sicherstellen

Vollmachten sind keine Garantie für den Zugriff auf Konten und Schliessfächer. Stirbt ein Ehepartner, werden sie von den Banken meist nur noch zur Bezahlung von Nachlasspassiven akzeptiert oder können von den Erben widerrufen werden. Nur gemeinsame Konten, die auf den Namen beider Ehepartner lauten, ermöglichen den Zugang zum Konto auch nach dem Tod des Ehegatten (bei Postfinance allerdings nur bis zu einem Betrag von 5000 Franken). So beugen Sie vor:
- Beide Partner eröffnen am besten je ein eigenes Konto – von dort kann unbeschränkt Geld bezogen werden. So sichert man sich einen Notgroschen, bis die Erbfragen geregelt sind.
- Wer auf eine Kreditkarte angewiesen ist, muss – um sicherzugehen – ebenfalls ein eigenes Konto eröffnen und eine Karte dazu beantragen. Denn Kreditkarten auf gemeinsamen Konten werden nach dem Tod eines Ehegatten ebenso gesperrt wie allfällige Partnerkarten.

Für den Konkubinatspartner vorsorgen

Scheidungsraten von über 40 Prozent und jahrelange Scheidungsprozesse mit ruinösen Folgen für beide Ehepartner fördern das Konkubinat als gesellschaftlich akzeptierte Lebensform. Die Gesetzgebung hinkt diesem Prozess hinterher: Konkubinatspartner haben im Gegensatz zu Ehegatten weder güter- noch erbrechtliche Ansprüche und werden auch im Bereich der kantonalen Erbschaftssteuern teilweise wie Nichtverwandte mit den Maximalsätzen besteuert. Fazit: Für Konkubinatspartner ist die vertragliche Regelung der Vermögensverhältnisse noch wichtiger als für Ehepaare. Damit können belastende Diskussionen mit gesetzlichen Erben – zum Beispiel mit Kindern aus erster Ehe – verhindert werden. Ein Vermögensinventar, das jährlich aktualisiert wird, kann Teil eines Konkubinatsvertrages sein und leistet nicht nur im Todesfall gute Dienste.

Tipps *Schliessen Sie mit Ihrem Lebenspartner einen Konkubinatsvertrag ab und inventarisieren Sie die persönlichen Vermögenswerte. Prüfen Sie, ob der eine Partner beim Versterben des andern in eine finanzielle Notlage gerät, bevor Sie sich Gedanken über die Möglichkeiten der Begünstigung machen.*

Mit der Annahme des Partnerschaftsgesetzes per Volksabstimmung sind gleichgeschlechtliche Paare den Ehepaaren erbrechtlich gleichgestellt. Als Güterstand gilt von Gesetzes wegen die Gütertrennung. Die erbsteuerliche Behandlung ist kantonal geregelt, entsprechende Gesetze liegen aber noch nicht in allen Kantonen vor. Im Kanton Zürich etwa sind registrierte gleichgeschlechtliche Paare von der Erbschaftssteuer befreit.

Den Lebenspartner im Testament und Erbvertrag begünstigen

Egal wie lange ein Konkubinat gedauert hat und wie innig die Beziehung war: Ohne Massnahmen geht der überlebende Partner im Todesfall leer aus. Nur eine testamentarische oder erbvertragliche Begünstigung sichert ihm eine Beteiligung am Nachlass. In welchem Umfang der Lebenspartner oder die Lebenspartnerin als Erbe eingesetzt werden kann, hängt davon ab, wer die gesetzlichen Erben sind und ob diese pflichtteilsgeschützt sind.

Beispiel *Max K. und Silvia R., beide geschieden, leben unverheiratet zusammen. Weil keine Kinder da sind und die Eltern bereits gestorben sind, gibt es keine pflichtteilsgeschützten Erben. Max und Silvia können sich je in einem Testament gegenseitig als Alleinerben einsetzen, ungeachtet möglicherweise vorhandener Geschwister. Hätte Max Nachkommen aus seiner Ehe, könnte er Silvia lediglich zu $1/4$ als Erbin ein-*

setzen. Und wäre er zwar kinderlos, hätte aber noch beide Eltern, so könnte er Silvia mit der Hälfte des Nachlasses begünstigen, ohne Pflichtteile zu verletzen.

Halten Sie im Testament oder Erbvertrag fest, dass die Begünstigung Ihres Partners nur gilt, solange das Konkubinat (gemeinsame Wohnung, Konkubinatsvertrag) besteht. Regeln Sie eventuell, wer beim Ableben des Zweitversterbenden erben soll. Klären Sie auch die Erbschaftssteuerfolgen ab!

Oft sind Konkubinatspartner wirtschaftlich voneinander unabhängig – sei es, dass beide gut verdienen oder über Vermögen verfügen. In diesem Fall möchten Sie vielleicht lediglich sicherstellen, dass Ihre Lebenspartnerin in der gemeinsam gestalteten Wohnung bleiben kann. Dann können Sie ihr zum Beispiel testamentarisch ein entgeltliches Wohnrecht einräumen, etwa mit folgender Formulierung: «Meine Partnerin Alexandra F. erhält das lebenslange Wohnrecht an meiner Eigentumswohnung Kreuzgasse 4. Sie hat dafür monatlich 1500 Franken zu bezahlen.»

Ebenso kann testamentarisch das Auseinanderreissen von Hausrat, ob er nun dem Verstorbenen allein gehörte oder gemeinsam erworben wurde, verhindert werden. Soll dem Partner lediglich das Recht zur käuflichen Übernahme eingeräumt werden, erleichtern Bewertungsvorschriften die Abwicklung.

Vorsorgerechtliche Begünstigung

Pensionskassen können im Reglement vorsehen, dass im Todesfall Leistungen an die Konkubinatspartnerin ausgerichtet werden. Diese sind abhängig von der Dauer der Lebensgemeinschaft (mindestes fünf Jahre) und häufig auch davon, ob Kinder vorhanden sind und die Partnerin massgeblich unterstützt wurde.

Bei der ersten BVG-Revision ist auch die Situation von Konkubinatspartnern berücksichtigt worden, die wirtschaftlich nicht voneinander abhängig sind. Personen, die mit dem Versicherten in den letzten fünf Jahren vor dessen Tod ununterbrochen eine Lebensgemeinschaft geführt haben, können von der Vorsorgeeinrichtung in den Kreis der Begünstigten aufgenommen werden. Hat Ihre Pensionskasse diese Möglichkeit im Reglement vorgesehen, teilen Sie ihr schriftlich mit, dass Sie Ihre Lebenspartnerin begünstigen wollen.

Tipp *Auch wenn keine Rente vorgesehen ist, zahlen manche Vorsorgeeinrichtungen unter gewissen Bedingungen im Todesfall ein Abfindungskapital aus. Konsultieren Sie das Reglement oder fragen Sie nach!*

Sind Freizügigkeitsgelder auf einem Konto oder einer Police vorhanden, so fällt dieses Kapital nicht in den Nachlass. Begünstigt werden in erster Linie Witwe beziehungsweise Witwer und Waisen; der Versicherte kann aber verfügen, dass Konkubinatspartner ebenfalls zum Zug kommen. In diesem Fall braucht die Bank oder die Versicherung eine schriftliche Mitteilung.

Neben der Pensionskassenbegünstigung stellt der Abschluss einer Lebensversicherung eine weitere Möglichkeit zur Absicherung des Partners dar. Neben der teuren, weil mit einem Sparvorgang verbundenen gemischten Kapitalversicherung besteht auch die Möglichkeit, eine reine Todesfallrisikoversicherung abzuschliessen. Diese Variante kommt vor allem für jüngere Menschen in Frage, da mit steigendem Alter und entsprechend höherer Sterbewahrscheinlichkeit auch die Prämien klettern. Kapitalleistungen aus Lebensversicherungen unterstehen nicht dem Erbrecht. Bei kapitalbildenden Produkten wird jedoch der Rückkaufswert bei der Berechnung einer möglichen Pflichtteilsverletzung berücksichtigt.

Tipp *Für Konkubinatspartner mit pflichtteilsgeschützten Erben ist die reine Todesfallrisikoversicherung im Rahmen der Säule 3b das Mittel der Wahl zur gegenseitigen Begünstigung. Hier können Sie die begünstigte Person frei bestimmen – und diese Begünstigung zudem jederzeit wieder abändern.*

Gelegenheitsgeschenke und Kostenübernahme

Schenkungen werden in den meisten Kantonen mit der Schenkungssteuer belegt. Fortschrittliche Kantone zählen Konkubinatspartner nicht mehr zur Gruppe der Nichtverwandten, die mit den höchsten Erbschafts- und Schenkungssteuersätzen veranlagt werden, sondern haben bevorzugte Klassen geschaffen. Ebenso wird mit unterschiedlichen Freibeträgen operiert oder der Hausrat von der Besteuerung ausgenommen. Gelegenheitsgeschenke, über deren konkretes Ausmass die meisten Gesetze nichts aussagen, bleiben steuerfrei.

Achten Sie unabhängig von Art und Umfang der Besteuerung darauf, dass Sie mit Schenkungen keine Pflichtteile verletzen. Pflichtteilsgeschützte Erben könnten diese nach Ihrem Tod anfechten.

Sind die Einkommens- und Vermögensdifferenzen zwischen zwei Partnern gross, kann der wirtschaftlich Stärkere durch grosszügige Gelegenheitsgeschenke oder mehrheitliche Übernahme gemeinsamer Lebenskosten den Partner bereits zu Lebzeiten begünstigen. Wird der Begriff des Gelegenheitsgeschenkes aber überstrapaziert, drohen Schenkungssteuern; vermeiden Sie also nachweisbare Kontoüberträge. Prüfen Sie auch Optimierungsmöglichkeiten bei Liegenschaften, beispielsweise durch eine lebzeitige Schenkung an die jüngere Partnerin, verbunden mit einer Nutzniessung zu Gunsten des Schenkers. Je nach dessen Alter und Lebenserwartung reduziert die Nutzniessung den Schenkungswert teilweise beträchtlich.

Anhang

- *Muster Versicherungsausweis (Pensionskasse)*
- *Übersicht Erbschafts- und Schenkungssteuern*
- *Erhebungsblatt zur Budgetplanung*
- *Adressen und Links*
- *Literatur*
- *Stichwortverzeichnis*

Muster Versicherungsausweis (Pensionskasse)

①	**Jahreslohn**	gemeldet	79 300.00	versichert	54 825.00

			obligat. Teil	überobligat. Teil	Total
	Altersvorsorge				
②	Altersguthaben	am 1.1.2006	60 841.00	4 681.00	65 522.00
	Altersguthaben, hochgerechnet ohne Zins	am 1.9.2030	267 897.15	18 058.20	285 955.35
③	Altersguthaben, hochgerechnet mit Zins Zinssätze 2,500 % / 2,250 %	am 1.9.2030	383 542.55	25 593.50	409 136.05
④	Voraussichtliche Altersrente pro Jahr	ab 1.9.2030			27 574.00
⑤	Umwandlungssätze 6,800 % / 5,835 %				

			obligat. Teil	überobligat. Teil	Total
⑥	**Leistungen bei Tod im Jahr 2006**				
	Ehegattenrente pro Jahr		10 930.00	12 860.00	23 790.00
	Falls keine Ehegattenrente ausbezahlt wird: Todesfallsumme = vorhandenes Altersguthaben				
	Waisenrente pro Jahr und Kind unter 18 Jahren		3 643.00	4 287.00	7 930.00

			obligat. Teil	überobligat. Teil	Total
⑦	**Leistungen bei Invalidität im Jahr 2006**				
	Invalidenrente pro Jahr bei voller Erwerbsunfähigkeit (Wartefrist 24 Monate)	bis zum 1.9.2030	18 217.00	21 433.00	39 650.00
	Invaliden-Kinderrente pro Jahr und Kind unter 18 Jahren		3 643.00	4 287.00	7 930.00
	Beitragsbefreiung bei Erwerbsunfähigkeit (Wartefrist 3 Monate)				

⑧	**Beiträge**			
	Sparprämie			5 775.50
	Risikoprämie			3 442.10
	Zusatzbeitrag für Sicherheitsfonds			61.50
	Zusatzprämie für Teuerungsausgleich			107.60
	Gesamtkosten		pro Jahr	9 386.70
	Reglementarischer Beitrag der versicherten Person		pro Jahr	4 693.35
			pro Monat	391.10

⑨	**Information**		
	Austrittsleistung nach Art. 15 FZG	am 1.1.2006	65 522.00
	– davon BVG-Altersguthaben	am 1.1.2006	60 841.00
	Maximal möglicher Einkauf von Beitragsjahren, vorbehältlich der gesetzlichen Bestimmungen	am 1.1.2006	13 033.00

Hinweise

Die Anpassung der Risikorenten an die Preisentwicklung nach Art. 36 Abs. 1 BVG ist mitversichert.

Für den Anspruch auf die Leistungen und die Form der Auszahlung ist das Reglement massgebend.

Die Organisation und die Finanzierung der Vorsorgeeinrichtung ist im Reglement beschrieben.

So verschieden wie die Pensionskassenlösungen sind auch die Versicherungsausweise. Das hier abgebildete Beispiel für einen 40-jährigen Mann ist übersichtlich aufgebaut und zeigt vor allem den Unterschied zwischen obligatorischen und weiter gehenden Leistungen deutlich.

1. **Jahreslohn:** Der gemeldete Jahreslohn sollte Ihrem Bruttolohn gemäss Lohnausweis entsprechen. Zwingend versichert ist jedoch nur das Einkommen zwischen dem Koordinationsabzug von gegenwärtig 22 575 Franken und der Obergrenze von 77 400 Franken. Je nach Pensionskasse ist also nicht der ganze gemeldete Lohn versichert.

2. **Altersguthaben:** Angegeben ist das Altersguthaben zu Beginn des Versicherungsjahrs, gegliedert in den obligatorischen und den überobligatorischen Teil. Hochgerechnet mit Zins ergibt sich der Betrag, der – bei gleich bleibenden Verhältnissen – im Alter 65 zur Verfügung stehen würde. Das ohne Zins hochgerechnete Altersguthaben dient zur Berechnung der Invaliden- und Hinterlassenenleistungen.

3. **Mindestzinssatz:** Der gesetzliche Mindestzinssatz gilt nur für den obligatorischen Teil; 2005 betrug er 2,5 Prozent, 2006 liegt er ebenfalls bei 2,5 Prozent. Im überobligatorischen Bereich können die Pensionskassen einen tieferen Zinssatz verwenden.

4. **Voraussichtliche Altersrente:** Das voraussichtliche Altersguthaben (mit Zins) im offiziellen Pensionsierungsalter wird mit dem Umwandlungssatz auf die Jahresrente umgerechnet. Wünschenswert wäre auch die Angabe der Altersrente im frühest möglichen Pensionierungszeitpunkt – vorausgesetzt, das Reglement dieser Pensionskasse erlaubt eine vorzeitige Pensionierung.

5. **Umwandlungssatz:** Der gesetzliche Umwandlungssatz von 6,8 Prozent (ab 2014) gilt nur für den obligatorischen Teil; für die überobligatorischen Leistungen können die Vorsorgeeinrichtungen tiefere Sätze anwenden.

6. **Leistungen bei Tod:** Die Renten für die hinterbliebene Ehepartnerin bzw. den Ehepartner und für Waisen werden mit denselben Umwandlungssätzen berechnet wie die Altersrente, jedoch ausgehend vom Altersguthaben ohne Zins. Offenbar besteht bei dieser Pensionskasse ausserdem die Möglichkeit, wenn keine Witwen- bzw. Witwerrente ausgerichtet wird, das vorhandene Altersguthaben als Todesfallkapital zu beziehen. Wer unter welchen Bedingungen in den Genuss dieser Leistung kommen kann, muss im Reglement nachgesehen werden.

7. **Leistungen bei Invalidität:** Auch die Invalidenrente wird ausgehend vom Altersguthaben ohne Zins berechnet. Diese Pensionskasse hat im Reglement eine Wartefrist von 24 Monaten festgelegt; bereits nach drei Monaten greift die Prämienbefreiung. Nicht klar wird aus dem Ausweis, ob der überobligatorische Teil der Invalidenrente auch bei einer unfallbedingten Invalidität ausgerichtet wird. Wenn nicht, muss dies im Reglement festgehalten sein.

8. **Beiträge:** Die Sparprämie zeigt, wie viel Sie und Ihr Arbeitgeber jedes Jahr für die Altersvorsorge einzahlen. Die Risikoprämie deckt die Risiken Invalidität und

Tod. Separat ausgewiesen sind zudem die gesetzlichen Zusatzkosten (Beiträge für Sicherheitsfonds und Teuerungsausgleich). Von diesen Beiträgen muss der Arbeitgeber mindestens die Hälfte übernehmen. Die Verwaltungskosten sind bei dieser Pensionskasse als nicht näher bezeichneter Teil in der Risikoprämie enthalten. Gemäss den neuen Transparenzvorschriften sind die Vorsorgeeinrichtungen verpflichtet, die Verwaltungskosten separat auszuweisen. Auf dem nächsten Vorsorgeausweis müsste dies also korrigiert sein.

9. **Information:** Die Austrittsleistung entspricht dem Betrag, den Sie bei einem Stellenwechsel im jetzigen Zeitpunkt von der Pensionskasse mitbekommen würden. Die Angabe über die maximal mögliche Einkaufssumme ist interessant, wenn Sie Ihren Vorsorgeschutz verbessern möchten. Einkäufe in Pensionskassenleistungen sind zudem eine Möglichkeit, die Steuerbelastung zu senken. Was auf diesem Vorsorgeausweis fehlt, ist die Angabe darüber, welche Summe maximal für Wohneigentum vorbezogen werden könnte. Ebenso wäre wünschenswert, dass die Namen der Arbeitnehmervertreter im Stiftungsrat der Pensionskasse aufgeführt würden.

Aus: Kieser/Senn: Pensionskasse.
Vorsorge, Finanzierung, Sicherheit, Leistung.
Beobachter-Buchverlag, Zürich 2005.

Übersicht Erbschafts- und Schenkungssteuer in den Kantonen

Kanton	Erbschaftssteuer		Schenkungssteuer	
	Steuerbefreiung für Ehegatten	Steuerbefreiung für Kinder	Steuerbefreiung für Ehegatten	Steuerbefreiung für Kinder
AG	Ja	Ja	Ja	Ja
AI	Ja	Nein	Ja	Nein
AR	Ja	Ja	Ja	Ja
BE	Ja	Ja	Ja	Ja
BL	Ja	Ja	Ja	Ja
BS	Ja	Ja	Ja	Ja
FR	Ja	Ja	Ja	Ja
GE	Ja [1]	Ja [1]	Ja [1]	Ja [1]
GL	Ja	Ja	Ja	Ja
GR	Ja	Nein	Ja	Nein
JU	Nein	Nein	Nein	Nein
LU	Ja	Ja [2]	Ja	Ja [2]
NE	Ja [3]	Ja [4]	Ja	Ja [4]
NW	Ja	Ja	Ja	Ja
OW	Ja	Ja	Ja	Ja
SG	Ja	Ja	Ja	Ja
SH	Ja	Ja	Ja	Ja
SO	Ja	Ja	Ja	Ja
SZ	Ja	Ja	Ja	Ja
TG	Ja	Ja	Ja	Ja
TI	Ja	Ja	Ja	Ja
UR	Ja	Ja	Ja	Ja
VD	Ja	Ja [5]	Ja	Ja [6]
VS	Ja	Ja	Ja	Ja
ZG	Ja	Ja	Ja	Ja
ZH	Ja	Ja	Ja	Ja

[1] Für Ausländer, die sich neu im Kanton Genf niederlassen, gelten andere Bestimmungen.
[2] Die Gemeinden können Erbschaftssteuern für die Kinder erheben.
[3] Gilt auch für Paare, die mindestens zwei Jahre in einer registrierten Partnerschaft gelebt haben.
[4] Bis Fr. 50 000.−   [5] Bis Fr. 250 000.−   [6] Bis Fr. 50 000.−

Stand 2006

Erhebungsblatt zur Budgetplanung

	jährlich	monatlich

Einnahmen

	jährlich	monatlich
Netto-Einkommen Mann / Kinderzulagen	_____	_____
Netto-Einkommen Frau / Kinderzulagen	_____	_____
13. Monatslohn Mann	_____	_____
13. Monatslohn Frau	_____	_____
Gratifikation / andere Einnahmen	_____	_____
Alimente	_____	_____
Total Einnahmen	_____	_____

Ausgaben

Feste Verpflichtungen

Wohnkosten mit Mietwohnung

	jährlich	monatlich
Miete (inkl. Nebenkosten)	_____	_____
Heizkostenabrechnung	_____	_____

Wohnkosten mit Haus / Eigentumswohnung

	jährlich	monatlich
Hypothekarzins / Amortisation	_____	_____
Heizung	_____	_____
Kaminfeger / Heizungswartung	_____	_____
Wasser / Abwasser / Kehricht	_____	_____
Gebäudeversicherungen / Liegenschaftssteuer	_____	_____
Unterhalt / Reparaturen Haus und Garten	_____	_____

Energie / Kommunikation

	jährlich	monatlich
Elektrizität / Gas	_____	_____
Telefon / Internet / Handy	_____	_____
Radio / TV (Konzession, Kabel)	_____	_____

Steuern

	jährlich	monatlich
Staats- / Gemeinde- / Kirchensteuern	_____	_____
Direkte Bundessteuer	_____	_____
Militärpflichtersatz	_____	_____

	jährlich	monatlich
Versicherungen / Vorsorge		
Krankenkasse / Unfall		
Hausrat- / Privathaftpflichtversicherung		
Lebensversicherung		
3. Säule		
Andere Versicherungen		
Öffentlicher Verkehr / Velo		
Abonnemente		
Mehrfahrtenkarten / Einzelbillette		
Velo / Mofa (Vignette, Reparaturen, Benzin)		
Auto / Motorrad		
Steuern (Strassenverkehrsamt)		
Versicherung		
Benzin		
Service / Reparaturen / Reifen / Vignette		
Garage / Parkplatz		
Amortisation / Leasing		
Verschiedenes		
Zeitungen / Zeitschriften		
Mitgliedschaften / Verbandsbeiträge		
Schule / Aus- und Weiterbildung		
Musik / Sport		
Kinderbetreuung / Haushaltshilfe		
Kredit-Rückzahlungen		
Anderes		
Alimente		
Total feste Verpflichtungen		
Haushalt		
Nahrung / Getränke		
Nebenkosten*		
Gäste / Alkoholische Getränke		
Haustiere		

* Nebenkosten = Wasch- und Putzmittel, Drogerie, Körperpflege, Kleider- und Schuhpflege, Entsorgungsgebühren, Porti, tägliche Kleinigkeiten, Coiffeur Kinder

	jährlich	monatlich

Persönliche Auslagen / Taschengeld

Frau
- Kleider / Wäsche / Schuhe
- Taschengeld
  (Coiffeur / Freizeit / Rauchen)
- Berufsbed. auswärtige Verpflegung

Mann
- Kleider / Wäsche / Schuhe
- Taschengeld
  (Coiffeur / Freizeit / Rauchen)
- Berufsbed. auswärtige Verpflegung

Kinder
- Kleider / Wäsche / Schuhe
- Taschengeld
- Auswärtige Verpflegung

Rückstellungen

Jahresfranchise / Selbstbehalt
(Krankenkasse)
Zahnarzt / Optiker / Medikamente
Therapie
Geschenke (inkl. Weihnachten), Spenden
Gemeinsame Freizeit
Schule / Lager
Unvorhergesehenes / Anschaffungen
Ferien
Sparen

Total Ausgaben

Total Einnahmen

Quelle: Budgetberatung Schweiz (ASB), Hashubelweg 7, CH 5014 Gretzenbach.
Das Erhebungsblatt kann unter www.budgetberatung.ch heruntergeladen werden.

Adressen und Links

Beobachter-Beratungszentrum
Das Wissen und der Rat der Fachleute
stehen in acht Rechtsgebieten im Internet
und am Telefon zur Verfügung.

Internet: rund um die Uhr unter
www.beobachter.ch, Stichwort HelpOnline
Telefon Montag bis Freitag von
9 bis 13 Uhr
Fachbereich Sozialversicherungen:
Tel. 043 444 54 05

Wer den Beobachter abonniert hat, profitiert von der kostenlosen Beratung.
Wer kein Abo hat, kann online oder am
Telefon eines bestellen und erhält
sofort Zugang zu den Dienstleistungen.

Allgemein

Bundesamt für Sozialversicherungen
Effingerstrasse 20
3003 Bern
Tel. 031 322 90 11
www.bsv.admin.ch
Kompetenzzentrum des Bundes. Informationen, Zahlen, Fakten zu AHV, Ergänzungsleistungen, beruflicher Vorsorge und
weiteren Sozialversicherungen

Demokratische Juristinnen und Juristen
der Schweiz
Neuengasse 8
3011 Bern
Tel. 031 312 83 34
www.djs-jds.ch
Vermittelt Adressen von Anwältinnen
und Anwälten

Pro Senectute Schweiz
Geschäfts- und Fachstelle
Lavaterstrasse 60
8027 Zürich
Tel. 044 283 89 89
www.pro-senectute.ch
Pensionierungskurse, Infos zu
Wohnformen im Alter

Schweizerischer Anwaltsverband
Marktgasse 4, 3001 Bern
Tel. 031 313 06 06
www.swisslawyers.com
Adressen von Anwältinnen und Anwälten,
nützliche Infos zu Honorar, Erstgespräch etc.

VZ Vermögenszentrum
Beethovenstrasse 24
8002 Zürich
Tel. 044 207 27 27
www.vermoegenszentrum.ch
Unabhängiges Finanzdienstleistungsunternehmen, Hypothekarzinsvergleich.
Weitere Büros in Basel, Bern, Lausanne,
St. Gallen und Zug

www.ch.ch
Informationsportal zu den Verwaltungsstellen von Kantonen und Gemeinden

www.comparis.ch
Internet-Vergleichsdienst, neutraler
Kostenvergleich von Hypotheken,
Versicherungen etc.

www.seniorweb.ch
Sozial- und gesellschaftspolitisches
Portal für Menschen ab 50 mit zahlreichen
Infos zu allen Lebensbereichen

www.vorsorgeforum.ch
Daten, Fakten und Kommentare
Dem Vorsorgeforum gehören als Mitglieder an: private und öffentlich-rechtliche Vorsorgeeinrichtungen, Organisationen der Sozialpartner, der Schweizerische Pensionskassenverband, Pensionskassen-Experten, der Schweizerische Versicherungsverband, die Bankiervereinigung, Dienstleistungsunternehmen und engagierte Private.

AHV

www.ahv.ch
Auf dieser Website finden Sie alle wichtigen Informationen rund um die AHV sowie die Adressen der Ausgleichskassen.
Die folgenden hilfreichen AHV-Merkblätter stehen zum Herunterladen bereit:
- Auszug aus dem Individuellen Konto (IK), Nr. 1.01
- Splitting bei Scheidung, Nr. 1.02
- Erläuterungen zur Kontenübersicht, Nr. 1.05
- Lohnbeiträge an die AHV, die IV und die EO, Nr. 2.01
- Beiträge der Selbständigerwerbenden an die AHV, die IV und die EO, Nr. 2.02
- Beiträge der Nichterwerbstätigen an die AHV, die IV und die EO, Nr. 2.03
- Verzicht auf die Bezahlung der Beiträge an die AHV, die IV, die EO und die ALV bei geringem Nebenerwerb, Nr. 2.04
- Altersrenten und Hilflosenentschädigungen der AHV, Nr. 3.01
- Hinterlassenenrenten der AHV, Nr. 3.03
- Flexibles Rentenalter, Nr. 3.04
- Rentenvorausberechnung, Nr. 3.06

Auf www.ahv.ch finden Sie auch Informationen zu den Ergänzungsleistungen.
Für Auskünfte stehen die EL-Stellen zur Verfügung. Sie befinden sich in der Regel bei der kantonalen Ausgleichskasse des Wohnkantons. Ausnahmen bilden folgende Kantone:

BS: Amt für Sozialbeiträge
    Basel-Stadt
    Grenzacherstrasse 62
    4005 Basel
    Tel. 061 267 86 65
    Für Riehen und Bettingen:
    Gemeindeverwaltung Riehen
    4125 Riehen
    Tel. 061 646 81 11

GE: Office cantonal des personnes âgées (OCPA)
    Route de Chêne 54
    1211 Genève 29
    Tel. 022 849 77 77

ZH: Zusatzleistungsstelle
    der Wohnsitzgemeinde

Für die Stadt Zürich:
Amt für Zusatzleistungen zur AHV/IV der Stadt Zürich
Amtshaus
Molkenstrasse 5/9
8026 Zürich 4
Tel. 044 246 61 11

Für die Stadt Winterthur:
Zusatzleistungen zur AHV/IV der Stadt Winterthur
Lagerhausstrasse 6
8402 Winterthur
Tel. 052 267 56 34

Merkblätter zu den Ergänzungsleistungen:
- Ergänzungsleistungen zur AHV und IV, Nr. 5.01
- Ihr Recht auf Ergänzungsleistungen zur AHV und IV, Nr. 5.02

Pensionskasse

Asip
Schweizerischer Pensionskassenverband
Seefeldstrasse 45
8008 Zürich
Tel. 043 243 74 15
www.asip.ch

Ombudsstelle der Privatversicherung
Postfach
8022 Zürich
Tel. 044 211 30 90
www.versicherungsombudsman.ch

Stiftung Auffangeinrichtung BVG
Geschäftsstelle
Zurlindenstrasse 49
8003 Zürich
Tel. 043 333 36 98
www.aeis.ch

Zentralstelle 2. Säule
Sicherheitsfonds BVG
Belpstrasse 23
3001 Bern
Tel. 031 380 79 75
www.sfbvg.ch
Verbindungsstelle zwischen Einrichtungen der beruflichen Vorsorge und den Versicherten
www.bvgauskuenfte.ch

Der Verein unentgeltliche Auskünfte für Versicherte von Pensionskassen gibt jeden ersten Mittwoch im Monat (17 bis 19 Uhr) in Bern, Brugg, Frauenfeld, Luzern, St. Gallen und Zürich Auskünfte zu Fragen der beruflichen Vorsorge.

www.bfs.admin.ch
Homepage des Bundesamts für Statistik mit vielen Fakten und Zahlen unter Themen → Soziale Sicherheit → Berufliche Vorsorge

www.bvg.ch
Informatives Portal rund um die berufliche Vorsorge in der Schweiz

www.vorsorgeausgleich.ch
Ein Online-Programm berechnet, wie die BVG-Leistungen im Fall einer Scheidung geteilt werden.

Dritte Säule

www.nzz.ch
Zinseszinsrechner unter Suche → Finanzplattform → Zinseszinsrechner

Wohneigentum

Hauseigentümerverband Schweiz
Mühlebachstrasse 70
8032 Zürich
Tel. 044 254 90 20
www.shev.ch
Vertritt die politischen und wirtschaftlichen Interessen der Hauseigentümer, Beratung für Mitglieder.

Hausverein Schweiz
Postfach 7324
6000 Luzern 7
Tel. 041 420 68 11
www.hausverein.ch
Richtet sich an sozial orientierte und
umweltbewusste Haus- und Wohnungs-
eigentümer, Beratung für Mitglieder.

hausundco
Klausstrasse 9
8008 Zürich
Tel. 044 381 91 21
www.hausundco.ch
Dienstleistungen für gemeinschaftliche
Immobiliennutzung

Schweizerische Fachstelle
für behindertengerechtes Bauen
Kernstrasse 57
8004 Zürich
Tel. 044 299 97 97
www.hindernisfrei-bauen.ch

Schweizer Stockwerkeigentümerverband
c/o Romang & Partner Rechtsanwälte
Holbeinstrasse 20
8008 Zürich
Tel. 044 265 60 60
www.stockwerk.ch

Budget

Budgetberatung Schweiz (ASB)
Hashubelweg 7
5014 Gretzenbach
Tel. 062 849 42 45
www.budgetberatung.ch
Die Budgetberatung Schweiz (Arbeitsgemeinschaft Schweizerischer Budgetberatungsstellen ASB) ist eine Fach-
organisation, die sich im Bereich
der Haushaltfinanzen für alle sozialen
Bevölkerungsschichten einsetzt.

Steuern

Eidgenössische Steuerverwaltung
Eigerstrasse 65
3003 Bern
Tel. 031 322 71 06
www.estv.admin.ch

Schweizerischer Treuhänder-Verband STV
Schwarztorstrasse 26
3001 Bern
Tel. 031 382 10 85
www.stv-usf.ch

Swissconsultants.ch
Mühleweg 11
4001 Langenthal
Tel 062 916 50 00
www.swissconsultants.ch
Zusammenschluss von rund
20 Treuhand- und Revisionsfirmen,
die auch Steuerberatung anbieten.

Treuhandkammer
Limmatquai 120
8023 Zürich
Tel. 044 267 75 75
www.treuhand-kammer.ch
Fachverband der Wirtschaftsprüfer,
Steuerexperten und Treuhandexperten

www.efd.admin.ch
Site des Eidgenössischen Finanzdeparte-
ments; enthält Informationen zu Steuern
von Bund, Kantonen und Gemeinden.

Literatur

Beobachter-Ratgeber

Birrer, Mathias: Stockwerkeigentum. Kaufen, finanzieren, leben in der Gemeinschaft. Beobachter-Buchverlag, Zürich 2005

Hanhart, Dieter u.a.: Fit für die Pensionierung. Beziehungen, Gesundheit, Wohnen, Recht in der neuen Lebensphase. 3., aktualisierte Auflage, Beobachter-Buchverlag, Zürich 2005

Hauser, Sonja: Zusammen leben, zusammen wohnen. Was Paare ohne Trauschein wissen müssen. 4., aktualisierte Auflage, Beobachter-Buchverlag, Zürich 2004

Hauser, Sonja: Eherecht. Was Paare heute wissen müssen. 2., aktualisierte Auflage, Beobachter-Buchverlag, Zürich 2005

Kieser, Ueli; Senn, Jürg: Pensionskasse. Vorsorge, Finanzierung, Sicherheit, Leistung. Beobachter-Buchverlag, Zürich 2005

Lüthy, Heini: Steuern leicht gemacht. Praktisches Handbuch für Angestellte, Selbständige und Eigenheimbesitzer. 2., aktualisierte Auflage, Beobachter-Buchverlag, Zürich 2005

Studer, Benno: Testament, Erbschaft. 13., aktualisierte Auflage, Beobachter-Buchverlag, Zürich 2005

Trachsel, Daniel: Scheidung. 13., aktualisierte Auflage, Beobachter-Buchverlag, Zürich 2004

Ursenbacher, Ruedi: Richtig versichert. Haftpflicht-, Hausrat-, Auto- und andere Versicherungen im Überblick. 8., vollständig neu erarbeitete Auflage, Beobachter-Buchverlag Zürich 2005

Von Flüe, Karin: Im Reinen mit den letzten Dingen. Ratgeber für den Todesfall. 3., aktualisierte Auflage, Beobachter-Buchverlag, Zürich 2006

Westermann, Reto; Meyer, Üsé: Der Weg zum Eigenheim. Kauf, Bau, Finanzierung und Unterhalt. 4., vollständig neu erarbeitete Auflage, Beobachter-Buchverlag, Zürich 2005

Wirz, Toni: Habe ich Anspruch auf Sozialhilfe? Rechte, Pflichten und Richtlinien. 3., erweiterte und aktualisierte Auflage, Beobachter-Buchverlag, Zürich 2005

Weitere Bücher

Dinevski, Andrea; Stocker, Peter: Tipps zur Pensionierung. Der persönliche Pensionierungsratgeber. 3., aktualisierte Auflage, Wirtschaftsverlag Carl Ueberreuter, Frankfurt / Wien 2003

Rizza, Hannelore; Gauderon, Roger: Pensioniert... Der Wegweiser für die dritte Lebensrunde. Werd Verlag, Zürich 2004

Waldmeier, Nicola: Pensionierung. Anworten auf die wichtigsten Fragen zur Pensionierung. 2. Auflage, VZ VermögensZentrum, Zürich 2004

Stichwortverzeichnis

A

120er-Regel 110, 117
Abfindung (Frühpensionierung) 180
Absicherung Ehegatte 164, 213
AHV **24**
- Arbeitslosigkeit 186
- Aussteuerung 187
- Steuern 148
Aktien 92
- Immobilienfirma 124
Amortisation (Hypothek) 116
Anlagefonds 99, 199
Anlagehorizont 87, 191
Anlageinstrumente **91**
Anlagen 85
Arbeitslosigkeit **186**
- AHV 28
- berufliche Vorsorge 41
Auffangeinrichtung 41, 46
Aufschub
- AHV-Rente 34
- Pensionskassen-Rente 68
Ausbildung der Kinder 131, **171**
Auseinandersetzung, güterrechtliche 201
Aussteuerung
- AHV 187
- berufliche Vorsorge 42
Ausweis
- AHV 25
- Pensionskasse .... 62, 224 (Muster)

B

Begünstigtenordnung (Säule 3a) 77
- Konkubinat 169
Beitragsprimat 49, 133
Betreuungsgutschriften **30**
Bonität 92, 96
Budget **128**
- nach Pensionierung 190
- Frühpensionierung 177

D

Darlehen 126
Deckungsgrad (Pensionskasse) 63, 64
Derivate 94
Diversifikation 89, 90
Durchschnittseinkommen (AHV) 27
- Selbständigerwerbende 173

E

Edelmetalle 94
Ehevertrag 201, 213, 214, 215
Eigengut 200, 201
Einkauf (Pensionskasse) 50
- Steuern 67, 151
- Singles 166
- Selbständigerwerbende 176
Erben **206**
- gesetzliche 204
Erbfolge, gesetzliche 201, 203
Erbschaftssteuern 118, 214, 216,
                                227 (Übersicht)
- gleichgeschlechtliche Paare 218
- Konkubinat 217
Erbteil, gesetzlicher 203, 204
Erbteilung 207
Erbvertrag 204, 205, 213, 215
- Konkubinat 169, 218
Erbvorbezug 162, 211
Ergänzungsleistungen **141**, 195
Erhebungsblatt (Budget) .. 129, 228 (Muster)
Errungenschaft 200, 201, 214
Erwerbsunfähigkeit 82
- Singles 165
- Versicherung (Säule 3a) 79
Erziehungsgutschriften **30**, 167
Exchange Traded Funds 101

F

Fonds *siehe Anlagefonds*
Fondspolice 83
- Steuern 157
Fondssparplan 101
Freizügigkeitsguthaben .. 42, **49**, 52, 186, 220
- Selbständigerwerbende 175

Frühpensionierung **177**
- Arbeitslosenunterstützung 58
- AHV 33
- berufliche Vorsorge 56

G
Gold 94
Grenzsteuersatz 148
Gütergemeinschaft 214, 215, 216
Güterrecht 200
Gütertrennung.................... 218

H
Hebelprodukt 98
Herabsetzungsklage 212
Hilflosenentschädigung 145
Hypotheken **109**, 114
- aufstocken 178
- und Säule 3a 156

I
Immobilien als Anlage 92, **122**
Immobilienfonds 125
Indexzertifikate 100
Industriemetalle 94
Inflation..................... 89, 136
  siehe auch Teuerung
Inflationsausgleich 59
Invalidität.................... 27, 111
- Arbeitslosigkeit 42
- Selbständigerwerbende 175
- berufliche Vorsorge............ 43, 53
Jahresbericht (Pensionskasse).......... 64

K
Kaderversicherung 176
Kapitalbezug (Pensionskasse) **58**, 199
- Steuern 152, 153, 161
Kapitaldeckungsverfahren 39, 44
Kapitalgewinn (Steuern) 89, 157, 161
Kapitalschutz 95
Kapitalverzehr *siehe Vermögensverzehr*
Konkubinat 166
- Lebensversicherung 81
- berufliche Vorsorge 219
- Begünstigung im Todesfall 217

Konkubinatsvertrag............. 167, 170
Konto
- individuelles (AHV) 32
- Zugriff 217
Koordinationsabzug.............. **43**, 46

L
Langlebigkeitsrisiko **84**, 194
Lebenserwartung 135
Lebensversicherung
- Erbrecht 209
- fondsgebundene................. 79
- gemischte 78, 81
- Konkubinat 169, 220
- Säule 3a..................... 76
- Säule 3b..................... 81
- Steuern..................... 157
Leibrentenversicherung
- Konkubinat 169
- nach Pensionierung 194
- Säule 3b.................. 81, 84
- Steuern..................... 158
Leistungsprimat................ 49, 133
Liegenschaften
- vererben 118
- Konkubinat 170, 221
- Steuern..................... 161
Liquidität..................... 87
Lohnabgaben
- AHV 26
- berufliche Vorsorge 44

M
Mikrofinanz..................... 103
Mindestlohn (BVG)................. 40
Mindestzinssatz................ **45**, 47

N
Nachdeckung Invalidität/Tod 187
Nacherbschaft 216, 217
Nachhaltige Anlagen 103
Nichterwerbstätige
- AHV 24, **26**, 149, 150, 167
- Säule 3a..................... 74
Nutzniessung.................... 209
- Liegenschaft............ 119, 120, 121

O

Obligationen 92

P

Paare, gleichgeschlechtliche 218
Partizipation **96**
Passivanlagen 88
Patchwork-Familien 215
Pensionskasse
- Arbeitslosigkeit 186
- Aussteuerung 188
- Konkubinat 168
- Scheidung 183
- Selbständigerwerbende 174
- Steuern 151
Pflegeheim 195
Pflegeversicherung 195, **196**
Pflichtteil 205
Pflichtteilsverletzung 81, 209, 212, 220, 221
Progression 148, **149**
- nach Pensionierung 191

Q

Quote, frei verfügbare 205, 206

R

Rating-Agenturen 92, 99
Reglement (Pensionskasse) 61
Renditeversprechen 199
Rente
- AHV 27
- AHV, plafonierte 165
- berufliche Vorsorge **53**
Risikobereitschaft 86, 90, 191, 192
Risikoprämien (Pensionskasse) 45
Risikoversicherung, reine 77, 158, 220
Rohstoffe 94, 102
Rückgewähr 84
Rückkaufswert 82, 209

S

Säule 3a **73**
- Aussteuerung 188
- Scheidung 185
- Selbständigerwerbende 175
- Steuern **155**

Scheidung 166, **181**
- AHV 30
- berufliche Vorsorge 51
Schenkung **210**, 220
- Ergänzungsleistungen 143
- Liegenschaft 118, 121, 212
- Vermögen 195
Schenkungssteuer ... 118, 119, 120, 220, 221
- Liegenschaft 212
- Übersicht 227
Selbständigerwerbende **172**
- berufliche Vorsorge 38, **40**
- Lebensversicherung (Säule 3b) 82
- Säule 3a 74
Singles **165**
Sozialfonds 145
Splitting
- AHV 30
- Scheidung 182
Splittingmodell (Pensionskasse) 47
Stammesordnung 201, **202**
Stiftungsrat 64
Strukturiertes Produkt 94, 96

T

Teilungsanordnung 207
Teilzeiterwerb
- Pensionskasse 46
- Säule 3a 74
Testament 203
- Konkubinat 169, 218
- öffentliches 204
Teuerung 132, 137
- AHV 29
siehe auch Inflation
Teuerungsausgleich 39, 59
Todesfall
- Ehepaare 164
- Konkubinat 167
Total expense ratio 99

U

Überbrückungsrente 57
- Frühpensionierung 179, 180
Umlageverfahren 25
Umwandlungssatz 47, 55
- Frühpensionierung 179
Unterdeckung (Pensionskasse) 63

V

Vermächtnis 207
Vermächtnisnehmer **206**
Vermögen
– Ergänzungsleistungen 142
– verschenktes 195
Vermögensberatung 192
Vermögensinventar (Konkubinat) . . . 170, 218
Vermögenssteuern 162
Vermögensverwaltung 86, 197
Vermögensverzehr 193
– Budget 134, 135
– Frühpensionierung 178
Verpfändung 113
Verwaltungkosten (Pensionskasse) 45, 64
Vollmacht 217
Vorbehalte (BVG) 48
Vorbezug
– AHV 33, 150, 178
– für Wohneigentum 50, 111, 1543
Vorerbschaft 216, 217
Vorsorgeausgleich 182

W

Wertschriften (Säule 3a) 75, **76**
Willensvollstrecker 208
Wohnrecht 119, 120, 121
– Konkubinat 219

Z

Zinseszinseffekt 66, 88

GUT BERATEN

BUCHSET OR UND ZGB FÜR DEN ALLTAG 2006

Das Schweizerische Obligationenrecht und das Zivilgesetzbuch des Beobachters sind die einzigen Gesetzbücher, die ausführliche Kommentare und Erläuterungen enthalten: ideal für Alltag, Studium und Beruf. Mit neuem Stiftungsrecht, dem Partnerschaftsgesetz und Änderungen im Sachenrecht sowie aktualisierten Texten zum Kauf- und Arbeitsvertrag, Bürgschaften und Kulturgütertransfergesetz.

ISBN 3 85569 339 0
2 Bände im Set

PENSIONSKASSE

Über 3 Millionen Menschen in der Schweiz sind einer Pensionskasse angeschlossen. Sie alle finden hier ihre Fragen rund um die 2. Säule kompetent und leicht verständlich beantwortet. Mit vielen praktischen Beispielen.

ISBN 3 85569 310 2
240 Seiten

EIGENHEIM-SET

Das Buch «Der Weg zum Eigenheim» und die CD-ROM «Kaufen, Bauen, Wohnen» im vorteilhaften Set: Es bietet umfassende Informationen und Hilfsmittel für Kauf, Bau, Finanzierung, Unterhalt und Wiederverkauf. Das Set vermittelt Basiswissen für Einsteiger und Profitipps für erfahrene Hausbesitzer.

ISBN 3 85569 321 8
Buch und CD-ROM im Set

www.beobachter.ch/buchshop